ZUO XIANDAI LINGDAO
XUEWEN

做现代领导的学问

◎ 郑 莉 李夏颖 张路平 张 凯／著

经济科学出版社
Economic Science Press

图书在版编目（CIP）数据

做现代领导的学问／郑莉等著. —北京：经济科学
出版社，2013.9

ISBN 978 - 7 - 5141 - 3746 - 0

Ⅰ.①做… Ⅱ.①郑… Ⅲ.①领导学 Ⅳ.①C933

中国版本图书馆 CIP 数据核字（2013）第 206297 号

责任编辑：张　频
责任校对：刘　昕
版式设计：代小卫
责任印制：李　鹏

做现代领导的学问

郑　莉　李夏颖　张路平　张　凯/著

经济科学出版社出版、发行　新华书店经销
社址：北京市海淀区阜成路甲 28 号　邮编：100142
总编部电话：010 - 88191217　发行部电话：010 - 88191522
网址：www. esp. com. cn
电子邮件：esp@ esp. com. cn
天猫网店：经济科学出版社旗舰店
网址：http://jjkxcbs. tmall. com
北京欣舒印务有限公司印装
710 × 1000　16 开　17.75 印张　260000 字
2013 年 8 月第 1 版　2013 年 8 月第 1 次印刷
ISBN 978 - 7 - 5141 - 3746 - 0　定价：38.00 元

序

　　在经济全球化的时代，在我国深化改革加快转变经济发展方式和社会全面转型的时期，特别是大经济的整体性、复杂性、竞争性和多变性等，都使得领导工作产生了质的飞跃。领导现代化的社会经济建设，坚持走中国特色新型工业化、信息化、城镇化、农业现代化道路，不是一个领导艺术所能解决的问题，因此，我们不仅要研究领导艺术，更要向领导科学发展，用科学理论武装现代领导者，这是时代发展的要求。现代领导工作如何走向科学化，已成为一个迫切的问题，需要系统研究现代领导这门学问。

　　领导是一门学问，是一门科学，是研究领导的一般结构、模式、过程及其运动的规律。研究的宗旨在于提高领导者的综合水平，以适应现代社会高速发展的要求，因此具有一定的现实意义和理论意义。

　　《做现代领导的学问》从理论与实务两方面研究了如何做一个现代的领导者，如何提高现代领导工作水平。它以适应需要为出发点，研究了现代领导应具有的观念、理论、领导的素质与修养、领导力、效能考评、战略与政策、决策、选才用人、领导方法与艺术、领导文化以及新形势下领导者如何进行人际交往、开展公共关系和处理危机事件，力图反映领导学研究的新趋势。如何做一个现代领导者是一门大学问，我们撰写这本书的目的只是抛砖引玉，谨想为领导科学化和社会经济建设尽一点绵薄之力。

全书分为理论和实务两大篇，共 14 章。郑莉（青岛大学）对全书进行了总纂。在写作过程中，参阅了许多文献，特向这些作者表示深深的谢意。在研究中未免有不成熟之处，在此，我们真诚地欢迎来自各方面的批评指导。最后感谢出版社的大力支持。

作者

2013 年 6 月

目录

第一篇　理论篇

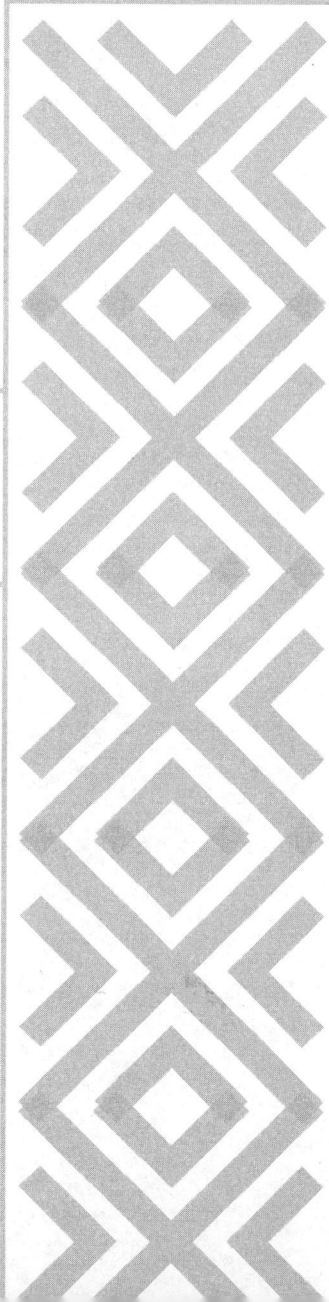

第 一 篇

理

论

篇

第一章

导　论

　　领导活动的产生最早可以追溯到原始社会时期，领导来源于社会实践，是人类漫长历史中经验的不断积累和总结。然而，现代领导科学的产生却是源于管理的现代化，管理的现代化有利于促进经济社会的现代化进程，是生产社会化迅速发展的必然要求。要实现管理现代化就必须要有领导的科学化。领导是一门艺术，更是一门科学，而且是更重要的科学。社会、经济的急剧变革和日益复杂性，要求必须具有强有力的领导，学习研究领导科学是社会历史发展的必然要求。提高现代领导水平，促进领导的科学化，有利于增强综合国力、推动现代化建设，有利于提升现代领导者整体素质，打造一支强有力的现代化领导队伍。

第一节　领导概述

一、领导的定义

　　领导就是某一具体社会系统中处于支配和决定地位的主体，根据该系统的需要和愿望以及现实情景和条件，确定本系统的目标、任务和行动指南，获取和动用各种资源及手段，发动整个系统，特别是非居支配与决定地位的群体与组织等力量，致力于完成既定任务、实现既定目标的最权威的行动过程，它是一种规范化、制度化、非人格化的活动。领导既是一种现象，也是一种过程，更是一种事物。

关于领导的定义直到今天，仍旧没有一个统一的定义，1998 年，美国著名领导学研究学者尤克尔（Yukl）总结出八种比较有代表性的领导定义，具体见表 1 - 1 所示。

表1.1　　　　　　　　　　　领导定义汇总

年份	姓名	领导定义
1957	Bennis	有权者诱导其下属，按照其意欲的方式行事的过程
1978	Katzkahn	领导是超越组织例行指导之机械式顺从的总影响力
1984	Roach&Behling	对一个组织的群体施加影响，以推动其实现目标
1986	Richard	领导是规划愿景，树立价值观，创造环境来让事情实现
1988	Hosking	领导者是那些持续不断为社会秩序做有效贡献，并且被人们期望和认识到应该做这些事情的人
1990	Jacobs Jaques	领导是为集体努力制定目标（有意义的方向），并促使人们期望和认识到应该做这些事情的人
1992	Schein	领导是超越文化限制，进行具有更强适应性的革命性的能力
1994	Drath Palus	让成员认识到所从事的工作的意义，并让成员认同和投入到这些工作中去的过程

不同学者对领导的概念有不同的理解，但都有一个共同的特点，领导工作应包括领导主体（领导者）、领导客体（被领导者）、客观环境、领导职权和领导行为这五个不可缺少的因素，而领导者是决定性的因素。

二、领导的功能

1. 引导

领导的具体任务就是规定组织的发展方向。其引导功能具体体现在以下几个方面：一是正确地规划组织目标，并鼓励组织成员尽最大努力去实现这一目标；二是对组织未来发展能做出正确判断，制定合理的发展战略；三是制定正确的活动计划，确保组织计划能按照一定的程序、规范有条不紊的展开；四是根据组织的具体情况，选取适当的领导思维模式和方法；五是创建、维持和变革组织文化，引导组织成员养成对组织的认同感和归属感，树立共同的责任感和使命感，增强组织的凝聚力和竞争力。

2. 组织

组织就是领导按照目标合理地设置机构、建立体制、分配权力、适用人员等。组织功能是实现领导任务的可靠保证，其具体内容主要包括：一是根据组织内部和外部的条件、需要与可能，构建合理的组织结构。组织功能能否有效发挥其作用，很大程度上依赖于组织结构的合理化程度，取决于组织结构内在要素的存在形式与组合方式。现代化分工的深入发展，要求组织结构必须成为具有强大应变能力的网络化系统；二是根据组织目标的工作任务，聚集力量，对人力、财力、物力、时间、信息等资源进行合理配置，将合适的人放在合适的位置；三是根据组织内、外部环境变化，对组织进行改进，提高组织的应变能力和生存能力，增强组织的变革能力与创新能力。

3. 指挥

指挥就是领导者运用组织权责，发挥领导权威，推动下属为实现既定目标发挥积极作用。指挥功能具有两种形式：第一种形式是行政命令。命令是一个组织中不可或缺的一部分，是组织计划得以实施的必要条件，为了使指挥工作能够有效地进行，命令需要具备三个基本特性，即完整性、清晰性、可执行性。此外，在命令的执行过程中，还需要领导者为下属创造有利条件，对命令的执行情况进行及时反馈，确保命令得到正确执行或对命令中不合理的部分进行及时修正；第二种形式是合理授权。授权就是由领导者授予下属一定的权力，下属在领导者的监督下，自主地对本职范围内的工作进行决断和处理。授权是领导者进行有效指挥的重要途径，能够有效提高员工的积极性和参与度，适当授权能激发员工的创新能力，发挥员工的能动性。

4. 控制

控制就是领导从外部对执行者和执行组织的活动和运行状况进行宏观把握，以保证组织目标得以实施，防止失误，使组织稳定和不断地发展。以控制开始的时间为标准，控制可以划分为三种类型：一是前期控制。前期控制发生在工作过程发生之前，关注的重点在行动的输入端。前期控制有助于防患于未然，排除问题隐患；二是中期控制。中期控制与工作过程同时进行，能对工作过程进行监控，对出现的问题进行及时反应，有助于及时发现问题并加以改正；三是反馈控制。反馈控制主要发生在工作过程之后，其重点对计划执行中的有关资料进行及时整理，对经验进行及时总结，作为以后工作的借鉴。领导的控制功能从计划的执行到结束贯穿整个执行过程。

5. 协调

协调是通过及时的调整，使各个方面、各个部分的工作配合得当。协调功能主要体现为组织方面的协调和人员方面的协调。协调的途径主要包括：一是通过政策与目标对组织活动进行协调；二是通过正式沟通和非正式沟通进行协调；三是通过行政组织进行协调。领导协调既可以通过积极的促进来谋求平衡，也可以通过严肃的纠偏来维护正常的秩序。无论是表彰先进，还是惩戒落后，为了确保协调功能的有效发挥，我们需要坚持以下基本原则：一是公平原则；二是统筹兼顾原则；三是求同存异原则。

6. 激励

激励就是领导激发下属的潜能、积极性和创造性的过程。激励功能主要体现在以下两个方面：一是通过不断地挖掘潜力，提高下属为组织目标奋斗的积极性与自觉性。人的行为由需要引起，由动机激发。领导的激励功能可以提高下属的个体目标与组织目标的正相关性，增强下属对组织目标的认同感和实现组织目标的热情，使下属在为组织目标奋斗的同时，加强了自己的存在感与成就感，进而对组织产生归属感，这样就保证了组织人力资源的持久与稳定，这也是领导力的根基。二是通过环境和心理气氛的营造，提高下属的行为效率。

7. 教育

教育就是通过领导者的宣传、动员以及个别谈心，从各方面提高下属素质、改正错误、消除纰漏的过程。领导的教育功能主要体现在以下三个方面：一是积极支持和参与国民教育，提高国民素质；二是创建学习型组织，加强职业教育和培训，为培养组织成员终身学习的学习习惯，创造良好的氛围与环境；三是培养更多的未来领导者，使组织的发展长盛不衰。

三、领导的类型

关于领导类型的分类，一直以来没有一个公认最好的分类方法，常用的领导类型的划分有以下几种。

第一，以行为方式和特征为标准，可分为自然式领导、专制式领导、民主式领导、专家式领导和专家集团式领导。

其中，专家式领导。随着社会生产力的不断发展和科学技术的广泛应用，社会各个领域的专业化、科技化程度日益加深，这一新形式迫切需要领导工作由一批善于战略决策和管理，掌握现代领导科学的高级专门人才来进行，使领导工作向科学化发展，专家集团式领导。现代社会化大生产是一项巨大的社会工程，具有影响因素众多、变化发展迅速、结构规模复杂的特点。因此，仅仅专家个人参与领导有时是远远不够的，还需要多名专家组成领导集体进行领导，从而形成专家集团式的领导类型。

第二，以领导工作的性质和对象为标准，划分为政治领导、行政领导、业务领导和学术领导。

其中，学术领导是现代科学（包括自然科学和人文社会科学）、现代技术发展的产物，是从政治领导、业务领导中分离出来的一种领导类型。技术领导的主要职责包括：决策某一学科的研究方向，组织、协调科研力量，控制科研进程等。学术领导是由专家组成的人才群体，一般以智囊团、政策研究小组、咨询机构等形式出现。

第三，以领导者与被领导者的作用方式为标准，划分为层次式领导、单线式领导、星式领导、轮式领导和网络式领导。

层次式领导又称金字塔式领导，即每个单位只有一个上级机关和几个下级机关，通过一条渠道解决工作问题。它具有机构简化、权责分明、效率比较高的特点。层次式领导常见于企事业单位和行政部门，适用于工作内容单一、规模较小的组织。

单线式领导的特点是组织中的每个成员只与相邻的两个人联系，具有很强的保密性。它多适合于国防、安全、特工等工作。

星式领导只有一个指挥中心，各单位只能与指挥中心联系，彼此之间不发生联系，具有较强的保密性。它多适用于国防、安全、谍报等工作。

轮式领导，即每个单位或团体既与领导核心保持联系，也彼此进行沟通，具有信息传递快、可靠性高、反应迅捷等特点。它多用于政府和行政部门。

网络式领导的特点是，各级领导在各自的管理权限内可以直接指挥下级组织，职责分工十分明确。但由于各单位之间的横向联系比较欠缺，所以容易出现政出多门、贯彻不利的问题，从而降低了领导效能和效率。网络式领导常见于政府、企业中各职能部门与下属机构。

第四，以领导方式为标准，划分为权威式领导、参与式领导和放任式领导。

美国管理学家罗夫·怀特（Ralph K. White）和罗纳德·李皮特（Ronald Lipper）依照领导方式的不同，将领导分为权威式、参与式、放任式领导方式，是迄今最有影响的分类方式之一。

权威式领导。组织中所有的决策均由领导者决定，工作如何分配、由谁去做、如何去做等一系列方案均由领导者单独决定，领导者跟下属的沟通交流和接触较少。这一类型的领导通常也被称为"独裁式"或"法西斯式"领导。领导者对工作的计划、操作的标准、流程等都做出具体要求，要求下属严格执行。大多数的权威式领导者对下属十分严厉，而且要求较多，借助对资源的分配权和奖惩权实现对下属的控制。

参与式领导。参与式领导是指在理性指导及一定规范下，制定组织目标，允许下属或员工针对目标灵活处理，鼓励下属或员工自发行动；在遇到问题时主动征求他们的意见。参与式领导者将下属视为与自己平等的人，给予他们足够的尊重，组织中的主要政策由组织成员集体讨论、共同决定。这种领导方式，使组织中的成员彼此有更多了解，对工作目标有更全面的认识，所制定的计划也更为可行。

　　放任式领导。放任式领导又被俗称为"放羊式"领导，组织中的领导者对组织成员采取放任式的管理方式，极少使用手中的权力对下属进行约束，将决策或完成任务所需的信息、资源等提供给下属，由下属自行处理。领导者会充当组织与外部环境的联系人，尽量不参与，也不干涉组织成员的决策和工作过程。

第二节　领导科学研究内容、特性和方法

一、领导科学研究内容

　　领导科学是研究现代领导活动的一般规律、原理、理论、原则和方法等的新兴学科。领导主要有三方面的逻辑线索：一是领导的本质和基本要素；二是领导的结构；三是领导的功能与方法。与之相对应，其主要内容包括：领导科学的产生与发展，领导科学的基本原理及领导理论的发展与演变，领导环境与文化，领导者的个体素质与群体结构；领导体制与改革，领导关系与角色；领导决策与战略，领导选才与用人，领导艺术与方法，领导思维与创新，领导效能与发展，等等。我国学者将所有这些内容层次明晰地梳理为：领导的本质和目的；领导活动的基本要素及其相互关系；领导的职能和作用；领导者及其素质；领导活动过程及机制；领导方法和领导艺术。

二、领导科学特性

　　领导科学是研究领导工作规律及其方法的科学，是一门融领导的科学性、艺术性和实践性为一体的新兴学科，具有社会性、综合性、应用

9

性和交叉性等几个明显特性。

1. 社会性

任何领导活动都是一种社会活动，它的产生和发展都是社会活动的产物。因此，研究领导工作规律及其方法的科学也必然具有很强的社会性。

2. 综合性

领导活动体现了一定的生产关系，同时又涉及对生产力的组织、协调，对客观环境的分析、控制，领导科学的研究课题很少是某一单一的问题，几乎都具有很强的综合性，领导活动是一种高度综合的实践活动。

3. 应用性

领导科学是与领导实践紧密相连的，其所有的理论内容都是从领导实践中提炼、总结、概括和升华出来的。而这些理论与方法一经产生，又反过来应用于领导实践，对其产生能动的指导作用。简言之，领导科学强调应用研究，它把科学理论直接应用到领导实践中，是一门应用科学。

4. 交叉性

领导科学既融合了众多社会科学中的研究成果，又吸收了诸多自然科学的有益成分，具有很强的学科交叉性。通过有选择地借鉴与吸收不同学科的益己成分，领导科学建立了自身独特的学科体系和研究框架，并推动了领导理论的完善和领导实践的发展。

领导科学特性还具有阶级性、区域性、民族性、传统性等。因不同的社会制度、不同民族和国家，不同的文化传统和背景，领导科学而有所不同。领导科学纵向分支学科包括政党领导学、企业领导学、科研领导学、行政领导学、军事领导学等；横向分支学科包括领导决策学，领导体制学、领导心理学、领导职能学、领导方法学。

三、领导科学研究方法

1. 辩证研究方法

辩证研究方法是马克思主义唯物辩证法在领导科学中具体的运用。唯物辩证法对领导科学的研究具有重要的方法论意义。

2. 实证研究方法

实证研究方法通过深入实际，进行调研，将理论与实际相结合，定性分析与定量分析相结合，全面、准确地了解内部和外部环境的实际情况，分析预测发展趋势。

3. 历史研究方法

历史研究方法是用历史的观点对领导活动进行观察与研究，注重考察领导和领导科学的起源、发展与演变的过程及这一过程对社会影响与作用，以期以史为镜，借鉴历史经验服务于现代领导实践与领导理论发展。

4. 比较研究方法

比较研究方法主要通过对一组具有可比性的领导问题进行横向或纵向比较分析，研究其相关性或差异性。

5. 案例研究方法

案例研究方法的特点在于：以客观公正的第三者的立场与态度，通过广泛收集各种可能的资料，对已经发生的真实的典型的领导事件进行分析与研究，作为此后可资借鉴的经验或教训。

6. 心理研究方法

心理研究方法是通过对个人和社会心理因素的研究而透视工作人员的集体精神、工作作风、工作态度、思想修养、生活作风等。领导的决策在很大程度上同群众和工作人员的种种心理有关。

7. 系统研究方法

从系统观出发，领导活动是一个由多种要素组成的系统，同时它又处于社会环境的大系统中。因此，需要运用系统研究方法，以系统理论为指导，以计算机为分析工具，对系统的目标、要素、功能、结构、环境和制约条件进行定性与定量相结合的研究与分析。

8. 数量研究方法

数量研究方法是通过调查研究，采用现代科学技术手段，定性与定量相结合的方法进行研究来认识和探索领导活动的发展规律。

第三节　领导科学的产生与发展

一、领导科学产生与发展的历史背景

在人类社会的历史长河中，领导活动已有久远的历史。领导科学则是现代社会发展的产物。在小生产为主体的历史时期，社会活动规模小，技术落后，信息闭塞，领导和管理为一体。18世纪欧洲工业革命以后，生产扩大为工厂化，组织形式日益复杂，管理阶层迅速兴起，这种发展趋势要求领导权和管理权相对分离。1841年美国东部一家铁路企业由于经营不善，被迫进行了领导体制的改革，由经理管理企业，实现了企业所有权、领导权和管理权的分离。

科学理论来源于社会实践活动。领导科学经历了自然领导、经验领导、科学领导的过程。在科学领导的基础上，产生了现代领导科学，现代领导科学是现代社会大生产实践的产物。20世纪以来，生产的社会化向领导科学提出了新的要求。由于社会化的大生产，出现了很多跨行业、跨部门、跨地区、跨国界的大企业、大工程、大科学，需要领导者用科学的理论指挥大生产。科学技术的迅速发展，系统论、信息论、控制论等横断科学的诞生，给领导科学提供了理论武器，推动了领导理论的发展。社会活动的多样化、系统化，要求领导必须站在战略的高度，审时度势，把握方向，驾驭全局，完成时代赋予的历史使命。现代领导科学也应运而生。

二、领导理论在我国的兴起和发展

（一）中国古代领导理论

中华民族历史悠久，在过去的几千年里，历经朝代更迭、国家兴衰，领导活动的得失成败、经验教训尽在其中。中国古代领导思想海纳百川、博大精深，形成了多种流派传承至今，在世界范围内都影响巨大。它主要包括以下几个流派：一是儒家。儒家中庸思想和仁义礼智信等内容是对我国乃至世界影响最大的古代领导理论，两千多年的封建统治确立儒家正统地位，成为历朝治世纲要。早在二百多年前，欧洲就掀起了学习儒家思想的热潮，儒家的治国之道影响了18世纪欧洲的政治和社会思想。在亚洲地区，儒家思想对诸如日本、新加坡等国家也有深刻影响。二是道家。道家的无为而治思想对古代领导思想影响很大，其愚民之术是历朝历代都遵循的一个原则。道家无为而治倡导垂拱而治、逸而有成，也很受国外重视。三是法家。法家主张"法治"，其核心是依靠严厉刑罚治理天下，重视国家暴力建设，"峭其法而严其刑"。四是以谋略著称的兵家。

中国古代领导思想流派众多，内容丰富多彩，但都包含了三个方面的内容：一是"君以民为本"的民本位思想，讲求信民、富民、教民，即相信民众，取信于民，使民众富裕，教化民众。二是重视纳谏、重视谋略的谋断分离思想，讲求决策和谋略，广纳贤才，礼贤下士。三是人本思想，重视人才的培养和任用，提倡选贤任能，奖惩分明。

（二）中国现代领导科学理论的研究和传播

我国现代领导科学理论的研究和传播始于党的十一届三中全会之后，诞生于改革开放之中。在1980年召开的全国首届未来学讨论会上，第一次提出了领导学的概念。1981年在中组部、中宣部联合召开的干部教育座谈会上，第一次明确提出各级党校开设领导科学课的建议。

13

1983 年 5 月由夏金龙、刘吉、冯之骏、张念椿撰写的全国第一本领导科学专著《领导科学基础》出版面世。这都标志着中国现代领导科学正在日益崛起，成为社会科学的一个亮点。从此以后，研究领导科学的论文、著作、辞典、论文集、学术讨论会、研究班、杂志社等，纷纷面世。领导科学的教育与培训不断发展，高等院校开设了领导科学课程，领导科学的学术团体纷纷成立，领导科学的学习与研究，无论是学科理论建设，还是其应用实践及宣传普及，都出现了丰富多彩与繁荣发展的新局面。

（三） 中国领导科学的发展趋势

领导科学是一门新兴科学，也是一门发展着的科学，它在不同国家有着不同的特点和发展趋势。在我国业已创立的具有中国特色的社会主义领导科学，其发展趋势大体上为：

1. 分化趋势

科学分化是现代科学发展的总趋势，领导科学作为一门迅速兴起与发展的新兴现代学科也不例外，它必将由综合性、整体性研究走向分支研究、专题研究。例如，不同领域的领导科学有行政领导学、企业领导学、军事领导学、科技领导学等；领导科学的分支科学有领导战略学、领导决策学、领导组织学、领导方法与艺术学等。

2. 应用化趋势

领导活动特有的社会功能，决定了领导科学是一门实践性很强的学科，领导科学的价值在于能够帮助领导解决实际问题。因此，领导科学的发展必然要以应用为根本目的，或者说，领导科学的发展要着重于应用。这样，一方面要将领导经验与领导理论的研究结合起来；另一方面又要使领导科学的理论研究适应于领导实践的需要与发展。领导案例的研究就是适应这一需要而产生的。

3. 规范化趋势

现代社会与科技的发展，使领导活动的因素日趋复杂、多变，领导者的素质日益提高，因而对领导活动的精确性和规范化的要求将越来越高。运用现代科学方法，对领导活动进行定量与定性分析研究，充分利用现代信息技术处理有关学术问题，将是领导科学发展的必然趋势。随着领导科学的普及推广化活动的广泛开展，领导科学的理论体系与操作体系将日益走向规范化。

4. 理论交叉整合化趋势

交叉性也是现代科学发展的一大趋势。领导科学是建立在其他众多学科基础上的、一门综合性学科，与众多学科都有着密切联系，如领导学、管理学、组织行为学、心理学等，因此领导科学注重吸收诸多管理科学、社会科学和人文科学的成果。从领导活动范围的广泛性、领导活动因素的多变性及领导活动的实践性与科学性等方面看，领导科学必然向多因素、多学科交叉的趋势发展；而且，领导活动愈发展，对它的研究愈深入，这种交叉的发展趋势也就显示得愈充分。

三、西方领导理论的发展

西方领导理论的发展主要经历了四个阶段：

第一个发展阶段：领导特质论阶段（20 世纪初期～40 年代）。领导特质论是以领导特质为对象研究领导现象，探究和解释领导现象的发生与变化。

第二个发展阶段：行为论阶段（20 世纪40～60 年代）。领导行为论是从领导行为的角度研究领导存在、作用和发展的现象。认为领导的本质就是影响力，借助影响力的作用，领导者引导组织成员的思想与行为，以实现组织的目标。

第三个发展阶段：权变论阶段（20 世纪60～80 年代）。从领导学看，权变论就是指领导者应该根据情境因素选择有效的领导方式。它使领导具有更强的艺术化色彩，对领导的判断不再局限于道德标准。

第四个发展阶段：新领导力理论阶段（20 世纪80 年代初开始）。

第一，把领导看做是与变革和创新联系在一起的行为，而把传统管理看做是通过集权和控制维持稳定和秩序的行为。所以普遍认为，在当今需要不断变革和创新的时代，领导比管理更重要。

第二，在强调领导对变革的重要意义的前提下，西方的领导概念发生了根本性的变化。其中最突出的是，领导被赋予了反"官僚"的内涵。在众多的关于领导问题的阐释中，领导者与被领导者被看做是合作伙伴关系，二者的平等互动被看做是领导活动的基本特征。

第三，强调新领导力对价值、愿景、使命和意义的追求，把整合价值、共启愿景、关注使命、强调意义看做是领导活动的核心要义，这使领导在根本性质上真正超越了管理。

第四，强调领导者的新角色，要求领导者要扮演"仆人"、"设计师"、"教师"等新角色，这使领导理论为之焕然一新。

第五，特别强调领导思维方式和领导模式的变革，形成了生态领导的新概念。这一理论的勃兴，成为新领导力理论的一个新的更加广阔而深邃的视野。

第六，由于领导被重新定义，因而领导和管理的区别进一步凸显出来，从而领导学作为独立学科的基础也就此奠定了。这使本来从属于管理的领导和从属于管理学的领导学逐渐独立出来，站在了管理和管理学之外。这一时期，也是领导学理论纷呈时期，不仅产生了许多新的理论，而且原来的各种理论也有了新的发展。如变革理论、魅力理论、替代理论、修炼理论等。

四、领导理论发展的新特点

第一，特质论研究的新发现。著名心理学家斯多尔蒂指出，没有所谓领导者的特性个性，更没有什么天生的领导者。特质理论的失败，使领导理论的研究方向从领导者转向了领导行为。但是，近年的研究又发现，行为的培养和训练并不能解决根本问题，个人素质在一定程度上对于领导的造就仍然具有不可取代的重要作用。

第二，领导的缓冲器、替代品与放大器理论。领导的缓冲器是指在下属、组织和工作任务中，对领导者影响员工的成效具有干扰和减弱作用的特性，包括物理距离、不良领导关系、不合理的奖惩方式等；领导的替代品是指通过领导利用其他价值合理的资源代替品，从而使领导角色成为多余的因素；领导的放大器是指放大领导者对员工影响的因素。

第三，超越型领导与交易型领导理论。超越型领导强调公平、公正、人道、和谐、理解等正向价值观，并主张通过努力主动消解忌妒、仇恨、恐惧等负向价值情感。它包括领导的魅力、个性化关怀和智能的激发几个方面；交易型领导的特点则是用追随者个人可能获取的利益去激励和鼓动他们。

第四，柔性领导理论。是在研究人们心理和行为的基础上，依靠领导者的非权力影响力，通过领导者自身的思想、品质、能力、修养等对被领导者产生影响，依靠领导的思想力、个人魅力、协调力、沟通力的作用，使被领导者自觉服从和认同组织意志，并变为人们自觉的行动。这一理论认为，领导活动是领导者与被领导者在思想与动机上的互动的过程，组织和社会的发展是由领导者与被领导者共同推动的。

第五，内隐领导理论。就是探明人们"内心"领导概念结构的理论。中国内隐领导理论主要由个人品德、目标有效性、人际能力和才能多面性四个因素构成。一是个人品德，即品德高尚，顾全大局，以身作则，言行一致，率先垂范，严于律己，廉洁奉公，遵纪守法，坚持原则，处事公正，锐意创新；二是目标有效性，即具有事业心、自信心、责任心，具有组织管理能力、自控和应变能力、创新能力，善于危机管理，合理选才用人；三是人际能力，即作风民主，体察民情，密切联系群众，与群众同甘共苦，真诚接受群众的监督、批评和指正，不搞特殊化，求真务实，实事求是，宽以待人；四是才能多面性，即多才多艺、兴趣广泛。"才能"的广度既有助于组织目标的达成，又有助于处理人际关系，从而增强领导效果。

第二章

领导体制

领导体制是领导活动的载体。现代社会生产中的领导活动必须在一定的组织机构平台上才能够运作，并且还要遵循特定的制度，有秩序地进行操作，这样才能保证领导活动的人、财、物等各种要素，系统而有机地联系在一起，以实现领导功能。飞速发展的经济社会要求领导体制必须要适应政治、经济发展的需要，领导体制改革要与政治体制改革、经济体制改革大体同步。

第一节　领导体制概述

一、领导体制的含义

领导体制是指领导者为保证领导活动正常进行并实现领导功能，而建立的组织机构形式和有关规章制度系统的有机统一体，是领导功能制度化的表现形式，是领导系统中权力划分、组织机构的设置、横向及纵向部门之间相互关系确定的组织形式和制度形式。领导体制用严格的制度保证领导活动的完整性、规范性、有序性和稳定性，它是领导者与被领导者之间的桥梁和纽带，有利于密切两者之间的关系，促进两者之间的合作，对一个组织的发展起着至关重要的作用。

二、领导体制的内容

　　任何组织系统内的领导活动都不是随意进行的，都有一定的领导体制的制约。领导体制的核心内容是用制度化的形式规定组织系统内的领导权限、领导机构、领导关系及领导活动方式等方面，确保组织系统的领导活动遵循一定的管理层次、等级序列、指挥链条、沟通渠道有序进行。

　　领导体制的主要内容包括：（1）领导的组织结构。领导的组织结构是指领导机构内部各部门之间的组成关系和联系方式；（2）领导层次与跨度。领导层次即纵向组织结构的等级数量；领导跨度即一个领导者直接有效地指挥下级的宽度；（3）领导权限和职责的划分。即建立严格的自上而下的领导行政法规和岗位责任制，对各个领导部门（领导干部）的职责权限做出的严格而明确的规定。这是领导体制的核心问题；（4）领导体制的构成要素。其包括决策中心、咨询系统、执行系统、监督系统与反馈系统。决策中心是现代领导者的灵魂，它决定着领导管理系统的效能；咨询系统是决策中心的思想库、参谋部和有力助手；执行系统的任务是执行决策中心的各项指令；监督系统是根据决策中心的指令对执行系统进行监督，以保证执行指令确切无误；反馈系统是将指令执行的结果反馈到决策中心，以便决策中心修正和完善指令。

三、领导体制的属性

1. 自然属性

　　领导体制具有与人类生产力相适应的自然属性。从社会物质生产及其过程来看由于社会的结合形态的客观需要，由于同生产活动、科学技术的直接联系，不同社会的领导体制具有某些共同的属性，即自然属性。领导体制的组织结构形态，是由所处的社会生产力水平决定的。现代社会生产中的领导活动必须在一定的组织机构平台上才能够运作，并且还要遵循特定的制度，有秩序地进行操作，这样才能保证领导活动的人、财、物等各种要素，系统而有机地联系在一起，以保证领导功能的实现。所以，领导体制是领导活动顺利进行的内在要素，它的出现、存在和发展是领导活动的客观要求与发展趋势。

2. 社会属性

领导体制又具有与生产关系、上层建筑相联系的社会属性。领导体制受制于一定的社会的经济制度和政治制度，总是具有特定的政治属性和社会性，并有维护和发展社会根本制度的作用。

在领导体制的自然属性和社会属性中，社会属性占主导地位，是本质属性，自然属性服务于社会属性。

四、领导体制的作用

领导体制是领导活动的载体，是领导活动借以贯彻施行的有效保障。

首先，领导体制是领导者和被领导者之间的桥梁。任何领导活动需要领导者根据组织内部的实际情况、所确定目标的具体要求，制定相应的计划或决策，确立计划或决策执行中应遵循的规范、程序和标准，引导组织成员在思想和行为上按组织规范操作，而组织成员又对领导者的行为、态度和领导方式形成反作用。科学的领导体制有助于协调各级各部门之间的关系，有助于造就更优秀的领导者，有助于建立领导者与被领导者之间的良好互动。

其次，领导体制能够为领导活动提供组织保证。领导体制能够协调领导机构内部和各部门之间的相互关系，建立合理的组织结构，能够提高组织的工作效能。并且，科学的领导体制能够克服官僚主义，规范领导行为，增强领导活动效率以及正能量。

五、领导体制的演变

最初的领导体制是原始氏族部落的议事会，随着社会分工越来越细化，工业革命后，出现了职业化的领导管理阶层。

（一）从家长制领导到管理阶层的兴起

这一转变发生在工业革命前后。工业革命之前，企业领导施行的是家长制领导。家长制领导源于家庭、家族等血缘群体和亲缘群体，家庭的主要权力集中在家长一人手中，其他人完全服从于家长，权力高度集中；工业革命之后，生产规模迅速扩大，组织形式也越发复杂，传统形式下管理模式难以适应日益激烈的竞争形势，企业的发展严重受阻。职业化管理阶层便在这种背景下产生。

（二）从单个"硬专家"领导制到"软专家"集团领导制

这一阶段是领导从管理中独立出来的标志，也是领导获得不同于管理的相对独立的内涵的标志。真正意义上的领导学就是在这个时期诞生的。

"硬专家"式领导体制又被称为经理制领导体制。"硬专家"指的就是职业化管理阶层中分化出来的具有出色才能，精通某一专业技能的企业领导者。随着企业生产规模的日益扩大，现代科学技术与生产的进一步结合，企业组织形式趋于多样化，内部结构越来越复杂，生产分工也日益专门化，管理在生产的作用越来越重要，原来精通某一专业技术的"硬专家"已经无法胜任领导工作了，需要有专门管理知识和管理经验的"软专家"来担任领导职务。而随着经济社会的进一步发展，单个"软专家"也对复杂的领导和决策工作感到难以胜任，这时又过渡到集团领导阶段，比如"思想库"和"智囊团"等组织的产生。

（三）从集权制到集中与分散相结合的多级领导体制

无论是家长领导制、硬专家领导、软专家领导还是软专家集团领导制，从组织中的领导结构看，大都是集权制。但是，集权制领导方式已经逐渐不能适应各种问题层出不穷的社会发展形势的需要，这就在客观上要求在原有权力结构上实行适当分权，将领导权力进行扩大分散。20世纪20年代美国通用汽车公司率先创立并使用事业部结构将政策制定和行政管理分开，企业的最高管理层集中力量研究和制定公司发展的长期规划、总目标、总方针和各项政策，各事业部成为日常经营活动的决策中心，充分发挥主观能动性。政策制定集权化，业务营运分权化。实现了领导和决策的科学化和效率化，产生了领导体制的大变革。

第二节　领导体制的结构

领导体制结构指领导机构内部各部门之间的相互关系和联系方式。常见的有以下几种。

一、直线式（分级式）结构

直线式（分级式）结构是一种传统的领导体制模式。在这种领导体制下，上下级只存在直线的垂直关系，没有横向并列的职能机构。上级领导执行着全部领导和管理职能，统一指挥，下级只服从一个上级，并只对他负责。这种结构的领导类型是一长制。

直线式结构的优点是：结构简单，指挥系统单一，权力集中，职权明确，横向摩擦少，因而效率高。其缺点是：横向联系少，内部协调较慢。缺乏专业化的管理分工，经营管理事务依赖于少数几个人。这就在客观上要求领导者必须是全才，但这是很难做到的，因此只适用于规模小、上下级关系比较单纯的组织。

二、职能式（分职式）结构

职能式（分职式）结构是按分工负责的原则组成的领导体制。按照领导工作的范围要求，横向平行地设立若干个职能部门，每个职能部门均以整个组织系统为服务对象，只是分工和服务不同的领导体制称为职能式结构。

当组织规模大，管理复杂，各项管理需要具有专门的管理知识，而各级领导者很难具有各种专门管理知识，因而全面指挥很困难，需要设立各项职能部门，领导将具体的专业性的指挥委托各职能部门。在这种领导体制下，上级职能部门在自己的业务范围内，有权向下级下达命令和指示。领导者对其职权范围内的所有问题拥有指挥权。

职能式结构的优点是：分工精细，职责范围明确，可减少行政领导者的指挥工作，集中精力抓大事。职能部门进行专业指挥，专业性强，工作效率高。但缺点是对下级形成多头领导，命令不统一，互相协调困难。一旦分工过细，容易造成机构臃肿。

三、直线—职能式（混合式）结构

直线—职能式（混合式）结构是以直线式机构为基础，按照一定的职能进行专业化分工，在各个领导层级上都建立相应的负责不同方面管理工作的职能部门，作为各级领导的助手，实行领导统一指挥与职能部门参谋、指导相结合的结构。

领导对业务和职能部门实行垂直领导，职能部门是领导的参谋和助手，无直接指挥权，其职责是向上级提供信息和建议，并对业务部门实施指导和监督，因此，它与业务部门的关系只是一种指导关系，而非领导关系。

直线—职能式结构保留了直线式集中统一指挥的优点，又吸取了职能式专业分工的长处，各部门之间分工明确，在组织外部环境相对稳定的情况下易于发挥组织的团体效率，有助于提高工作效率，是目前普遍实行的一种较好的领导体制结构。但它的职能部门之间的横向之间缺乏信息交流，容易产生矛盾，职能部门缺乏大局观，在目标确立上直线指挥部门之间容易产生分歧，也常需要协调。此外，职能部门无直接指挥权，它与业务部门的关系只是一种指导关系，而非领导关系，直线职能结构从根本上讲是集权制结构，刚性较大，且由于分工过细，在面对问题时不能及时做出改变。

四、分权制结构

分权制结构即事业部式机构。分权制结构是指在最高领导层下设立若干个有一定自主权的事业部门的组织机构。

23

由于权力下放，可使领导层摆脱日常繁杂事务，成为强有力的决策部门，各事业部自成系统，独立经营核算，能充分发挥管理的主动性、灵活性和适应性。

分权制结构的优点是：（1）各个分部负责日常决策，而总部最高领导层负责战略决策，由此形成决策的专业化与分工，有利于决策效率和经营效率的同时提高；（2）权力下放，有利于最高领导层摆脱日常行政事务和直接管理具体经营工作的繁杂事务，而成为坚强有力的决策机构，同时又能使各事业部发挥经营管理的积极性和创造性，从而提高整体效益；（3）各事业部门是独立的单位，通过在组织内部引入分散决策和竞争机制，能够利用"内部市场化"机制来提高组织的资源配置效率。这种组织结构既有高度的稳定性，又有良好的适应性；（4）各事业部门之间可以有比较、有竞争。由此而增强组织活力，促进组织的全面发展；（5）在这种结构下的多样化经营，有利于组织拓展自己的成长空间，并分散总体经营风险。这一组织形式有人称其为"20世纪最伟大的组织变革"。

这种组织结构的主要缺点是：容易造成组织机构重叠、管理人员膨胀现象，各事业部独立性强，考虑问题时容易忽视组织整体利益。而且，如果缺乏对总部高级管理层本身及其经营战略的有效控制，那么这种组织结构很可能导致过度的分散化。

五、矩阵式结构

矩阵式结构是把多个元素按横向、纵列排成一个矩阵，由纵向与横向结合的两个系统组成，一个是职能部门，另一个是为完成某一任务而组成的项目小组。纵横系列交叉起来就组成了一个矩阵。

矩阵式结构的最大优点是有利于各部门之间进行信息交流，针对组织面临的内部或外部问题及时做出反应，实现来自环境的双重需要的协调。各项目小组能针对项目要求和人才特点，灵活配置人力资源，提高人力资源效率。但矩阵式结构的组织关系复杂，每个成员都同时接受双重领导，既要服从小组负责人的领导，又受原所在部门的领导。这种双重领导关系容易产生矛盾，由于需要频繁地沟通和解决冲突，常常会消耗过多时间和精力。

六、新型的组织结构

1. 虚拟机构

由于信息革命已使任何员工可以在任何地方与别人合作，因此，这种合作就不一定非要在机构上进行合并，它可以采用电子手段进行合作，以建立一种全球性的协作网络，是为了吸引最好的人才、资源和知识而不得不经常变化的协作成为可能。

这种虚拟机构由于人们既看不到对方，又不能互相天天见面，从某种意义上讲，它已不再是"真正的"机构，而只是个"影子"，它只存在于一种有组织的体系之中，通过电子手段这一媒介，建立某种工作关系。在组织结构上具有很大的松散性，这便于节约资源，重点发展中心活动。

2. 团队组织结构

团队是对工作活动进行组织的一种非常普通的手段，它在基层管理的工作设计中广泛使用。当管理层把团队这一组织结构运用到一个组织的中上层，成为该组织的中心协调手段时，这个组织实行的就是团队组织结构。

它的基本特征是：（1）它把各个职能部门进行分解和弱化，把决策权分散到工作小组的层次上，从而形成一个高层不大、中间层细小、低层宽大的组织结构，使中高层管理人员队伍缩小；（2）团队组织结构的组织成员既是专家又是通才。

3. 网络型组织结构

网络始于20世纪70年代，当时出现一种战略联盟的想法，试图将一些独立的公司联在一起。今天，大多数公司与供应商、经销商、政府甚至自己的竞争对手也常常建立某种形式的联盟。通过合并和接管将企业组织并进一个更大的联合公司。

网络型组织结构的特点是：在享有自治权的合伙人之间，在自愿组成合资企业的前提下，建立临时性的业务关系。信息网络促进了组织网络，这一发展形成了以知识为基础的经济社会所需要的一种结构模式。

网络组织结构具有层级结构的弱化、组织结构柔性化、组织结构虚拟化的特点。

4. 无界限组织结构

无界限组织，寻求消除指挥链所带来的限制，让控制幅度无限扩大，用授权团队代替职能部门。

无界限组织结构具有如下主要特点：（1）在一定程度消除纵向结构上的界限，使层级制结构扁平化；（2）弱化横向组织结构上的界限；（3）突破工作场所的地理与空间的限制；（4）通过战略联盟，建立各种联系渠道等，尽力打破组织与组织环境之间的界限。无界限组织模式的一个重要的技术费用是计算机网络的构建。网络化计算机系统使人们能够打破组织内和组织间的界限，利用现代通讯进行联系。

第三节 领导体制的类型

一、一长制与委员会制

按领导机关中最高决策者的人员数目来划分，可分为一长制与委员会制。

1. 一长制

一长制又称独任制，指在一个领导机关中法定的最高决策权掌握在一人手中的领导体制。此种领导体制权力集中，责任明确，行动迅速，效率较高。然而一个人的知识、能力、精力是有限的，处事必然有不周之处，决策失误不可避免，实现首长负责制的负责人，如果用人不当，就会导致独断专行，滥用职权，我行我素，造成很大损失，且监督不完善极易滋生腐败。

2. 委员会制

委员会制又称集议制，指在一个领导机关中法定的决策权由两人或两人以上的行政首长行使的领导体制。委员会制能够集思广益，统筹兼顾，大大提高了决策正确的概率，可以避免滥用职权，形成相互依存、相互作用的机制。但是存在责任不明，权力分散，决策速度慢，互相推诿和扯皮，议而不决、决而不行、行而不果的负面效应。

两种领导体制的区别在于权力的分配不同，实质在于最高决策权由多少人掌握。同时二者又是相互联系的。首先，两者不可以相互取代。集体领导并不意味着剥夺行政首长应享有的权力。同理，行政首长也不能借口集体领导而推卸责任。其次，首长负责制是一种组织领导制度，而领导集体的分工负责制是一种运作方法。对整个行政机关工作结果承担最终责任的只能是行政首长。这便是"权力与责任同在，义务与奉献共生"。而领导集体的成员是被拥有最高决策权的行政首长挑选出来执行行政首长的决定的，因而他们必须向行政首长负责，而行政首长无论如何都是所有重大责任的承担者。

社会事务错综复杂，我们只能在处理过程中灵活运用。例如，速决性事件、执行性事件、技术性事件、纪律性事件、突发性事件宜采用首长负责制的处理方式，达到"事出必行，行必果"的理想状态。而方针、政策、路线制定以及立法、协调、综合平衡等领导活动则采用委员会制领导方式为宜。

二、层级制与机能制

按组织系统内部机构的职权性质和范围来划分，可分为层级制和机能制两种类型。

1. 层级制

层级制指一个组织从上到下划分为若干层级，每一个下属层级对上一个层级负责，从指挥中心到基层形成台阶式的指挥系统，直接指挥、监督和监控，下级层次对上级层次负责，亦称直线制、分级制或系统制。其优点是指挥统一，权力集中，层级分明、整齐划一，有利于培养统筹安排、综合平衡能力的"通才"。但层次制也容易造成领导事无巨细、事必躬亲、中间层次多、信息失真度大等缺陷。

2. 机能制

机能制又称分职制或功能制，指一个单位或组织中，在横向的水平线上设置若干职能部门，以辅佐行政首长实施领导。每一部门所管辖范围都以本行政机关的整体为对象，分工精细，领导者各司其职，业务熟悉，工作高效，利于培养精通各部门业务的专家和提高干部的专业化水平。不足之处是专业性过强，易造成机构臃肿，人浮于事，政出多门，无所适从。实践表明，唯有两种体制并用，即可兴利除弊。

三、集权制与分权制

按照职权的集中与分散程度，将领导体制可以划分为集权制与分权制。

1. 集权制

集权制指所有领导工作的最后决策权集中在上级领导机关或领导者，下级必须按照上级的决定、法令、指令和指示办事的领导体制。其优点是政令统一，标准一致，力量集中，能够统筹兼顾进行重大建设。其缺点是上级的政策、指令，如不能因地制宜，因时制宜，缺乏灵活性，容易束缚下级的积极性，不利于发展个性，适应能力不强，容易产生个人专断的弊端。

2. 分权制

分权制是指下级领导机关在拥有权力的管辖范围内，依据法律法规，有权独立自主地决定问题，上级对下级权力范围内的决定不予干涉的一种领导体制。其优点是能充分调动下级的积极性，独立自主地开展工作，及时根据条件的变化做出自主的处理决定。但分权制也易造成政令不统一，各方常发生矛盾、冲突，难以调整，各立门户，不顾整体利益，易产生本位主义，分散主义，从而使国家、集体受到损害。

合理的行政组织体系是结合集权制和分权制的优越性的体制，不能太偏于集权制也不能太偏于分权制。我国最根本的组织制度民主集中制，它是民主基础上的集中和集中指导下的民主，这两者的有机结合，既是该种制度的体现，也是集权和分权的合理分配的成功案例。

四、一体制与分离制

按照同一层级的各单位接受上级机关的指导、控制程度的不同，可将领导体制划分为一体制和分离制。

1. 一体制

一体制又称集约制、完整制或一元统属制，指同一领导层次的各个机关或一个机关中的各个构成单位，权力结构上统一由一个领导机关或领导者来领导和控制的领导体制。其优点是：权力集中责任分明，组织结构简单统一，有利于全局统筹和政令贯彻执行，并可以人尽其用，发挥专业优势，集中人力、财力、物力干大事。但要防止行政首长权力过分集中，包揽一切，乱用权力，实行家长制的领导，压制下级的积极性和创造性。

2. 分离制

分离制又称独立制或多元统属制，指上级的指挥、控制和监督不是集中于一位上级领导者或一个领导机关，而是分属于两个以上的平行或双重领导机关或个人的领导体制。在分离制下各机关彼此独立，不存在隶属关系。其优越性体现在：独立性大，各司其职，各尽其能，易于发挥下级的积极性和创造性。其缺点是：容易产生政出多门，各自为政，权力冲突，工作重复，降低行政效率等。

严守一种制度必然对工作不利，只能因时因地灵活掌握，做到科学地统权，科学地放权。

五、公共行政领导体制和企业领导体制

领导体制还可以根据组织的不同性质分为公共行政领导体制、企业领导体制等类型。

1. 公共行政领导体制

公共行政领导体制是国家行政组织或公共行政组织在宪法和有关法律的规定范围内对国家和社会公共事务进行管理的领导制度体系。国家行政组织或公共组织是对行政管理主体的一种概括，有时以"政府"作为它的代名词。广义的政府包括立法、司法、行政三个部门；狭义的政府则指行政部门或国家行政机关。有的学者以是否具有行政职责来区分行政组织和非行政组织。总之，公共行政是一种泛指，政府或政府行政组织是其主要构成部分。公共行政领导体制主要是围绕领导权的划分和实施所形成的制度体系。

2. 企业领导体制

企业领导体制是确定企业所有者、经营者和生产者在企业中的地位、权力及其相互关系的结构和制度。企业领导体制的核心内容，是解决企业内部领导权的归属、划分和如何实现的问题，也就是在企业生产经营中企业内部的组织机构的地位及职权的划分问题。

文化滋养一种制度，制度延伸一种文化。体制是制度的一种具体形式，随着社会的发展，必然会有一些旧的体制被淘汰，而取而代之的是一些更适合社会发展的新的体制类型。

第四节　我国领导体制改革的基本原则和主要内容

一、我国领导体制改革的基本原则

1. 权力分配合理

在纵向领导层次中，改革权力过分集中的领导体制，适当下放权力，合理配置各层次的职权范围，以调动各方面的积极性。下放权力的总原则是凡是适宜下面办的事情由下面决定和执行。其中要划清中央和地方的职权界限，以在保证全国政令统一的前提下，做到地方的事情由地方管，避免中央包揽一切。在横向领导层次中，改革职责不明、互相扯皮的现象，合理分权，使各方面的工作真正做到有职、有权、有责，真正实现互相配合、监督、协调、制约和促进，以推动领导活动有条不紊地进行。

2. 机构设置适当

领导机构是实现领导职能的组织实体。机构设置合理，领导工作才能完整有序地运转。各级领导机构的确立，必须符合"精简"、"统一"、"效能"、"节约"和"反对官僚主义"五项要求。这既是确立组织机构的目标，又是检验组织机构的质的标准。所谓"精简"，即根据领导工作的实际需要，建立起精干有力的领导班子。机构臃肿、人员过多，不但难以运转，而且会产生内耗。所谓"统一"，即整个领导机构中的各个部门都有明确的目标、清楚的分工，职责范围没有交叉重叠，同时又能互相有机配合，领导层次和领导宽度确定恰当，从而在纵、横两个方面都能协调统一。所谓"效能"，即指领导机构在工作的数量、质量、速度等方面都有好的效果。"效能"原则与"节约"原则紧密相连，只有不浪费人力和物力，才能有效提高工作效能。而所有这些，都是反对官僚主义的保证。

3. 工作制度健全

领导工作的核心是以权、责、利相统一为原则的领导工作责任制。其基本内容涉及工作职能范围的划分、工作权力的限定、工作责任的承担以及相应的奖惩制度。依据这一原则，责任到人就要权力到人；只交责任，不交权力，责任制非落空不可。应明确各级的职权范围，不能事无巨细都要层层请示汇报，不负责任地相互推诿、扯皮和敷衍塞责，甚至争权夺利。

4. 法律保障有力

领导体制的改革要依法办事，体制的一切变革要以法律、法规的形式固定下来。要依法分配权力、设置机构；依法进行领导，抵制不正之风，维护群众合法权益。

5. 自我调节灵活

领导体制不是永恒不变的。处于动态的领导行为来说，不但需要凭借领导体制充分发挥领导者的积极性和创造性，而且还要根据工作任务及面对情况的变化，对领导体制进行不断的改革。因而，确立一种能自我调节的灵活机制极为重要。

二、我国领导体制改革的主要内容

我国的领导体制改革是社会主义制度的自我完善。无论是政治体制改革还是经济体制改革，目的都是为了在党的领导下和社会主义制度下更好地发展生产力，充分发挥社会主义的优越性。领导体制改革也不例外。领导体制必须要适应政治、经济发展的需要，领导体制改革要与政治体制改革、经济体制改革大体同步，相互依赖，相互配合。所以要从政治体制改革、经济体制改革来研究领导体制改革。

（一）政治体制改革与领导体制改革有关的主要内容

政治体制，是指政治体制的具体表现和实现形式，主要是指党和国家的领导体制、政治体制、工作制度等具体制度。

党的"十八大"报告关于我国政治体制改革中，直接与领导体制改革有关的主要内容。

党的十八大报告提出了推进政治建设和政治体制改革的总体思路，这就是：必须坚持党的领导、人民当家做主、依法治国有机统一，以保证人民当家做主为根本，以增强党和国家活力、调动人民积极性为目标，扩大社会主义民主，加快建设社会主义法治国家，发展社会主义政治文明。

报告提出了推进政治建设和政治体制改革，必须抓好的七项重点任务：支持和保证人民通过人民代表大会行使国家权力；健全社会主义协商民主制度；完善基层民主制度；全面推进依法治国；深化行政体制改革；建立健全权力运行制约和监督体系；巩固和发展最广泛的爱国统一战线。

"十八"大提出的政治体制改革中，把领导体制改革作为一个主要方面的内容。

（二）经济体制改革与领导体制改革有关的主要内容

经济体制改革是领导体制改革的重要基础。就经济体制而言，涉及领导体制的内容包括：确立宏观调控体系，转变政府职能和确立现代企业制度，实行政企分开，扩大企业自主权两方面。

1. 以公有制为主体的现代企业制度是社会主义市场经济的基础

建立适应市场经济要求，产权清晰、权责明确、政企分开、管理科学的现代企业制度，是社会化大生产和市场经济的必然要求，是我国国有企业改革的方向。

现代企业的领导体制必须适应现代企业制度的基本特征，这些特征是：

（1）产权关系明晰，企业中的国有资产所有权属于国家，企业拥有包括国家在内的出资者投资形成的全部法人财产权，成为享有民事权力、承担民事责任的法人实体。

（2）企业以其全部法人财产，依法自主经营，自负盈亏，照章纳税，对出资者承担资产保值增值的责任。

（3）企业按照市场需求组织生产经营，以提高劳动生产率和经济效益为目的，政府不直接干预企业的生产经营活动。企业在市场竞争中优胜劣汰，长期亏损、资不抵债的应依法破产。

（4）建立科学的企业领导体制和组织管理制度，调节所有者、经营者和职工之间的关系，形成激励和约束相结合的经营机制。

2. 在保证政令畅通统一的前提下适当下放权力

要改变权力过于集中的状况就必须下放权力，这是体制改革的重要内容之一。通常的做法是划分中央和地方的职责，做到地方的事情地方管，中央进行监督。在政府和企业事业的关系上，要按照自主经营、自主管理的原则，将经营权下放到企事业单位，政府的责任是提供服务并进行监督。在政府以及群众组织关系上，要发挥自治组织的作用，依法管理，把应该下放的权力要下放到位，中间不能截留，改变权力集中的结构性弊端。但必须正确使用权力，不能滥用权力，更不能以权谋私。

3. 政府管理的职能必须进行转换

在多元经济利益主体存在的市场经济条件下，政府既要发挥管理经济的职能，又不能像原来高度集中的经济体制那样，用包揽一切的管理方式去进行管理，政府管理的职能必须进行转换。《中共中央关于经济体制改革的决定》指出："国家机构特别是政府部门究竟怎样才能更好地领导和组织经济，以适应国民经济和社会发展的要求，这是一个需要认真加以解决的问题。过去由于长期政企职责不分，企业实际成了行政机构的附属物。中央和地方包揽了许多本不应由它们管的事，而许多必须由它们管的事又未能管好。加上条块分割，互相扯皮，使企业工作更加困难。这种状况不改变，就不可能发挥基层和企业的积极性，不可能有效地促进企业之间的合作、联合和竞争，不可能发展社会主义统一市场，而且势必严重削弱政府机构管理经济的应有作用。"

要继续推进政府机构改革，首先要精简政府办事机构，转变政府职能，由直接管理转变为间接管理，实行政企分开，强化服务职能，从物质文明到精神文明两方面创造一个良好的环境。通过改革从根本上消除机构臃肿，层次重叠，职责不清，人浮于事，效率很低的状况，使政府真正成为爱民、亲民、护民的政府。同时要大力推行政务公开制度，加强群众对政府的监督。

在市场经济条件下，政府职能可概括为三个方面：一是对整个国民经济的规划、指导、协调的职能，二是保障监督性的职能；三是为经济发展创造基础条件和提供服务的职能。

从宏观上说，这些职能表现为：（1）制定经济和社会发展战略、计划、方针和政策；（2）制定资源开发、技术改造和智力开发方案；（3）协调地区、部门、企业之间的发展计划和经济关系；（4）部署重点工程，特别是能源、交通和原材料工业的建设；（5）组织市场调查和预测，收集、分析、处理、发布经济技术信息和市场供求信息，为企业提供技术经济情报，提供咨询指导。

从微观上说，这些职能包括：（1）对经济利益主体的直接和间接管理；（2）对公用设施等市政基础建设以及社会福利进行投资和服务；（3）依照法律、法规和规章，检查、监督企业的生产经营活动；（4）调解、处理企业之间的经济纠纷的经济案件，保护企业生产经营自主权和合法权益。

胡锦涛在党的"十八大"报告中做了经济体制改革的阐述，提出要全面深化经济体制改革，加快完善社会主义市场经济体制和加快转变经济发展方式。深化改革是加快转变经济发展方式的关键。经济体制改革的核心问题是处理好政府和市场的关系，必须更加尊重市场规律，更好发挥政府作用。

总之，政府在发挥管理经济职能的时候，不管是在宏观上还是在微观上，必须改变过去单纯依靠行政手段进行管理的方式，运用行政手段、法律手段和经济手段来进行管理，以适应政府职能的转换。要更大程度更广范围发挥市场在资源配置中的基础性作用，市场要在资源配置方面发挥更加重要的作用，政府要在基本公共服务、市场监管和社会性监管方面做到位。领导体制的改革必须适应政府职能转换的要求。

第三章

现代领导者的素养

　　领导是静态的领导者与动态的领导活动的总称，领导者的素养是在领导活动中显现的，一个优秀的领导者不仅能反应自身的品德与素质，更能体现其领导活动的优越水平。我们党在新时期中工作重点的转移，对于各部门领导素养都提出了现代化的要求，无论是在领导作风，还是能力等方面，都提升了考核的标准，但是许多领导者在素养上仍有很多不足之处。因此，需要将提高领导者的素养作为整个领导活动的关键，它既是现阶段的主要任务，也是长远的要求。

第一节　领导者素养概述

　　不同的领导者有不同的领导方式，这些不同之处成就了不同风格的领导者，领导在组织中不仅要带领、引导和鼓励下属，还要发挥激励和控制等作用，这样才能实现组织的短期及长期目标。可见，领导在组织中具有十分重要的作用，而领导者的素养既是实现目标的根基。领导者的素养在一定范围里规范了领导者的活动，对领导者的言行提出了一定的标准，并对此进行严格要求与控制，使领导者能够更好地发挥卓越的领导能力。

一、领导者素养的含义

领导者的素质是指在先天基础上，经过后天的磨炼与学习后形成的、在工作中起到作用的基本条件和基本要素的总和，根据不同类别可分为：政治素质、思想素质、文化素质、身体素质、道德素质等。总的来说素养可分为两大类，一是指素质；二是指修养。

素质一词在心理学中指的是人的先天的解剖生理特点。广泛的来说领导者的素质，是指以先天所拥有的素质为基础，辅以后天的实践，并通过不断的学习，历经长期锻炼而成就的。领导者素质中素质的概念同心理学中的不是完全一样的。领导者素质在包含心理素质的同时，还包括思想、道德素质、文化专业素质、组织能力素质等更为全面的内容。修养，是个人魅力产生的基础，是一切吸引力的来源，修养一词出自《孟子》的"修身""养性"，修，指整治、学习、进步；养，指培养、抚育。修养是指人们为获得某种能力和品质所进行的自我学习、磨炼以及陶冶这一过程的结果。

领导者的素质修养指的是为达到领导活动目标的要求的一个过程。但心理学中的素养，指的是人的"性格"特征，而性格是品德、知识、才华、行为等的整体表现，以及先天与后天互为因果的、不可割裂的统一关系。从国外的三种素质学说来看，首先是要素说，它主要认为素质由多种要素组成，如劳动力、劳动对象、劳动者年龄等；其次是能力说，它将素质体现为一种质的非静态反映，也是非单一的能力，如科技创新能力、技术开发能力、竞争能力等；最后是结合说，它主要认为素质不是单一的某种要素自身的能力，而是各个要素的总和，是素质的系统、综合特性的体现，是众多技能、思维、智谋、能力、品德、使命等的结合所发生的作用。

二、领导者素养的特点

领导者的素养特点是由领导者所处的工作环境、所负担的领导工作性质、所处的阶级时代以及个人所持有的先天条件及后天因素所决定的，作为一名现代领导者，其素养必须具备以下几方面的特点。

第一，时代性。不同的历史时期与政治文化背景，在领导者的发展过程中，起着不可磨灭的作用，随着时代的变迁与发展，对领导者的素质要求更高，需要不断更新，领导者必须适应这种变化，使周围环境与领导者的素质相互作用、相互影响形成一个整体，领导者只有与时俱进，才能有效地实施科学的领导活动。

第二，阶级性。阶级思想贯穿着任何一个事物的发展历程中，中外历史上每一个阶级都有其自身的"修养"学，按照本阶级的需要去塑造领导者的素质，培养本阶级拥有奉献精神的领导者。领导者的素养也必须符合本阶级的思想与理念，这样才能更好地发展领导关系。

第三，层次性。领导工作是一个整体的系统，被划分为不同层次，对于这些层次都有不同的要求，以及不同的技能等，因而对领导者也有不同的要求，应该区别对待，不搞一刀切，对不同的领域、部门的领导者应该差别对待，灵活的变通对他们的素质要求。

第四，动态性。领导者的素质是一个具有动态效果的概念，处在反复变化的状态中。唯物辩证主义说明世界上所有的事物都处在连续变化和发展中，领导者的素质也是如此，它不是静态的、永远不变的，而是每时每刻都处于一个动态的过程中，无论是先天优秀，还是通过后天努力而成为的优秀领导者，都需要不断的学习与实践，使领导者的素质不断改变、不断完善，最终有效地提高自身的领导素质。

第五，实践性。领导者素质的提高不是一蹴而就的，而是"学习——实践——学习"这样一个往复循环的过程，任何卓越的领导都是在实践中不断磨炼与锻炼成长起来的，领导者素质是通过社会实践这一重要途径来实现的，唯有重视实践，才能积累更多宝贵经验，充实现代领导者的各方面素质。

第六，综合性。领导者的素质不是由某一个单一的要素构成，而是由诸多要素构成的整体结构，所以对领导者的素质要求不能片面性，避免一切倾斜，向均衡性发展，综合各方面的要求，对领导者素质进行全面的整合与培养。

三、领导者素养的重要性

领导者素养是发挥领导功能的基础，它与领导者能力密切相关。领导功能必须依照领导者的素质条件，领导者的领导素养状况直接影响着领导者履行领导职能的情况。然而，领导者素养与其功能直接挂钩，两者呈正比关系，而一个素养较差的领导者会在工作中产生负面作用。

领导者素养决定着领导影响力的大小和领导工作的成败。从领导的现代特征来看，领导是一个领导者影响及调控被领导者的过程。领导者因为具有领导影响力，所以能够引领下属去实现计划目标。领导影响力，总的来说，是由权力性以及非权力性影响力所构成的，它主要是由组织给予的，由领导者本身的品行和才能这些素质及其行为所造成。权力性和非权力性影响的力量，都会对领导活动发生作用。在现代社会中，非权力性的影响力很大程度上作用于领导活动，并且这种作用在不断增加，在多数情景中，如在业务领域，在学术领域中，都起着十分重要的作用，因此，领导者素养对领导影响力的形成占据着重要地位，它的高低，也是领导者对被领导者权威力与影响力的具体表现，也是团体的整体凝聚力、领导活动号召力和广大群众响应力的体现。

领导者素养是团体合作是否成功开展的保证，是我党优良传统的弘扬和继承，是新时期顺利发展的必然要求，是提高我党执政力和领导层次的基础。领导者素养的高低，既决定着领导的业绩，又关系到事业的盛衰。领导者是决策者，素养好则能站在更高的角度看待事物，把握事物的走向，决定正确的政策等；反之，则优柔寡断或蛮横专断，决策失误。领导者是领导活动的首要引导者，素养好则工作能有序开展，群众的积极性也能充分调动；反之，则会指挥不力，挫伤群众的积极性。领导者又是领头人，素养好则能成为被领导者的学习的榜样，具有吸引力、号召力；反之，则失民心。

第二节　现代领导者素养的基本内容

领导活动是领导者综合应用权力统率被领导者，通过指挥、协调、控制等手段，实现组织目标的能动过程。领导者素养是领导者能否很好地完成领导职责的必要条件。现代领导者素养的基本内容主要包括：政治品德素养、知识素养、能力素养、心理素养和体格条件。

一、政治品德素养

政治品德素养是反映一个领导者在政治思想上的个人道德和个人品质，它与政治立场、政治信念有密切联系，是作为一个合格的现代领导者的首要条件。主要表现在以下几个方面：

第一，具有坚定正确的政治方向。政治方向问题实际上就是理想信念问题。领导者必须在与共产党保持思想、行动一致的基础上，坚持维护国家和政党的纲领，坚决执行党所制定的路线、方针和政策。此外，

要有全局意识，处理好每一个局部与整个整体的关系，以及当前与将来的关系，确保该组织与实时环境保持在一个水平上。

第二，具有全心全意为人民服务的意识。权力具有两重性，因此领导者要端正态度，正确使用手中所掌握的权力，并正确对待和利用人民赋予的权力。对每一个现代领导者来说，要执政为民，杜绝以权谋私，这既是艰难的考验，又是能否搞好领导工作的重要一步。因此，领导者必须具有全心全意为人民服务的意识和责任感，与群众建立一种平等、和谐、团结、友爱、互助的社会主义新型关系，严于律己，宽以待人，全力实现领导目标。

第三，要坚持原则，秉公办事，纪律严明。这样才能形成较强的领导号召力。（1）领导只有这样，才能受到大家的尊敬，才会有领导威信；（2）领导只有这样才能建立健全科学的管理机制，形成统一、高效的运行体系；（3）领导只有这样才能充分提高员工的积极性，充分挖掘员工的潜力。

第四，具有高度的事业心和责任心。把圆满完成领导工作当成自己的义务，并为完成工作尽一切努力，领导工作就意味着责任，工作的底线就是尽职尽责。要胸怀大志，大度宽容，忠于职守，尽职尽责，从而更好地完成领导工作。

二、知识素养

如今是知识经济时代，需要的是高素质、高能力、全能性、创新性管理人才，所以，作为现代领导者要强化和提高自己的政治、经济知识和文化知识才能符合现代社会发展的要求，才能做到让下属信服的、敬佩的领导者。

1. 具有马克思主义的理论素养及其他综合性知识

作为现代组织的领导者，首先要掌握马列主义、毛泽东思想、邓小平理论和"三个代表"重要思想。通过对这些基本理论的掌握，全面提高领导者的领导水平，有效地提高整体能力。然而，领导者具有扎实的文化基础和广博的知识面，是现代领导者面对工作复杂性和多重性的要求。此外，领导者要有博览群书的能力，广泛涉猎各个学科的知识，从中获取各种分析问题、解决问题的能力和方法，增强自己的领导能力。

2. 具有法律基础知识

市场经济是法制经济。法律是规范人们的行为准则，任何人尤其是领导者更应遵守国家的法律制度，按照法律行事。因此，现代领导者必须具备最基本的法律知识，更好地实现社会责任、组织责任和个人责任，廉洁奉公，遵纪守法。

3. 具有广泛的科学文化知识

作为现代领导者要有正确的世界观、价值观和人生观，要具有广泛的科学文化知识，要掌握一定的自然科学知识，尤其是要掌握现代自然科学的新成果，如系统论、信息论和控制论等基本原理，以便与时俱进，适应新时代的要求，更好地从事领导工作。

4. 具有专业知识和现代管理方面的知识

领导者要想成为相关领域的内行，就应努力学习和掌握领导范围内的专业知识和现代管理方面的知识，认真钻研，锐意创新，不断汲取新的知识，紧跟时代，领导潮流。因此，经济学、管理学、法学、领导学、心理学、社会学、公共关系学等方面的知识是所有现代领导者必备的专业修养。此外，领导者需要建立合理的知识结构，通过对科学文化知识及专业知识的学习，把自己塑造成"T"形知识结构的现代领导者。

三、能力素养

领导能力是领导顺利完成某种活动所必需的心理特征，是完成一定活动的本领。领导能力存在于领导的活动中，直接影响领导的活动效率，能力素养是领导者素养中一个重要的环节，它是连接各项实践与实际领导活动的关键，不仅包含自身的能力，也包含于自身与外界协调指挥的能力。但作为现代领导者应具有的能力素养主要是创新能力和综合能力。

1. 创新能力

创新是现代组织的生命力，它对一个组织来说十分重要，特别是执政兴国的创新能力对于现代领导者来说尤为重要。因此，通过勤于实践与勤于思考而锻炼出的抓住问题要害的洞察力，通过大胆想象而预见未来的决断力和推动力等，都是领导者应具备的创新能力的表现形式。现代领导者必须站在时代的前沿，敢于创新，善于创新。能够发现新问题、产生新思路、提出新观点和找出新办法。只有运用各种能力应对万变的客观实际，才能使领导者的工作能力和影响力不断增加。

2. 综合能力

领导工作是一项综合的实践，它要解决的问题几乎都是综合问题，这就需要领导具有综合能力。信息获取能力、知识分析能力、利益区别能力和组织协调能力是领导者综合能力的几个方面，尤其是市场经济判断能力，经济驾驭能力和意识。当代世界经济是经济全球化和经济区域一体化，它成为关系世界经济大局的、长期的发展大趋势，也成为我国经济社会长期、一贯的发展趋势。在这种形势下，作为现代领导者要具备分析、洞察、解决经济问题的能力，要带动和推动社会经济的发展，为国家、社会、组织创造社会和经济效益。要通过对这几方面综合能力的培养，使领导者能够将各个组织、机构、系统以及各种利益与力量整合成一个统一体。

四、心理素养

心理素质是指人的动机、兴趣、态度、情绪、个性、气质等方面内在因素的总和。领导者是否具有这样的心理素质，关系到组织的发展与进步。现代化建设的各领域、各部门组织领导者，必须具备以下几个方面的心理素养，才能有所成效。

43

1. 成就动机

成功的领导者必须建立一种追求成功的信念，这种信念就是成就动机。由于成就动机具有明确的目的性，为了取得成就，领导者必须具有锐意创新的精神，以及根据环境变化及时调整领导行为的极强的适应性。因此，成就动机是成功者必备的心理素质。

2. 积极乐观的个性

现代组织的领导者在面对激烈竞争的市场经济，总会不断地遇到各种困难和挫折，如果没有积极乐观、勇于向上和敢于竞争的心理素质，就难以承担领导职责。

3. 竞争开放型的性格

领导者的性格和气质，影响其行为倾向。我们现在处于改革开放、经济科技高速发展的时代，组织时刻面临着不断变化的复杂的生存环境和严峻的激烈的挑战，人类的各种交往越来越频繁，面对的各种矛盾越来越频复杂，这就要求领导者要具有竞争开放的性格。

4. 自信与顽强的意志

领导者充分的自信能够使下属对组织目标充满信心，又能够鼓舞他们产生足够的勇气面对可能遇到的困难和问题，从而取得理想的绩效。自信是下属的精神依赖，是下属行为的榜样。现代社会的复杂性，要求领导者必须具备坚忍不拔、百折不挠的意志力，这样才能战胜一切困难。

五、体格条件

领导者的身体条件非常重要，只有具有充沛的精力，才能承担繁忙的工作。因此作为一个负责任的现代领导者，应有健康的身体和充足的精力、灵敏的思维和较好的记忆、适当的年龄等条件。

总之，对于领导素质的研究各学派的观点不尽相同。例如组织部门考察干部时常用的"德、能、勤、绩"的方法，德为做人，能为水平，勤为态度，绩为效果，应该说这种考察是比较全面的。管理上也在大量研究探讨干部应具备什么样的技能，如应变力（response to change）、责任感（sense of responsibility）、影响力（impact）、概念化（conceptualization）、多视角（multiple perspectives）、预见性（prediction）、尊重和敏锐（respect and responsiveness）、沟通（communicating）、自知之明（self-awareness）等，还有研究领导应具备的个性特点等。美国的一些研究者不是去回答具备什么素质才能当领导，而是通过大量成功企业家的总结，给出了一个好的领导至少应该做好什么，如：（1）为公司确定切合实际的方向；（2）使大家愿意与自己合作；（3）使每个人充满工作的动力；（4）最恰当地配置资源；（5）热爱自己的公司。

第三节 领导集团的素养结构

就一个领导群体来说，同领导成员个人的要求一样，领导集团的素养结构的其他方面，还应有一个合理的比例搭配。

一、年龄结构

处在不同年龄上的人，在智力、职能上也有巨大差别，所以合理的领导结构应考虑这个特点。在领导集团成员中，多引进丰富经验和阅历的老人，以及精力充沛的中年和具有创新、开拓精神的青年三个年龄阶段的人员参加。尤其是为保证领导集团的活力与年龄上的相容性，领导应大胆提拔任用青年人参加领导工作。领导科学表明，集团成员年龄结构呈倒三角形，领导集团往往因各个年龄段素质修养的不同，根据一定条件进行合理组合，以发挥各自的能动性。如果年龄结构基本相同，集团成员可能就会因知识结构、思想角度、思维方式等的排他性，从而产生比较大的内耗。

二、知识结构

领导集团的知识结构是指拥有不同知识积累和背景的领导成员之间的搭配组合状态。现代领导者要想在整个社会智力结构中，站到他们应属于的高知识水平层次，就必须拥有丰富的知识。但每个人的知识构成不尽相同，领导集团应根据领导活动的需要，组合不同知识结构的人，具有多功能、多学科、配套齐全的合理结构，形成合理的知识体系框架为组织的目标服务。

随着我国改革的不断深化，深层次的矛盾不断出现，因此，这些问题需要大力解决，就需要各级领导加强学习，提高运用理论武器解决实际问题，提高驾驭市场经济的动力，不断提高工作能力。现代领导要善于把握大局，能够从大局出发思考和分析，并解决问题。面对新旧体制转换时期存在的影响改革、发展和稳定的问题，要全面观察形势，审慎处理问题，稳健地领导和服务社会，建立坚实的领导后盾。

三、智能结构

智能一般指人们运用知识的能力。领导集团的智力结构，就是领导集团的每个智能的构成状况。在某种意义上说，智力机构比知识结构更为重要。领导集团的智能结构，一般情况下，最佳结构是由不同的智力类型的领导个体所组成，按照与实际所需比例构成的智能综合体，它由研究能力、思维能力、表达能力、指挥能力等要素构成。人的智能是大不相同的，因此，领导集团组成人员的智能也不应是同一层次的，要有帅才、将才、干才，形成有机合理、多层次才学智慧和能力互补的合理的智能结构，

四、能力结构

作为领导集团成员，应该在业务、管理、指挥、交际等这些能力上都应全面发展，并达到一定的程度，才能更好地完成工作任务、履行工作职责。例如，某技术人员和骨干人员，在领导工作方面就不一定适应。从高层到中层、再到基层领导来说，依次在管理能力、交际能力和业务能力方面都具有各自不同的优势。

建立合理科学、团队协作的领导集团，它是组织建设的一项重要内容，也是一个部门、企业乃至机构能否成功发展的关键。领导集团是使各个成员优化组合的引领者，各部门、各单位的领导集团应该使各个成员拥有属于自己的职位，各负其责，各谋其政，发挥整体的效能。

五、性格气质结构

性格是人待人接物较稳定的态度和行为方式。气质是人的典型、稳定的心理特征。领导集团性格气质结构就是指领导集团中个体性格气质类型及其组合的比例。

领导集团应该由不同类型的领导组建，但却能协调一致地完成各项任务，从而保证成员能在各方面互补并且相容，以发挥好集团的整体效应。如果领导集团的气质结构不合理，在工作时，往往会出现很不协调的情况。所以搞好个性气质组合，对保证领导集团协调十分重要。

领导者的气质对于领导者集团成员之间的协调具有很大的关系。领导集团的强弱重要的标志就是能否指挥千军万马去战斗，把党的意志转化为群众的行动，在群众中有很强的吸引力和凝聚力。具体地讲，就是各级领导集团和领导成员要有威信，领导者个人的思想、行为和领导集团的组织行为具有强烈的感染力，引起群众由衷的、自觉的信赖感，从而产生出巨大的号召力，磁石般的吸引力，潜移默化的影响力和矢志不渝的向心力，这样才能够把群众团结在自己的周围，形成齐心协力干事业的领导集团。

第四节　提高领导者的素养

一、解放思想，进行观念创新

首先领导观念上要创新，只有观念创新，才能跟随新形势的脚步。要冲破陈旧保守的思想观念、等靠要的依赖心理，克服封闭、安于现状、害怕竞争的小农意识，要解放思想，更新观念，勇于创新，能尽快地接受新思想、新观念，能及时地抓住一切有利时机，敢于改革创新，具有超前意识。

1. 树立知识价值观念

知识已成为一种重要的资源，是经济发展的重要前提。在传统经济中，生产取决于所用的生产要素，特别是土地、劳动、资本、设备和能源，而如今知识经济时代中，知识的投入直接决定经济增长的幅度，用知识和创新来推动未来的发展，使知识不仅可以增加生产要素，还可以优化生产要素。由此可见，发展将由依赖人的体力、资源、资本向依赖知识要素转变发展，由以资源投入为主的物质生产向以知识投入为主的方向发展，由追求经济总量扩张速度转向不断进行技术创新、开发新产品、努力提高市场竞争力，由只重视自然资源开发转向更重视知识资源开发。

2. 树立新的优势观

走跨越式发展的道路，必须树立新的优势观，由比较优势向竞争优势转化。过去人们总是，从自身成本和资源的比较优势出发确定发展结构，出口的产品主要是劳动密集型和资源密集型的初级产品，进口的主要是发达国家的制成品，这种比较结构，虽然在一段时期内获得了一些贸易利益，但也强化了自身低水准的产业结构，进一步拉大了与发达国家、地区的差距，在技术经济高速发展的竞争中总是处于不利地位，很容易陷入效益递减、贸易条件恶化的困境，从而增加对发达国家、地区的依赖性，摆脱不掉落后的局面。若依靠比较优势来决定战略或者支柱产业，最终只能获取一些小国家、较落后国家或不发达国家的比较利益，无法实现经济的超越。摆脱这一困境的关键在于，在现有的比较优势基础上逐步形成自己的竞争优势，自然资源和一般劳动力资源的比较优势，并不意味着拥有竞争优势，必须实现从比较优势向竞争优势转化。

3. 树立开放创新意识

要把组织的经济调整尽可能地放在更大范围内运作，关起门来调整难见成效，把组织的发展，放在全国甚至世界的大背景中进行重新审视和定位。要树立创新意识，有了创新的意识才能进行技术创新的活动，只有不断创新科技经济才能发展，创新关系到一个民族的生死存亡，因此技术创新首先要突破传统文化的束缚，在社会中广泛提倡创新，营造出创新的社会大氛围，为技术创新奠定坚实的思想基础。

4. 树立全球经济一体化观念

经济向全球经济一体化发展，各国在经济上相互依靠的关系逐渐密切，商品、服务、资本和技术等的来往越发频繁，这些经济的交换是在国际市场这一重要场所中进行的，也是国际市场给经济的增长提供了一个良好的交易平台。如海尔的"国际化"变为"国际化的海尔"，使海尔更好地立足于国际市场，极大限度地发挥，充分利用国际资源。让美国人经营美国海尔，让美国资源来"养育"美国海尔，全面实施国际化战略。

5. 树立人力资本观念

知识经济是经济活动的具体体现，把人力看做成本，而逐渐转向把人力看做资本；从传统的人事管理，不断向人力资源和人力资本管理转变，同时也要注重开发人的潜在才能、智力资源，加大智力资本的投入，使人力资本的优势进一步超越物质资本、自然资源，而这些资本也注定是经济发展的根基。

6. 建立企业文化观念

企业文化是一个企业核心价值体系的体现，是企业发展的动力，企业文化具有凝聚作用、导向作用、激励作用和约束作用，优秀的企业文化能够营造良好的企业环境，有利于提升企业的竞争力。使企业文化作用于组织的成员中，一旦被企业所有员工接受，就会以最积极的热忱向着企业的共同价值理念奋斗，将会使企业在市场竞争中表现出强烈的竞争性，在不断变化的激烈竞争的时代中立于不败之地。在世界经济一体化的时期，在世界范围内衡量企业是否成功的标志之一便是其能否输出自己的价值观，并被广泛接受。企业为了迎接知识经济和全球经济一体化的挑战，为了提高整合力、竞争力等，必须加强企业文化建设。

要由传统的思维模式转向市场经济下的思维模式，组织的发展不单是上几个大项目，面对日益激烈的世界经济科技竞争，进行技术创新、发展高科技，已成为经济长久发展的当务之急，通过技术创新、人力资本增长和市场化制度创新拉动经济增长。要由忽视市场行为、单纯靠政府行为作为推动经济发展的关键因素，转向政府主导市场运作；从科技为经济服务转向科技经济一体化发展；创新工作由重视成果向重视产业培育转变；由科学管理向各种新型管理方式转变，向战略管理、系统管理、人本管理、分权管理、创新管理和弹性管理发展。

49

二、适应未来社会对领导的要求

在知识经济时代，由于员工素质提高、工作方式改变，组织管理的概念将从传统的"管"过渡到"协调、合作"，领导的方式、行为模式也将发生重大变化。

以人为本将成为重要的领导手段，强调的是人的价值观、道德、行为规范、理想在组织管理中的重要作用，领导要尊重人、理解人、关心人，注重人的全面发展，用愿景激励人，用精神团结人，用机制约束人，用环境感化人。领导为员工着想，员工亦会尽心尽力为组织贡献自己的一份绵薄之力，从而形成以人为本的良性循环。

未来社会的基本特征是发展速度变快，人类生活环境多变，人们更趋于追求个人人生成功。在这样的环境下，领导一方面要注重"领"，与此同时要更注重给下属留有更大的发挥空间。就是要注意发挥其非正式权力的作用并创造一种和谐的、有目标的环境。

领导的权力可分为正式权力和非正式权力。正式权力指法定权力，一般包括指挥权、提升权、奖惩权等。领导可以说我是头，我说了算。这种说法看起来虽然有力，但如果没有下属的认同，表面的有力背后实际是乏力。非正式权力实际上来自领导个人的魅力，经常表现为一种专家的权力。这种力量是在长期的共事中由于其人格的魅力、做事的能力、领导的效果形成的一种力量，尽管这种力量是无形的，但常常更富有磁性，更有深远影响力。高明的领导都会注意充分培育和利用其非正式权力，因为这样更有利于调动下属的积极性和能动性，如果在制度上又给下属留有较大空间，则可充分释放和发挥下属的创造力，要努力为下属的发展创造机会、提供条件。领导应像空气，要让员工们感觉不到其存在，也感觉不到其带来的压力，但大家会深深地体会到组织发展时时刻刻都离不开领导。因此，领导除了充分发挥其非正式权力外，更重要的是要形成一种像空气一样的环境。

三、提高领导者素质的途径

领导素质的提高，特别依赖于领导实践，但又不完全取决于领导实践，也就是说要结合领导实践才能达到提高领导素质的目标。提高领导素质，既要靠领导者自觉努力，也要靠领导组织和相关机构的共同努力。可以说，它是领导者主观因素和客观条件交互作用的过程。具体来说，提高领导者素质的基本途径是：

1. 进行全面教育

领导素质提高必须通过教育，教育不仅能全面的发展领导者的素质，也能够全面提高领导者的修养。教育方式包括全面正规的学校教育，有组织、有权威的社会集体教育，自由性质的教育影响，家庭教育，意识性质的自我教育以及培训，这六种方式都是教育的基本方式。领导者的教育培训，既可以在职教育培训，也可以业余教育培训；既要充分利用各种社会资源，还要发挥各种教育手段的作用，才能全方位地提高领导者的素质。

2. 加强实践锻炼

参加社会实践是素质培养的重要环节。领导活动在于能够实实在在地解决具体存在的棘手问题，然而领导活动的实践才能更好地解决这些具体问题，并且解决问题的各种能力，也只有在实践锻炼中得到不断的提高。领导者可以通过这些途径参加实践活动：（1）深入调查研究，提高观察实力；（2）承担不同任务，提高辨别分析、沟通交流、文字表达等综合能力；（3）处理日常事物，提高管理及应变能力。加强实践锻炼，能使领导者在不断的学习和实践中磨炼自己各方面的能力，增强领导作风建设。

3. 修持

修持是各种德才评判标准的内在体现，同时也是德才水平提高和磨炼的过程，它是在自我约束、自我进步以及自律的状态下，进行的各种道德修炼的综合和整体性的过程。

修持的整个过程完全依靠人的自觉性，依靠原有基础上一定程度的领导素质，唯有这样，修持的效果才能更好地体现。尤其是领导者应该具有一种敢于批评和自我反省的精神。领导者要善于接受外界的批评和指点，敢于在公众舆论和公众监督下坚持正确的领导路线。在这种情况下，领导者才能不断认清自己，克服缺陷，发扬自身长处，补缺查漏，不断提高自身的修养和素质。

四、提高领导者素养的方法

领导者素养的提高，要以加强理论学习与亲身实践的学习，领导者思想政治素质的提高，不能脱离党组织的培养，也离不开自身的学习和实践的磨炼与考验，理论学习要与实践辩证结合，二者是不可言轻言重。领导者的思想、政策、领导能力，很大程度上取决于其理论修养和水平；勤于亲身实践、身体力行，才能培养出具备完善领导能力的优越领导者。由于领导者的素质修养是一个复杂而烦琐的过程，所以，需要根据以下主要方法加以培养。

1. 提高他人信任的能力

领导者要具有使高级管理层和部门内员工两方面信任的能力，需要做到信守诺言，作为一名领导者与决策者，绝对不能失信与言行不一，要以身作则，身先士卒。领导的带头作用就是对下级的无声命令"其身正，不令而行；其身不正，虽令不从"。说话算数，言信行果。领导说话一定要算数，即使再困难，也要兑现，说话不算，就有损于领导形象。要对自己做出的每一个决策与行动负责，用行动体现自己恪守承诺的领导素养。

2. 提高激励他人的能力

领导者不能独裁专制，要将整个组织融入到自己的领导活动中，激励他人向着目标不断努力，并严格要求和完善自己。将鼓励与批评良好地结合起来，指明并协调解决组织成员犯下的错误，并及时督促他们检讨与改正，同时也要鼓励和肯定组织成员的功绩，合理结合绩效管理，激励他们大幅度提升工作的动力。

3. 提高教导他人的能力

伟大的领导者同时也是伟大的导师，教育所领导的人，使这些被领导的人为组织的长远利益与目标不断奋斗，在实现组织目标的过程中，引导他们正确的道路，并不断努力，在为他们工作的过程也是领导者学习与进步的过程，在教导他人的同时，也能使自己的领导素养不断提升。

4. 提高沟通和外推思想的能力

每一个组织的工作重心都是以"思想"为基础，所以，加强与组织的沟通能避免各种谣言和误解，并提升组织的凝聚力。另一方面加大外推思想，不仅能更好地宣传组织的作为，扩大组织的影响，更能提升领导形象，为领导活动的开展打下坚实的基础。

5. 提高倾听的能力

领导者渴望知道有关情况的最好办法就是学会倾听。在组织内部，倾听能够使领导者了解组织的现状以及存在的问题，做到及时补缺查漏，使组织能够更好地运行；在组织外部，倾听能够使领导者掌握外部环境的变化，使组织能够与时俱进，达到预期的理想状态。所以领导要善于倾听各种意见，主动接受监督。

6. 提高制定和实现计划的能力

优秀的领导者会合理的制定目标、设计通往目标的道路，按着既定路线实现目标，坚定且毫不动摇地完成每一项计划。制定目标是实现目标的基础，而坚忍不拔地实现计划的过程则是实现目标的必经之路，具备这两个能力，才能够实现目标。

7. 提高承认错误的能力

每个人都会不同程度的犯错，但是犯错后是否坦然面对则是一个关键，领导在工作中难免会出现一些错误，这就需要领导者要有勇于承认错误的能力，应该不隐藏错误，不找借口敷衍推卸，要正视错误并有自信和勇气及时改正错误，摆脱重蹈覆辙的困境。要勇于承担责任，解决难题，化解危机，获得信赖，这将为后续的领导活动的顺利进行清除障碍，自然就为自己创造更多的发展机会。

第四章

领 导 力

　　领导力的发展是我国经济发展的重要保证，这已经是各方面所达成的共识。在新的经济规则下，面对不断变化的市场环境和国际化的竞争，提高组织的管理水平、铸造组织的核心竞争力，特别是提升领导者的领导力，进行领导方式的变革，在竞争激烈的环境中生存和发展，对于领导者来说是一个十分严峻和永恒的问题。

　　虽然领导力问题研究一直是领导学领域研究比较热门的话题。但传统的观点，是用"权利"来定义领导，而用"领导才能"来定义领导力。在对权利的讨论中，即便人们将他们划分为"职务性领导力"和"非职务性领导力"，却更倾向于前者；在讨论"领导才能"时，人们也往往更看重领导者的个人能力等一些主观因素。因此这种对领导力的传统理解，已经无法适应对领导力理论的更深一层的研究，真正的领导力是无法用他所具有的权利和头衔来评判的，真正的领导能力是无法转移、指派和委任的。领导力的本质应是用获得追随者的能力来衡量。所以，本章着重通过"非职务性领导力"方面来对领导力的有关问题进行研究。

第一节　领导力的解析与思考

一、领导力的构成与剖析

领导力的含义

领导力是领导活动的灵魂，它对组织的生存与发展有着深远的影响，美国著名学者詹姆斯·库泽斯、巴里·波斯纳在其修订的《领导力》中指出，领导力是领导者激励组织成员为实现组织目标而自发做出不断努力的能力。领导力并不是卓越能力的产物，而且领导力也不完全由人格魅力所决定，它是领导者们通过实践得到的领导力的具体表现。每个人都有可能成为领导者，关键是要发掘自己的领导潜力，学习领导行为，培养领导素质。

传统的观点用"权利"来界定领导，而用"领导才能"来界定领导力。但此种观点与领导力的本质有些偏差。很多领导者将大部分精力投入到地位的提高上，但是这种行为产生的影响就是，使他们从领导者变为管理者，无论是在地位上还是在职责上都降低了一个层次。

关于领导力和领导力的作用，学术界有很多的研究和描述。有人认为领导力是一种号召力、凝聚力和远见卓识的能力；也有人认为领导力是影响力，是赢得众人追随的能力。领导力包括五个方面的能力，即领导力是获得追随者的能力；领导力是整个团队相互作用的爆发力；领导力通过事件发生延续并在瓶颈时期破冰；非权力性影响力更能体现领导力；领导力伴随着风险和挑战。

领导力是任何一个领导者都必须具备的能力。它是领导者领导组织生存与发展的前提。领导力也可以说是一种魔力，它使人们乐于去完成加倍加量的工作。亦可以把领导力解释为：领导了解怎样使自己的下属在集体中发挥其价值，如何激发他们的潜力去创造价值；如何调节团队成员利益分配，使一加一大于二的一种能力。简单地说就是影响一个集体实现目标的能力。没有优秀的领导力就不会有优秀组织；没有优秀的领导力就不会有忠实的追随者；没有优秀的领导力，组织就不会披荆斩棘，走向成功。

二、领导力的构成

领导力的构成从宏观方面可以分为：权力影响力和非权力影响力。

（一）权力影响力

权力影响力又叫强制性影响力，是由领导者的职务、权力、地位等因素所产生的。它是通过领导者职务、权力来使下属服从，最终实现其目的，这种影响力具有强制性，所以说权力影响力是领导者完成领导过程的必要条件，可分为规划力、决策力、组织力、激励、权变。

1. 规划力

简单来说规划力就是在做事之前，先要考虑好整件事情如何进行，确定事情的孰轻孰重与重要程度，制定发展指标、安排进程、落实行动，让工作合理有效地按照预期一步步进行的能力。所以说领导要成功地完成一件事情，第一步就要具有规划力，能够进行系统的规划。

2. 决策力

决策力又称决断力，美国决策理论奠基人西蒙认为，决策是一种选择的过程，它贯穿于动机与结果之间，这一过程既可能是经过思考的理性行为，也可能是条件反射、习惯反应或本能反应等非理性行为。决策是现代领导的主要功能，领导决策是决定事业兴衰成败的决定性因素，面对非常复杂的经济形势和不断变化的市场环境，领导者是否可以对问题快速有效地决断，对组织的发展方向有很好的把握，直接决定着组织能否健康有效地发展，能否不被复杂多变的经济环境所淘汰。所以科学正确的决策是一个领导者必须拥有的能力。

3. 组织力

组织力就是企业开展组织工作的能力。是让一个组织在投入同等生产资料的同时获得更高的回报的一种能力。简单来说就是领导者安排人员、权力分配、岗位分工和用人能力等。

组织力是团队的灵魂，有效的组织团队可以让团队利益最大化。当下有很多组织发展到一定规模后，增长速度明显放缓、停滞不前甚至出现滑坡。当然受行业增长变慢、竞争越来越激烈等外部环境因素的影响，但更重要的是组织能力不足、地位一般。可见，组织的合理性以及正确性是一个企业成功与否的重要因素，我们应该重视领导的组织能力，在带领组织达到组织目标的同时，发挥出最佳的组织力。

4. 激励

激励从字面上看是激发和鼓励，它是组织管理过程中必不可少的环节，适当的激励可以促使下属更加有效地去完成工作任务，实现组织发展的目标。许多著名的激励理论充斥着当今的理论集锦，但其中比较有代表性的是著名心理学家马斯洛的需求层次理论，他把人的需要由低到高分为五个层次，即生理需要、安全需要、社交和归属需要、尊重需要、自我实现需要。美国的行为科学家弗雷德里克·赫茨伯格提出来的保健因素和激励因素的双因素理论等，这些理论的研究都是为了激励组织成员的工作动力，使他们自发地为组织服务，努力完成组织现在以及将来的目标，从侧面也反映出激励在组织生存和发展过程中的重要作用。

5. 应变力

应变力是最可以体现领导者思维的一种能力。在高速的经济发展变化过程中，没有一种规章制度是万能的，组织每天都要面对新的不断变化外部环境，要调整的不仅仅是制度，需要领导者对人、财、物做出及时的调整，以改善组织存在的不足，让组织在变化中求生存、求发展。只有具有一定的应变力适应新的环境，组织才能更好更长远地生存和发展。

（二） 非权力影响力

非权力影响力又叫做自然影响力，是通过领导者自身的思想、品质、能力、修养等对被领导者产生的影响。非权力影响力主要是由一些主观因素，如人格、品质、情感引起的，所以非权力影响力主要划分为思想力、个人魅力、协调力、沟通力，这些影响力都对领导力的构成起着不可磨灭的作用。

1. 思想力

著名的军事家、政治家拿破仑曾经说过："世界上有两种东西最有力量，一是宝剑，二是思想，而思想比宝剑更有力量。"其实，我们可以把"思想力"理解成思想对客观世界的作用力，在一个组织中我们也可以把思想力理解成领导者的气魄、见解和价值观。所以说，领导者应具有独特的见解和完善的价值观，并能把自己的价值观变成组织内外部的价值观，使组织更具有凝聚力。但如果没有树立正确的价值观，思想力也会把它引导到错误的道路上去。有学者认为，思想力是一种强大的力量："正确的思想力决定正确的行为方式，产生正确的行为结果"。因此，作为一个组织的核心人物，领导者必须努力培养自己正确的思想，形成强大的正能量，使之发挥积极的作用，带领组织朝正确的方向发展。

2. 个人魅力

个人魅力是超脱于权利影响之外的因素，它就像具有魔力一样，会深深地抓住周围人的内心，使周围人被之所吸引。个人魅力是由丰富的阅历、强大的人格力量和高超的智慧长期积淀而成，他不会因为个人权利变化而变化，也不会因位置的转移而消失，而是作为独立的个体长期存在。

在我国，具有超强个人魅力的领导者数不胜数，如中国互联网行业的龙头阿里巴巴，如今已发展为一个全国最大的电子商务企业，但是阿里巴巴的 CEO 马云，不但不具备高超的计算机技术，甚至只会最简单的电脑操作，他究竟是凭借什么吸引到那么多的网络精英，并能很好地将他们融合到一起，从而走出属于自己的成功道路，其主要因素之一就是他的个人魅力。而这种魅力的产生正是由于他丰富的阅历、强大的人格力量和高超的智慧，即使他目前已经卸任，他的一言一行也会对阿里巴巴产生重要的影响，这就说明个人魅力在领导者的成功之路上，发挥着举足轻重的作用。

3. 协调力

协调力是众多因素中十分重要的一个，他并不是独立存在的，而是贯穿整个团队工作中，如果一个领导者不具备良好的协调力，那么整个组织就会四分五裂、杂乱无章。

协调力简单的可以分成内部协调和外部协调，内部协调是指协调团体内部完成既定目标，外部协调是指协调外部环境营造良好的内部氛围来完成目标。在企业管理中，协调力是一个非常重要的能力，众所周知，现代企业的分工要求越来越细，越来越专业，个人的力量在企业这条大船上，也就会显得越来越无能为力，当需要共同完成一件工作时，往往会出现互动上的摩擦，继而需要协调。协调力往往需要有良好的沟通能力，还要遵循企业的价值观和文化。

4. 沟通力

沟通是使领导者体现其领导职能，实现其有效管理的基本方式。所谓沟通，就是人与人之间，人与群体之间思想与感情交流、传递与反馈的过程，使双方的思想达成一致。它包含三个要素：（1）目标明确；（2）交流思想、信息以及情感；（3）达成共识。

沟通力是领导者领导力好坏最直接的体现，他决定着领导者是否可以与下属进行良好的交流与沟通，是否可以有效地领导下属，传达指令。合格的领导者应具备将自己的思想有效传递的能力，通过这种有效地传递可以使下属明白自己应该做什么、怎么做，以使目标可以尽快地实现，它是任务有效执行的保障。沟通力不仅表现在领导对下属的内在方面，同时也体现在领导与领导，领导与客户之间的外在方面。它决定着组织与外在群体之间的关系，良好的沟通能力可以为组织创造出一个良好的生存发展环境，可以给组织带来优秀的人力资源与社会资源。

三、领导力的剖析与思考

传统的观点是用领导才能来界定领导力的，但在理解领导才能时，人们更偏向于领导者的个人能力与品行，这是人们对领导才能的一种误解，真正的领导能力是无法转移指派和委任的，更无法用头衔来衡量其价值，多数人认为地位和头衔即为领导力，但这并不是领导力的真正本质。虽然说领导者在某种程度上会利用他们的权势来服众，但很多当权者并不具备真正的领导能力，这些当权者的权势可能来自金钱，可能来自戕害别人的能力等，因此有必要对领导力进行深入的剖析与思考。

某董事长是美国企业界中比较有威望的人物。他的公司成为被很多商情杂志争相报道并大加赞扬的对象，公司的股票也呈现稳定上升的趋势，而且他本身也毕业于名校，但是该董事长此刻却面临一个巨大的难题，尽管他能透彻地看清公司发展所存在的问题，也知道要如何做出改变，但却无法完成。对于管理的要素：团队合作、追求品质、改善服务、迅速打入市场，身为董事长的他都能理解这些理论，并告诫他的每个下属，但是上述理论只是纸上谈兵，在他的企业中一样也做不到。其实他已经勇敢地尝试了许多有效的变革，不断调整整个组织运营和组织结构。但到目前为止，公司是业绩依旧下滑，他也不能有效地让他的下属行动起来去执行那些他认为非做不可的事。

可见，在新的经济规则下，传统的领导力已经发挥不了他的效用，我们应与时俱进，对领导力提出新的见解，使管理者向现代领导者转型，从而培养出优秀的领导者，以适应经济全球化背景下的企业发展的需要。

第二节　领导者的角色与定位

一、领导者的角色

（一）领导角色的含义

社会角色是指与人们的某种地位、身份相一致的一整套权利、义务的规范与行为模式，是人们对特定身份的人的行为期望，是构成社会群体或组织的基础。同社会角色一样，领导角色在社会群体或组织中也扮演着重要角色，人们对领导者的期望使他们能清楚地知道自己的权力与责任，为每个下属分配适当的任务，谈兵布阵，控制全局。

领导角色则是指符合领导者个人的社会地位及其义务要求的行为模式。这个概念包括：领导角色规范——社会对领导角色行为的规定；领导角色期待——社会对领导角色行为表现的要求；领导角色知觉——领导个人对社会角色的认识，对角色规范的认同；领导角色实践——领导角色行为。领导者通过不断学习和实践不断提高自己的素质，他能够即时转换，从心里和行为上转换自己的角色，适应新角色的标准。这种角色认知是由社会、历史、政治、经济等多因素造成的，但也可通过后天学习、锻炼得到提升。

现代领导者对自己的角色应该有新的定位，以明确认清自己的职责，对自己的责任和使命主动担当。

（二）领导角色的特征和分类

1. 领导角色的特征

领导角色的特征主要是指领导者社会属性和个人选择的统一，以及权利和义务的统一。包括几个方面：首先，领导者能够指引下属完成既定目标，具有一定导向性；其次，领导者不是凌驾于群体之上，他需要为集体服务，协调下属完成任务；再次，领导者必须以身作则，用自己的人格魅力、影响力、向心力去征服下属；最后，领导者应从不同角度定位自己，他可能是"领导"、可能是"公民"，甚至有可能是"被领导者"。

2. 领导角色的分类

领导者角色在不同的角度可以分为不同的类型,我们可以从政治学范畴、社会学范畴和心理学范畴对领导力角色进行不同的分类,下面从不同角度来进行一下对比。从政治学范畴的角度看,领导者负责利益分配,扮演裁判的角色,促使利益分配的公平,解决利益纠纷;从社会学范畴的角度看,领导者是导演,控制者和施令者,是控制组织结构和决定组织发展的关键人物;而从心理学角度看,由斯金纳的强化理论看,领导是"双面人",在正强化时可以通过表扬与激励,使下属感激不尽,相反的,负强化,即通过批评与惩罚,让下属痛不欲生,同时在心理学家罗杰斯看来,领导者又是心理医生。但无论从哪个分类来看,领导者都是组织发展的决策者,他们通过不同的领导方式扮演着领导者的角色。

二、领导力的应用

我们研究领导力时,不能把构成领导力的各个要素分开来看,他们之间是相互作用,不可分割的有机整体。领导的行为正是在这些要素的相互作用下产生的。领导的综合素质是通过领导力来表现出来的。

（一）权力影响力的应用

俗话说, 一只绵羊领导的一群狮子, 打不过一只狮子领导的一群绵羊。所以领导者在组织中扮演的角色可以是结果千差万别, 狮子与绵羊两种领导的差别在很大程度上是通过权力影响力表现出来的, 也就是权利影响力的应用。

1. 规划力应用

规划力是领导者对目标设定、人员分配以及生产资料使用各个方面的把握能力。由此可见规划力的重要性。领导者只有做好了规划才能制定合理的具体目标, 并且整合配置资源, 使组织完成既定目标。领导者需要确定制定什么样的目标有利于组织发展，并不需要事必躬亲。如"南水北调"、"西气东输"，由领导者提出这些目标，给出相应的规划纲领，具体实现需要其他的技术、管理等人员去操作。但如果只有这些技术、管理等人员，没有领导者提出的规划，这些利国利民的措施就不会得以实现。大到国家，小到企业个人都应该有个切实的规划，并为这个规划做出努力。作为领导者就要用自己的智慧、能力，集众人之长来完成这个规划。当然作为领导者不能只制定一些假而空的规划，不仅要制定规划，而且要把目标细化和有效的实施措施使整个目标最后能够完美的实现。

2. 决策力应用

领导者做出的决策，直接决定着组织的发展未来。如何提高领导者的决策水平，就显得至为关键。

领导要科学决策、民主决策、依法决策。决策时应该坚持的基本原则是：第一，信息原则。在对某一项事情进行决策之前一定要做好充足的准备，通过详细的考察和调研，收集大量的有关信息，进行分析研究来决定此件事情该如何做、怎么做。第二，预测原则。通过分析不同决策产生的不同结果，来分析利弊与优势，从而选出最适合的方案。第三，可行性原则。决策要符合实际，科学、合理、可行。当决定采取哪种方案，一定要考虑其实施的可行性，不使之成为空中楼阁。第四，系统原则。要系统全面地分析问题解决问题，这样可使组织全面协调发展。第五，民主决策、依法决策原则。让被领导者在决策中有知情权、参与权、表达权、选择权和监督权。善于集思广益，汲取众长。依法行事，改变人治。当然，决策是一个过程，过程就一定要有程序。首先，要发现问题所在；其次，确定目的，制定合理的方案；最后，要对方案进行评估、决断。这样一个系统完整的决策才能产生。

3. 组织力应用

组织力主要是领导者的知人善用的能力，能够将合适的人放到合适的位置是领导者能力的体现。合理的用人，不仅能够帮助组织健康发展，同时也可以为领导本身分担大量的工作。

领导者在用人时应把握几个重要原则，（1）要善于用比自己优秀的人；（2）要扬长避短，每个人都有自己的长处，同时也有自己的短处，领导者应该有效地做到扬长避短，才能使下属的效用最大化，最高限度地发挥他的价值；（3）要善于为新人挑选合适的师傅对其进行培养；（4）要大胆用有才华的新人，使新人能够快速成长；（5）搭配原则，对不同优势的人进行互补，使他们能够发挥双倍以上的价值；（6）善于培养储备干部，为组织以后的扩展打好人才基础。

4. 激励应用

从激励方法来说，一般有薪酬激励、事业激励、发展激励、精神激励等多种激励手段和办法。激励是一种方法，通过这种方法一是调动人的积极性；二是留住人才。

激励的实现一般有以下几种：（1）需要建立完善公正的激励制度。不根据自己的偏好进行赏罚，而是根据功过来进行赏罚的，必须建立一套完善的激励制度，只有这样才能获得下属的认同感，调动下属的积极性。（2）要树立榜样进行激励。榜样带给人们的力量是无穷的。（3）目标激励。让下属对自己的工作有认同感，使其具有主观能动性，自觉地完成自己的工作，并为自己的工作感到自豪。（4）强化激励。通过一些方法来强化激励的过程，这其中包括正强化和负强化。正强化当然就是对人们的某些行为进行鼓励，使其保持并加强，负强化反之。

5. 应变力应用

应变力虽说是领导者必不可少的能力，但在应用时应该把握相应原则。（1）适时而变、相对稳定的原则。尽管外界环境总是在不断改变，但是一些基本的管理制度与管理方法却不易轻易地改变。过度频繁的变化会导致下属无法适从，不能确定自己的所作所为是否正确，然而，基本的管理制度与管理方法若一直不变，只能成为一潭死水，所以需要适应实际情况的变化，当需要做出改变时必须要果断坚决；（2）渐变原则。变化要适度，不能过量，欲速则不达；（3）实验性原则。有时我们很难确定哪种管理方式适合，就需要去尝试，摸着石头过河，避免把组织带入深渊。

（二）非权力影响力的应用

当一个人拥有追随者的时候，就会成为他们心中的领导者。当然，要想影响他人，得到追随者，就必须要满足一定的条件，没有任何一个人会完全没有理由地追随你。主要需要具备五个条件：（1）要更有眼界，看到别人所不能及；（2）你的眼界对他有影响；（3）你可以给他带来好处；（4）你不会骗他，不会让他吃亏；（5）他跟随你会快乐。当一个人满足这些条件，就会有一定的追随者。当然这些条件的产生正是非权力影响力的应用所产生的。

1. 思想力应用

思想力强的人总是能比一般人看得更远、考虑得更多。当他们的思想足够影响人、感染人的时候，就会吸引追随者，如果这些思想超前的人再具备正确的价值观，就会产生强大的正能量来推动社会的发展，相反，如果他们的价值观出现问题就会适得其反。所以说影响力的应用一定要具有正确的价值观，在对领导者思想力培养的同时一定要注重其价值观的培养。

2. 个人魅力的塑造

一个拥有强大个人魅力的人能够将整个团队凝聚在一起，他是整个组织的灵魂和引航员。领导者本人的素质决定其个人魅力，主要表现为以下几方面：（1）事业心和敬业精神。（2）刻苦学习，博古通今。丰富的知识能增加领导者的内涵，提高领导者的智慧。（3）诚信。信任是做人的基础，无法取得他人的信任，就无法领导他人。（4）包容与谦逊。正所谓海纳百川，有容乃大，包容和谦逊本身就是塑造人格魅力的基础。

3. 协调力应用

协调力是领导者将各方面因素融合的能力，良好的协调能力可以有效地提高下属工作效率。协调的内容主要包括内在和外在两方面，内在方面，主要是协调部门与部门之间、下属之间、下属与领导之间、领导与领导之间的关系；外在方面，则主要是协调组织与竞争对手和社会其他关联机构之间的关系。而协调的方法和途径也是多种多样的，例如行政协调，法纪协调等。

4. 沟通应用

沟通是群体间信息交流传递的主要途径。领导者能够保证各个部门、各个下属、部门与下属、上下级之间保持信息无论是横向还是纵向都能够有效地传递，是领导者沟通能力的主要表现。作为领导者，首先，应建立起完善的信息沟通平台，保证信息的流通；其次，要促进信息的交流；最后，要杜绝不良信息的传播，以免影响组织风气。

权力影响和非权力的影响在领导的影响力上都占有重要的地位，起着指引的作用，在领导力的应用上都发挥着统领、统帅的功能，不可忽视。

第三节　领导力发展不足的因素分析

针对我国目前领导力发展问题，领导力发展不足归结起来主要有两方面原因：一是内因，二是外因。对于内因主要是领导者自身方面，而外因主要是领导存在的环境方面。

一、领导者自身方面

领导者领导力发展的不足，不仅仅与组织与对领导者领导力培训不足有关，同时也与领导者自身素质息息相关。

领导者的品质、信念、知识文化水平、人际关系、领导经验和能力等都与领导者的领导力的大小有关系，领导者的知识文化和观点往往跟不上时代的发展，只是仅仅满足当前经济发展的需要。同时，这些领导者的管理思想与管理方式大都属于经验管理，没有先进的现代的组织管理思想，这种管理方式很难满足组织未来的扩张需求。执行力不强是领导力提升的最大问题，领导重决策轻执行，重硬件轻软件，忽视文化和制度文化建设。所以，领导者需加强自身素质的修养，学习相关的管理理论，提高领导者本身的综合素质，以适应组织未来发展过程中对领导者本身的素质需要，以使组织能够更好更快地发展。

二、领导存在的环境方面

领导者领导力的发展不足，表现在外在领导存在的环境因素主要有以下几个方面：

（一）领导力发展不完善

我国的政治体制、领导体制存在的弊端，现代企业制度的不完善，都严重影响了领导力的发展，领导力理论的研究与发展情况也不容乐观，虽然目前我国领导力发展已经得到相当程度的重视，但是，对其投入相对于巨大的需求来讲，无论是软件方面与硬件方面都明显不足，限制了它的发展步伐。并且有许多组织耐心不足，总是希望快速提高领导力，但却不增加其相关投入，从而出现了拔苗助长的现象，导致领导力的发展出现畸形。

（二）领导力培训产生的结果不尽如人意

虽然目前通过许多措施来提高领导力，但产生的结果却不尽如人意，当组织采取一定的培训方式使培训人员的领导力有所提升时，有部分被培训者就会离开组织去寻找相对较好的职业，因此许多组织放弃对领导力的培训，他们认为进行投资培养，被培训者不仅没有为自己组织做贡献，还转而为其他组织甚至对手组织服务，与其这样还不如去其他组织挖人，当拥有这种想法的组织越来越多，就会产生恶性循环，阻碍了领导力的培养。

（三）领导力培训的资源投入分配不合理

具相关调查研究表明，组织按照不同的层级进行不同程度的领导力的培训，大多数组织对培训者的层级越高，投入得就越多。这种现象表面看没有错，但培训的资源投入分配更应该结合组织未来的发展目标与发展战略，应灵活地对资源投入进行有效的调整，以适应组织发展，不能盲目地按照培训者的层级划分。

（四） 领导者行为与组织发展战略相脱节

虽然通过界定有效的行为要求来培养和塑造领导力这一方法已经被熟知，但仍有许多组织对领导者领导力的培养目标不明确，对领导力行为的培训不符合组织的发展方向，导致领导者行为与组织发展战略相脱节，这就使得组织内部沟通不顺畅，领导指示不能明确下达，下属工作出现偏差，任务不能有效完成。

（五） 领导力发展模式缺乏系统性

我国领导力发展存在的问题最主要的就是缺乏系统性，用同一套标准去衡量不同层次的领导者是目前我国大部分组织的通病。正如木桶装水一样，水位只能达到最短的木条的高度。所以建立一个系统的领导力发展模式也是迫在眉睫的。

第四节　提升领导力的方式

一、提高领导者自身综合素质

领导者是组织的灵魂人物，领导者自身的综合素质决定着组织的未来发展。所以从内因方面来讲，领导者领导力的大小与领导者自身的综合素质有着直接的关联，提高领导者领导力也应从提高领导者自身综合素质做起，关于如何提高领导者自身综合素质应从以下几个方面做起。

（一） 培养优良的品质

优良的品质是领导者获得追随者的重要条件，具有良好品质的领导者可以通过自己的人格魅力来感染他人，从而树立威信，提高被领导者的信任感和服从感，获得更多的追随者。中国有句古语"以德服人"也正说的是这个道理。所以，领导者首先应注重和加强自身品质的修养。要以身作则，严于律己，说到做到，勤政为民，清正廉洁，求实创新，全心全意为人民服务。

（二） 树立坚定的信念

信念，作为强大的精神力量，往往会使我们完成力所不能及的任务。只有当领导者具有坚定的信念，才能使被领导者产生同样的目标，从而带领他们朝着这个共同目标去努力。美国总统林肯曾说过：喷泉的高度不会超过它的源头，一个人的事业也是这样，他的成就绝不会超过自己的信念。信念的重要性可见一斑。信念是要通过在长期的实践中，根据组织文化、社会条件等一系列因素，继而积累知识、经历、经验、能力等，再经过积淀，最后慢慢形成被广泛接受并坚信不疑的观念。领导要树立坚定的信念，建立先进的执政理念，为提升领导力提供保证。

（三） 建立良好的人际关系

领导者的人际关系决定着组织克服困难能力的大小。良好的人际关系对于组织内部，可以协调各个部门、各个下属之间的相互关系，可以有效地消除组织内部矛盾。而对于组织外部来说也可以为组织找到合适的帮手。因此对于领导者，应通过公关、交际沟通等方式来培养良好的人际关系，使被领导者真正认同自己、接受自己，以领导组织更好更快地发展。

（四） 提高知识文化水平

提高知识文化水平是提升领导力的一个重要途径，是领导者实现有效领导的武器。领导者应时时刻刻加强知识文化的学习，提高理论水平，提升个人魅力和办事能力。丰富的知识文化可以帮助领导者获得更多的追随者，也可以培养领导者的思维，是领导者做出正确决策的保证，所以领导者需不断学习，善于学习，不断提高知识文化水平，解放思想，提高综合素质，理论联系实际，用科学发展观指导新的实践，一切从人民利益出发，提高分析和解决问题的能力，促进领导力的发展。

（五） 积累丰富的经验

丰富的经验可以使领导者在遇到问题时不会迷茫，领导者的经验越丰富，越能获得追随者的信任、越相信领导能做出正确的决策。但是经验是靠不断地积累提高的，领导者要想丰富自己的经验，就需要增加自己的阅历，从自己所见、所闻、所做中吸取经验，丰富自己。

（六） 获得更多的成就

一个领导者所获得的成就是最能吸引追随者的地方，追随者可能并不知道领导者这个人，但却知道领导者所获得成就，这就为领导者的追随者提高了强大的信心，他们会对领导者更加忠诚。领导者要提高执行力，不断创新，锐意改革，与时俱进，获得更多的成就，使领导者获得更大的领导力发挥空间。

（七） 提高各方面的综合能力

能力是追随者最关心的问题，他们能接受领导者的领导，正是因为相信领导者具有能够带领他们走向成功的能力。领导力表现为群力，所以领导者要提高各方面的综合能力。领导者对自身的综合能力必须有一定的客观认识，并且要不断地提高、加强。并且要善于发挥团队的力量，海纳百川，发展自己的魅力，提高团队的凝聚力、向心力，这样才能保证领导者能制定和实施正确的战略决策，推动改革，成就事业，走向成功。

二、加强对领导者领导力的培训

在领导存在的环境方面，一方面要深化体制改革，完善政治体制、领导体制和各项制度、机制，使领导执政法制化、制度化、规范化，为有效地提升领导力提供保证；另一方面就是要加强领导者领导力的培训，对领导者加强培养，向领导者源源不断地提供能量。我国领导力水平发展不足，很大一部分原因是因为培训不足，培训制度不完善，所以，要增强对领导者领导力的培训，促进领导力的发展。

71

（一）正确认识领导力发展的重要性

面对我国面临领导力短缺的现象，迫切需要加强领导力的提升，要正确认识领导力发展的重要性，端正态度，将对领导力的发展提高到战略层面上，对领导力的培训当成一个组织发展必须和长久的过程。提高对领导力培训的重视度，增强领导力培训的投入，定期将每年利润的一部分投入到领导力培训中去，扩宽投入渠道，从而保证领导力培训和发展中有足够的资源保障。

（二）领导力的培养要与组织发展相适应

根据组织的需要和组织的发展现状，来确定领导者领导力的培养目标，做到有目的、有规划的培养。重视领导力培养的长期效益，注重领导班子和团队建设的体验式培训，把领导力的培训与组织的实际工作环境相结合，从组织发展的实际出发，使领导者领导力培养与组织发展相适应，促进组织的发展。

（三）完善领导力教育培训工作

完善提升领导力教育培训计划、制度和管理，有组织、有步骤地进行提升领导力。在对领导力培训的同时及时了解被培训者的内心变化，满足其内在需求，同时教育被培训者树立正确的价值观来提高忠诚度。并且，当领导力提升的同时，应保证领导者的能力与职位相匹配，使其能力提高的同时，也得到职位的提升，满足他们的精神需求，实现自身的价值。以解决领导力培训中所产生的被培训者流失现象。

（四）注重资源的合理配置和运用

加强对领导力资源配置和运用工作的重视。在保证领导力培训工作所需资源充足的同时，应注重资源的合理配置。根据组织的发展目标与人力资源的需求，对不同层级的领导力培训进行合理的资源配置，做到资源的灵活有效地运用，以提高领导者领导力培训的效果。

（五） 进行系统全面的领导力培养

进行系统全面的领导力培养，建立健全领导力提升培训体系，从全局出发，从整体着手，因人而异，因时而异，避免用同一种培养模式来培养不同层次的领导者。对每一个领导者的培训都应结合他目前所在位置，以及组织和领导个人所制定的职业规划，将提升领导力的计划纳入领导个人职业规划。既要注重组织的发展目标，也要注重个人发展目标。针对不同的对象采用不同的培养方式，使他们能够更全面地发展，以满足组织的需要。

要建立领导存在的良好的环境，从领导职能、领导体制和领导素质等各方面，持续不断地开发和提升领导力，进而使领导适应现代社会高速发展的需求。只有组织中领导者的领导力不断地发展壮大，才能保证组织在多变的经济环境和经济全球化的浪潮下生存和发展。

第五章

领导监督

有领导权力的行使，就需要有领导权力的制约和权力的监督。领导监督作为领导行为的合理规范亦是如此。领导监督是领导活动中的重要一环，是领导科学中的重要部分。严格而有效的领导监督是领导者实现其职能的重要环节，是领导活动顺利展开的重要保障。在领导实践中必须建立严格的监督规范、程序和保障制度，并按照制度规范领导行为。目前领导监督还存在一定的缺陷和不足，在现阶段的民主政治建设中，健全领导监督体制是必不可少的。

第一节　领导监督概述

一、领导监督的含义

要理解领导监督的含义，首先要清楚作为领导基本职能之一的控制的含义。

控制的对象包括组织系统和人两大类。对领导者来说，控制是指对组织成员的工作情况和组织运行状况进行外部的、宏观的调控，及时对组织在运行中出现的偏差进行纠正，对组织成员的行为进行引导，确保组织能够按照既定的方向稳定有序发展。控制的重点在于维护组织的有序状态，提高组织和组织成员的活力和信心，确保组织运行的效率和效益。

在英文中，supervise、superintend 和 control 都可来解释监督，可见监督与控制是相辅相成，不可分割的。在某种程度上可以说"监督"与"控制"是一对"孪生姐妹"。

监督就是经常检查规划目标任务完成的情况，及时发现问题，纠正偏差，确保组织目标的实现。进一步说，领导过程中的监督是指领导者通过一定的组织形式和领导方式，实现领导者和被领导者、领导者和组织、组织和组织之间的互相监督，保障领导职能和组织目标顺利实现。它是领导内容和活动过程中一个必不可少的环节，具有举足轻重的作用。

众所周知，由领导活动自身的特殊性所决定的领导活动的基本矛盾包括两个方面：一是领导者与被领导者之间的矛盾；二是领导者的主观指导与客观环境之间的矛盾。在领导的实践过程中，领导监督多数是指对领导者的监督，因而我们需要建立良好的领导监督体制，做好领导监督工作，让每一位领导者都能接受全方位合理化的监督。

二、领导监督的分类

领导监督涉及面广泛，所以可以从不同的角度和标准来认识，因此就具有了如下多种分类。

第一，按被监督者的活动过程，可分为事前监督、事中监督和事后监督。

第二，按监督涉及的范围可划分为一般监督和专门监督。领导监督更加侧重于专门监督，加强领导监督的部门建设和专门性制度建设，从而健全现代领导制度。

第三，按监督的组织形式分为政党监督、国家监督和社会监督。

第四，按监督的系统关系划分为自我监督、内部监督和外部监督。在现代社会，领导者既要讲究自我监督，更重要的还是要依靠内部监督和外部监督。

第五，按监督的专业性质划分为经济监督、政治监督和文化监督。

第二节　领导监督的原则、方法和程序

领导监督是领导科学体系的重要组成部分，为了实现对领导的有效监督，必须按照一定的原则、方法，遵循特定的程序规范领导监督制度建设，提高领导监督的水平和能力。

一、领导监督的原则

领导监督的原则，是指领导者行使监督职能的基本要求和准则，反映了领导监督的目的、性质、特点以及其进程。从当今领导活动的特点来看，领导监督应遵循以下原则。

1. 依法监督原则

领导进行领导活动行使的是国家法律与法规授予的权利，领导监督工作的权力也来自法律所规定的权限，各级领导者必须依法进行监督和接受监督。依法监督原则就是说领导监督活动要根据宪法、法律和有关领导监督法令来进行。它确定了监督的权力、职责、内容和程序。

2. 平等监督原则

监督的平等原则是指在实行监督的权力和接受监督的义务上人人平等。平等监督体现的是人格、权利、义务的平等。也就是说，不论领导者还是被领导者，不论专门监督机构还是一般平民百姓，在拥有监督权利和接受监督的义务上人人平等。领导和专门监督特权的工作人员只是其监督作用重于常人，而不存在不受监督的特权或具有特权的监督。

3. 时效性原则

领导监督的时效原则就是领导监督的及时性和有效性，通过及时而有效的领导监督，就会促进领导者决策、执行等行为及时运行，提高其办事速度和效率。过时的和无效的领导监督行为，无异于没有领导监督，强调领导监督的时效性，有助于端正党风、政风和社会风气。

4. 公开监督原则

公开监督原则要求领导监督的主体、对象、范围、制度和监督结果等都要公开，不搞神秘化，更不准背着群众搞秘密监督。为保证公开监督原则的实施，必须建立起畅通的领导与社会的交流渠道，同时还要反对两种错误倾向：一是借口"公开会泄露国家机密"而对群众隐瞒重大情况、重大问题；二是以公开为名，不顾对象、内容，事事都公开，造成事关重大的信息泄露。

5. 层级监督原则

领导权力纵向分为若干层次，上级领导监督下级，下级要对上级负责。这个原则不是绝对的，特殊情况下，上级部门可以越级检查下级的工作。

6. 准确监督原则

在实施监督检查时，对偏离领导目标和违反法纪的事实，要了解得准确，纠正得正确。要想做到监督有力，首先是情况清，区分是执行中偏离了目标还是决策本身的缺陷；其次是责任明，分清是制定者的责任，还是执行者的责任，是直接责任还是间接责任。

努力增强政法意识，切实提高政法水平，作为新时期的领导要真正树立起无产阶级的价值观，掌权为公、从政为民，为官一任、造福一方，要讲大局、讲团结，襟怀坦白；弃官僚主义，树质朴作风，尊重科学、尊重实践、躬亲示范、平易近人，避免"长官意识"和主观臆断。此外，对于一个领导者来说，家庭是后方基地，所以，在提高自身修养的同时还要注意清廉家风。

二、领导监督方法

不同的监督目的、监督要求决定了有不同的领导监督方法，主要有统计分析监督法、长期问题调查法、现场监督法以及民主监督法。

1. 统计分析监督法

统计分析监督法是运用统计报表从数量方面对领导计划进行监督。统计分析监督法一般分四个步骤：一是根据领导工作需要对报表内容格式进行设计，保证以最简明的内容反映最全面的情况；二是填写报表；三是分析和评价报表内容，寻找问题；四是根据问题产生的原因，采取措施予以追究和纠正。

2. 长期问题调查法

长期问题调查法具体做法是，抽调一些训练有素的人员组成调研组，不委任固定职务，只在主管领导者的直接领导下，采取客观公正的态度对某个重大问题进行调查研究，找到问题产生的原因和责任者，提出处理意见。长期问题调查法往往侧重于对领导行为问题给予纠正，对违法乱纪者给予惩治。

3. 现场监督法

现场监督法是指领导者或主管人员通过蹲点调查或现场办公等形式，亲自到现场进行监察和督导的监督方法。这种方法便于领导者掌握丰富和真实的第一手资料，是解决一些重大问题的好方法。明察暗访、突然袭击、长期现场办公都是现场监督法的具体运用。

4. 民主监督法

监督过程应该是一个主动的过程，上级要监督下级，下级也要监督上级。在我国民主监督主要有两种类型：一是正规监督，主要是指一些社会组织、民主团体对国家政治、经济生活的监督；二是非正规监督，指人民群众依照其民主权利，随时随地对整个国家事务和领导活动进行的监督。显然这里主要包括了社会民众力量的监督，主要是群众监督、社会组织监督和舆论监督。

领导监督是一个综合性的系统工程，在具体的领导活动中仅仅掌握这几种方法是远远不够的，必须具体问题具体分析，创造性地综合运用各种方法来处理现实问题，这是正确运用监督方法的一条重要指导思想。

三、领导监督程序

程序，即工作顺序；监督程序，即监督的工作顺序。监督活动的复杂性，监督主体的多样性等因素都决定了监督程序的多变性。

一般来说，常用的监督程序主要包括四个基本步骤：制订监督计划、实施监督检查、采取措施纠偏和总结经验教训。

1. 制订监督计划

第一，确定监督任务和标准，包括监督的范围和对象，监督的内容和标准，监督的结果和目的等。其中最重要的就是监督标准。监督标准是实施监督检查，衡量成效的尺度，也是进行有效监督的必要前提。标准的确定必须以法律为依据，遵守客观规律，坚持最佳社会效益和实事求是的原则，并结合具体监督的对象、范围、目的和方式，从质和量两方面作出明确而具体的规定，尤其要注意把握两个问题：其一，选好关键点。在监督过程中，监督人员不可能也没有必要去监督领导活动的每一个细节，但必须抓住影响决策实现的一些关键性问题；其二，监督标准应当具有客观性和可考核性，这样既能如实地反映客观实际，又可避免监督人员因客观因素而出现失误，有利于监督结果的公正和真实。

第二，确定监督的组织机构及相应的职责权限范围。监督任务明确后，要根据此确定监督主体的职责权限范围，并建立相应的组织机构，配备一定数量的合乎要求的人员，以及实施监督活动所需要的其他条件，为监督任务的完成提供组织保证。

第三，确定监督方式。在考察这一问题时，首先要注意与领导决策的特点相适应，是宏观决策还是微观决策，是定型化决策还是非定型化决策；其次要注意与主管人员的具体情况相适应，对不同性格，不同经历，不同地位的主管人员所采用的监督方法也不应相同。

2. 实施监督检查

监督检查是将监督计划付诸实施的过程。实施监督检查，要注重讲求监督的实效性。首先，要在监督中注意"关键点"和"例外情况"

的结合运用。"关键点"是影响决策目标实现的关键性问题。"例外情况"则是某些特别优良或特别不良的情况和偏差。监督人员要将注意力集中于关键问题,掌握偏离目标的重要偏差;其次,监督检查需要具有一定的灵活性以适应领导决策系统内外的各种变化,随机应变地调整检查内容、监督方式等,以保证监督的实效性。

3. 采取措施纠偏

这一过程是监督过程中最关键的一个环节,也是监督机构的主要任务。采取措施纠偏、纠错,要从分析产生偏差和失误的原因入手,有时是因为领导决策的目标不符合客观实际;有时是因为决策方案不可行或实施活动不得力,为此就要采取不同的措施纠偏、纠错。

4. 总结经验教训

监督机构总结成功的经验,促进、保护和发扬成功的一面;同时注重揭露存在的问题、矛盾、漏洞和薄弱环节,以吸取教训、纠正和消除失败的一面,为进一步完善领导监督制度提供参考;同时要增强监督机构和人员的法制观念,增强领导者接受监督的自觉性和监督机构实施监督的积极性。

第三节　领导监督体系的建设和完善

随着民主与法制建设的不断发展,我国领导监督机制已初步形成,各种监督机构都得到加强,大批法律法规相继出台,增强了领导监督的有效性,但现行监督体系还只是初步形成,还不够完善,需要加强领导监督体系的建设和完善。

一、现行领导监督体系存在的主要问题

现行领导监督体系存在的主要问题,具体表现在如下几个方面。

第一,监督机构监督力度不够,缺乏独立性是监督方面存在的首要

问题。由于缺乏独立性，严重削弱了监督的权威性，弱化了监督体制的职能。

第二，监督法规不完备。现行监督法规存在诸多不足，不系统、不具体、难以操作，监督范围不能全面涵盖所有权力。

第三，监督体制不健全，监督功能存在缺陷。我国目前的监督状况事后追惩相对容易，事前、事中监督很难。

二、提高对领导监督重要性的认识

监督具体到政治含义而言，指对权力的制约，更确切地说，监督是对权力滥用或可能出现的权力滥用的制约，目的在于预防权力滥用，并对出现的问题进行纠正。毛泽东说过：只有让人民来监督政府，政府才不敢松懈；只有人民起来负责，才不会人亡政息！可见，政治上的监督是非常必要的。

政治权力是从社会中分离出来的，由于种种社会的、历史的因素影响，有被滥用的可能性；另一方面，权力的行使是自然人，在一定程度上导致了滥用的可能性。因此，必须对权力的使用和运行进行监督，防止腐败，同时也必须着眼于建立有效的监督制约机制，防止其滥用。人的认识能力是无限的，但认识水平却要受到社会和历史条件的限制。客观世界是不断发展的，导致了人的认识不可能是完全正确的，监督机制的确立可以防止错误的认识转化为错误的决策或行动。

1. 加强领导监督是领导活动顺利进行的重要保障

领导者是一个组织中领导活动的主导者，战略决策或规划、计划的制定和执行与领导者密不可分。领导者对手中权力的运用，关系到领导活动成功与否，因此，必须加强对领导活动加强监督。

一是加强领导监督可以保证领导活动的正确方向，保证党的路线、方针、政策和国家的法律、法令的贯彻执行，及时有效地避免或减少不正确的领导行为所造成的危害。

二是加强领导监督可以使领导者理性对待工作中遇到的各种问题，能够正确的战略决策、制定规划计划和有效实施，从而保障领导活动顺利进行。

三是加强领导监督可以使领导活动严格按照领导者的正确方向进行，保证决策的有效实施。

2. 加强领导监督是避免腐败，维护和实现公共利益与公民合法权益，实现依法治国、依法行政的有力保障

坚持民主与法制是我国政治建设的重要且必须长期坚持的任务。在我国，领导者担负着管理社会、维护和实现公民合法权益、分配公共资源的重要职能。领导者的权力，从根本上来讲是人民让渡的，人民应该是权力的主体，领导者是经理人的角色。这种权力是不容滥用的，人民的利益是不容侵犯的，加强监督可以避免不良现象和违法现象的发生。对领导者来说，加强监督一方面可以避免权力的滥用，依法治国、依法行政；另一方面也是在激励领导者以更为积极的态度面对工作、施展自己的才华，真正将为人民服务落到实处。

3. 加强领导监督有利于提高领导者素质，建立德才兼备的领导队伍

完备的监督系统可以使民众及时准确地掌握领导者的工作水平、身体状况、心理状态，及时对其进行有针对性的调整，给予具有能力、符合条件的领导者更为广阔的发展平台，将不符合相关要求的领导者调离工作岗位。此外，加强监督可以在掌握领导者实际情况的基础上，对其进行有针对性的培训、培养，提高其能力素质，增强其思想和业务素质，有利于建立德才兼备的领导队伍。

三、强化领导监督体系建设和完善的重点工作

完善现行的领导监督体系，建立健全领导监督机制将是一个复杂而长期的任务。针对监督体系中存在的缺陷和不足，强化领导监督体系的建设和完善，其中重点要抓好以下几项工作。

（1）深化经济体制和政治体制改革的，加快国家法制化的进程。

（2）在我国政治中，领导监督应该包括党和国家的监督及人民监

督两方面。因此，加强领导监督要确立监督主体，保障监督机构的独立性。

（3）扩大监督主体的权力和监督制约的范围，形成全社会监督体系，加强部门的协调配合。因为没有一个强大的、全面的监督系统，监督工作是难以取得成效的。

（4）监督机构要具有相对的独立性，任何人不得借口干扰。

（5）健全信访举报制度，进行信访制度的改革，实现其反馈机制的作用。信访举报是群众的重要监督权，能够揭露专门监督机构不易直接发现的线索，应建立对举报人保密、保护、奖励的一系列措施。

（6）建立起规范的领导监督制度，加强领导监督的法律法规制度建设和创新。建立起规范的领导监督制度，才能在坚持民主与法制下，实现高效的领导与民众之间的双向监督，并最终健全和完善我国民主基础上的政治体系，从根本上体现出社会主义国家的优越性。

（7）扩大新闻媒体的监督力量，从而形成社会性的监督网络。

（8）严格限制领导者的个人权力，加强民主集中的领导机制。

（9）进行领导干部的教育与自我教育，防止领导滥用权力或可能滥用权力和腐败问题。

（10）加强和提高领导执政能力和执政修养。加强和提高领导执政能力和执政修养，是杜绝非民主行为发生的根本办法。所以从长期来看，加强领导执政能力的建设也是必行之路，同领导监督的强化一起，成为我国现阶段民主与法制建设的重点。

在领导监督中，值得注意的一个问题是，当前有关领导监督的研究大多是从进行制度制衡方面的探讨，往往表现为对预防和治理违纪违法行为的制度架构。这种模式的监督体制事实上淡化了领导效能的地位，在实践中很容易造成"不求有功，但求无过"的领导心态。从本质上来说，这是一种"保健"型的监督体制，激励功能不足。领导监督要贯穿于领导效能管理的全过程。领导监督功能体现在领导效能管理各个阶段、各个环节，涉及上级、同级、组织内部员工、群众、团体等利益相关者。领导监督体系涉及所有监督主体，而且要将事前、事中和事后监督相结合，督促领导不断提升自身素质和能力，促进领导自身与组织或区域共同健康持续发展。

　　在一个组织中，领导者的意志决定了该组织的动向。同其他社会成员或组织成员相比，领导者掌握着更为丰富的资源和信息，领导者并不是完全理性的，在面临选择，尤其是与自己利益相关或可以从中受益时，往往表现出经济人的自利倾向，动用手中的权力、资源、信息，为个人或本利益团体谋求利益。此外，领导者的个人偏好也对政策的制定、执行产生了巨大的影响。古今中外的无数案例在重复证明一个事实，领导者的意志决定了整个组织的动向，有些下属会为了个人利益去拍领导的马屁，以领导者的意见为指导，或者有些领导者会直接动用手中权力强制决策按照自己的意见进行。

　　著名政治思想家乔万尼·萨托利（Giovanni Sartor）①，将民主划分为以人性本善为基础的理性主义民主和以人性本恶的经验主义民主，但无论哪种民主都与现实不完全相符，人性本善太过理想化，忽视了人的利己性，而人性本恶又太过悲观。领导活动能够正常进行，靠的是人，如果没有好的人，这种活动难以展开。没有好的机制，领导活动也难以实现可持续发展，好人可能变成坏人，好事可能变成坏事。因此，领导监督要从人和事两方面的因素进行综合考虑，使领导监督工作更加有效。

---

　　① 意大利人，哲学博士，研究领域广及民主理论、政党制度、宪政制度、治学方法等方面。

第六章

领导效能的考评

　　领导效能的考评是通过领导活动的实际效果，对领导能力的考查与评定，即是将领导活动的执行效果与预期计划相比较，从而得出的结果。测定领导效能既能对领导活动进行客观评价，也能在发现与解决领导活动中存在的不足，做到及时的修正。所以领导效能考评是领导活动有序实施与顺利进行的一个重要环节。

第一节　领导效能考评概述

一、领导效能的含义

　　领导效能是指领导者为实现领导目标，所实施的领导活动过程和结果的统一，是领导者领导能力和获得的领导效率与效能的系统综合，是事物所蕴藏的有效的、集体的作用和效应，是领导活动的出发点和最终归宿。它包含以下三个要素：

　　第一，领导能力。领导能力即领导者的行为能力，它是领导者能够胜任一项领导工作的基础，以及行使权利和承担责任的基本构成元素，它以领导者的身体、心理、知识、经验等为基础，是领导者的权利、责任、工作任务等必须具备的基本能力与条件。

　　第二，领导效率。领导工作效率通常指工作量与时间之比，或是领导者从事的领导工作或活动等产物与人力、物力、财力等要素之间的比例，一般要求领导效率在一定情况下不断提高，领导效率也是衡量领导活动好坏的一个标准，以及已实现的领导任务速度快慢的尺度。领导效率主要受领导者的能力、工作态度、领导环境以及下属的积极性等条件的影响。

第三，领导效益。效益一般指投入与产出之比所得出的最后的结果，即活动的投入与活动的结果之比，它包括经济效益、文化效益、人才效益以及社会效益等，是个综合性的指标。

因此，领导效能是一个整体、而非单一，是广泛、而非片面的综合体系，不仅包括定性因素，还包括定量因素，它具有综合性、社会性、历史继承性、主观性与客观性。所以我们在分析领导效能时，要高度重视这些尺度与指标，横向与纵向相互研究，这样才能兼顾领导效能的整体研究。

二、领导效能考评的意义

领导效能的考评，不仅能够提升领导自身的各方面能力，还能对实现组织目标最大化提供有效的支持。加强和改进领导效能考评是一项艰巨而迫切的任务，对端正领导思想、提高领导素质、改善领导作风等都具有十分重要的作用，对于最终提升现代领导的科学化程度，也同样具有理论意义和现实意义，归纳出以下几个主要方面。

1. 领导效能是领导活动的出发点和归宿

领导活动的目的就是实现领导效能，领导效能是领导活动的核心部分，存在于领导活动的整个过程中，体现在领导活动的各个方面。因此，领导者要确立明确的效能观念，并以效能作为领导考虑问题的核心。

一方面，领导活动作为一种有目的的群体行为，要求领导者必须抓住领导效能这个中心。领导者和被领导者构成的群体从一开始就期望获得一定的成就，并将这种期望凝结在奋斗目标上。一项领导活动即将展开的时候，由于客观事物的复杂性，以及影响领导活动因素的多样性、可变性，领导者需要考虑各方面的问题。一名优秀的领导者总是能够抓住复杂问题的关键，那就是首先考虑怎样才能使自己的行为有效，如何才能使自己的行为高效。也就是说，一开始就能把握住领导效能这个核心。

另一方面，在实际的领导活动中，领导活动一般都具有较大的自由度，领导目标也都具有多种多样的实现途径，总是考虑费力小得益大的方案。否则，不考虑领导行为的有效性和高效性，抓不住领导行为这个核心，在实际工作中主观随意性强，想到什么做什么，工作方式简单机械，敷衍了事，干到哪里算哪里，这必定是平庸领导者之所为。

2. 领导效能评价是衡量领导工作成效的综合尺度

评价领导工作的成效，可以有多项标准。一般说来，要体现领导工作的方方面面，体现领导任务完成后所产生的现实经济效益和社会效益。任何一个组织的领导者出色地完成了任务，为组织乃至整个社会做出了较大贡献，就应该对其工作成效给予肯定。当然，光看最终的工作实绩，并不能很好地总结经验教训。因此，需要对整个领导活动过程做一个总体的回顾，检查领导工作的各个环节，具体考虑每个环节的绩效。从含义可以看出，领导效能是整体、广泛的综合体系，评价领导工作的成效是对领导工作进行全面的综合评价，综合性的评价标准能够科学地评价领导工作的效能。

3. 领导效能评价是选拔、使用和激励领导的主要依据

领导效能评价是正确识别、选拔、使用领导的前提。要正确识别领导，就必须通过科学的定性与定量相结合的领导效能评价。领导效能是衡量领导工作效果的尺标，只有通过这种全面正确的评价，才能获得对领导绩效全面的认识。因此，领导工作的过程，这也是考察领导的过程。通过领导效能评价，可以看出一个领导能不能胜任、称职，哪一个方面能力比较突出，有什么特长，是适宜担任全面领导或是部门领导，具体适宜哪一方面的工作等等。所有这些，都是选拔、配备和使用领导的科学依据。现代领导体制在科学用人上都体现"效能原则"，即领导者在本组织内的职位、权利、责任、利益等，都应该与其效能的高低联系起来，而不是单一地进行分配和考核。领导效能是任人唯贤、用当其

87

位的依据。

通过领导效能考评，领导也可以更好地认识自己，知道自己的优势与劣势，正确认识自己在整体贡献中所发挥的作用，从而更好地发扬成绩，克服缺点。对领导效能进行全面正确的考评，能起到奖励先进，鞭策后进的作用。

此外，领导效能评价是科学培训领导者的导向，当今对领导者的培训要讲求科学实效，针对领导素养能力以及工作能力上的欠缺环节中薄弱的部分进行更新与强化，只有搞好领导的培训工作，才能保证领导效能的有效性。

4. 领导效能评价是进行民主监督的途径

目前，领导活动的公开化与透明度成为现代民主政治发展中的一大要求，而领导效能考评既是监督领导活动其中一个有效的途径，这不仅能促使领导者在无形压力中不断进步，同时也能加大公众的参与度，保证领导活动公正、公开、透明的顺利进行。

第二节 领导效能考评的指标与原则

一、领导效能考评的指标

1. 用人效能

用人效能是指领导者根据组织目标和人才现状，合理选配组织人员的能力和效果。领导者能否提高用人效能，关系到人的主观能动性以及积极创造性，也关系到对组织的整体贡献。科学的选用、配置、组织人员是提高领导者用人效能的基础，是实现组织目标的必要保证。

2. 决策办事效能

决策办事效能是指领导者制定决策处理事物的能力、效率和效益。领导者是领导活动的凝结者和创始者，因此，领导决策和办事的效果将直接决定领导活动的成效，这是当今在任何组织系统中，把领导者的决策和办事效能置于首位的原因所在。

3. 时间效能

时间对领导者来说是非常宝贵的，领导者怎样有效地运筹时间，使其利用时间的效能能够发挥到极致，对于领导者个人和组织整体来说都是非常重要的。时间效能是衡量领导者管理力度，利用时间方式的尺度。领导者从事任何工作都需要时间，能否科学地管理时间、利用时间，反映出时间效能的高低。而领导者时间效能的高低，将会直接影响到个人贡献和组织整体贡献的大小。

4. 组织的整体贡献效能

领导者不仅是指普通意义上的个人，还包括由众多个人组成的集体。领导效能的考评不仅仅体现在作为个体的领导者在组织工作中的效能，更重要的是领导集体做出的整体贡献，也就是说，领导效能的最终考评标准是组织的整体贡献效能。组织目标能否有效实现和实现程度，是考评领导效能的最重要的指标。

二、领导效能考评的原则

1. 统一规范的原则

关系领导效能的考评因素有很多，涉及的面也很广泛，也涉及领导者的积极性能否充分调动以及整个领导活动的成功与失败。因此必须严肃认真地进行，坚持统一规范的原则。

首先，要建立健全考评机制，明确组织目标，确立统一规范的考评方式和标准，建立一套既能客观反映考评目标各项指标，又便于操作的考核考评体系。这样有助于被考评者心中有数，总结提高；有助于提高考评的客观性、科学性和公正性。

其次，要建立健全救济保障制度，确保考评能按照规定程序和准则严格执行。在考评制度、准则形成后，必须严格执行，凡属于考评对象

89

的都必须如期接受考评。考评中出现的意外情况，也应按救济保障制度严格进行。

最后，要有严谨的考评方法。考评方法既要科学，也要规范，要在符合组织实际情况的前提下，进行灵活操作，实现确定性与非确定性、规范化与非规范化的良好合理的统一。

2. 贡献为主的原则

领导效能考评要坚持贡献为主的原则。首先，领导效能的考评包括多个方面，领导能力、工作态度、领导环境等都是考评中的重要指标，但是领导效能的实现最直接、最客观的体现还是贡献；其次，领导效能考评以贡献大小为主，作为评价领导活动优劣的指标，可以将领导者的工作重心吸引到脚踏实地做好本职工作上来，提高组织活力；最后，领导效能考评坚持贡献为主的原则，可以改变某些领导者"不求有功，但求无过"的惰性思想，促使领导者追求"有功"。在现代领导活动中坚持以贡献为主的原则，要正确处理局部与全局、现在与将来、数量与质量、效率与效果等几方面的关系。

3. 客观公正的原则

客观就是实事求是；公正就是不抱有偏见。坚持客观公正的原则，不仅要为人正直，也要公正廉洁、克己奉公，不主观地判断事物，也不应该因私做事。坚持客观公正的原则，还要求在考评时建立统一的考评标准，保证考评的公正、公平、公开。分析影响领导活动效能的主观与客观的因素，将被考评者置身于现场的领导活动环境中，并进行考查。然而，考评的结果必须准确，每个结论都要以事实为依据，从实际出发，依靠完整、确切的资料进行分析。只有这样，才能对领导效能做出真实、全面和正确的评价。

4. 民主公开的原则

效能考评过程和方式是否客观、公正、准确，对考评结果有很大影响，这就要求效能考评坚持民主公开的原则。民主公开的原则，就是用不同方式让下属和一般员工参与和监督领导效能考评。

民主公开的原则有以下几点要求：首先，效能考评要鼓励员工参与，采取上下级考评相结合、自我考评与互相考评相结合的多层次、多种方式的考评方式考评领导活动的效能。其次，领导效能考评工作要接受群众监督，坚持公开、民主的原则，使下属和群众参与到考评之中，且要发挥群众对领导效能考评工作的全面监督作用。由于效能考评过程必然涉及对人的评价，关系复杂，因素众多，不可避免地会存在一些主观成分，因而需要加强群众对考评工作的监督。从而消除封闭式的考评方式，防止产生种种弊端，阻碍领导活动的进行。同时也要避免考评过程中的随意性，使全面性和能动性在考评结果中显现出来。也要使领导效能考评结果公开于众，这样才是公开、公平、公正的体现。领导效能考评的目的是帮助领导者总结领导工作的经验教训，改进领导方法，改善领导环境，提高领导水平，实现更高的领导效能，这就要求考核结束后在恰当的时间、以适当的方式将考评结果告知考核对象和公众。

第三节　领导效能考评的类型与程序

一、领导效能考评的类型

1. 按照考评的层次划分

领导是一个有层次的系统，分为单位领导和部门领导两个层次，它们在职、权、责方面都有若干差别。所以，按考评的层次划分为部门领导考评和单位领导考评。部门领导的考评由单位领导主持进行。单位领导的考评，需要更高层次的领导机关指定人员来进行检查与考评，需要的时候还要求更高职位的领导负责某些过程中的审核与评价工作。整个考评情况与结论，要向相应的上级机关报告并留档备查。

2. 按照考评的时间划分

按照领导活动的阶段性划分，比如日常考评、半年考评、年终考评等等。也可以按照职务的各阶段时间来划分，如届期考评，即按照一届领导的法定期限，对届期内的领导效能做出总评。一般来讲，级别低的领导，其工作目标量化程度大，考评期限常常会短些，以便于及时发现问题，在系统内做出调整；级别高的领导，其工作成效要经过一个大跨度的时间阶段才能充分显示，考评的期限相应长一些。除此之外，还可以引入临时性的考评，从而应对突发的情况。

日常考评可以不完全按照程序进行，而是由有关部门做一些有针对性的调查了解，留有书面材料备案。其中，年终考评、届期考评意义重大，应坚持按照规范要求重点抓好。

3. 按照考评的内容划分

按考评内容的详略进行划分，主要包括综合考评、单项考评和分项考评。综合考评是对领导活动作全面整体的分析。年终考评，届期考评等必须是综合考评；若是针对特定需求，从特定角度而对领导活动做出了解，则可应用单项考评；分项考评，即综合考评不是一次性完成，而是分成若干项目，在一段时间内分项进行。分项考评的好处是可获得单项考评对于某一特定问题的深入了解，也可获得综合考评的全面效果。但是，时间和精力的消耗也很大。

4. 按照考评的角度划分

不同类型的人会从不同的看问题的角度来考评领导的活动，从这些角度出发，考评可以划分为：群众考评、上级考评以及同级考评。在其他条件允许的情况下，考评的角度是越多越好。主持考评者应善于将各方面的意见作全面综合。

二、领导效能考评的程序

考评是一项系统的、整体的工作，考评工作要达到科学的标准，则需要一套完整的程序，从我国的领导工作中长期积累的经验可以看出，领导效能考评工作的程序主要分为以下几个部分。

1. 思想动员和组织准备

领导效能考评是对领导者和领导活动实行科学管理的一个重要环节。要真正形成制度，并成为每一位领导者的自觉行动而长期坚持下去，首先必须依赖于对这项工作重要性的充分认识，所以在开始阶段要做思想动员和组织准备工作。提高对考评重要性的认识，解决思想上的一些问题。也要将具体的考评方法运用到考评过程中，向组织成员说明考评标准和时间安排，以期相互协调配合。组织准备既确定考评组织人员的组织方式、机构领导体系、工作纪律安排等，还要根据需要对有关组织人员进行涉及多方面的短期、有效的培训。

2. 自我评定和群众评议

自我评定是考评中重要的基础环节之一，这项工作做好了，将同时起到自我教育的作用。自我评定一定要按照实事求是的精神加以引导，以避免自评过分偏高或偏低的现象出现；群众评议是从被领导者的角度给领导者"照镜子"，做评价。这里最基本的要求就是要将真实与全面性统一起来，这就存在一个组织和引导的问题。在方式上可以是面对面，也可以是背靠背，还可以二者结合，根据具体情况而定。

93

3. 综合分析和做出结论

以自我评定和群众评议为基础，再加上日常的有关材料和实际情况，进行综合分析，不再局限于某一单方面的分析，而是整体地进行考虑，多元化、多方面地着手进行，从定性定量两个方面做出考评的初步结论，保证结论的公正性、公开性和准确性。要做到：首先，坚持以对领导者的测评结果为评价的根据和出发点；其次，以事先确定的考评标准作为评价尺标；最后，评价结论要用简明、扼要、清楚的语言阐述，即不能产生歧义和含糊的语义。

4. 材料见面和复核修正

考评结论一般要坚持和本人见面。材料见面的好处，一是产生正面的激励作用；二是使当事人明确了解自己的不足之处，引导警醒和鞭答；三是避免可能发生的误评，减少顾虑，使整个考评工作透明化。复合修正则是一种必要的补充性程序。当对某些问题的评价有争议时，应该尊重被考评者的意见，组织专人对全部材料和有关事实进行更深入的调查与了解，对初评中不恰当的地方做出修正。如果维持原有结论，应向本人作充分说明。

5. 领导审定和调整变动

上级领导要对考评的结论做出审判和裁定，这是防止考评失误的最后一道环节，也是上级领导了解下属的一种方式。考评结论一旦确定，则视情况的需要，对干部分别予以表彰、升迁、调整或者惩罚。

6. 资料整理和存档保存

考评工作中最后形成的文字资料应该做技术整理，并分类归档，以最后形成的书面或电子资料妥为保存，以便为以后的考评留作参考。要注重建立和完善严格而科学的档案管理制度，形成日益完善且科学的信息系统。

第四节　领导效能考评的方法

领导效能的考评系统是不断发展与完善的，也就必须结合领导效能考评的知识理论，在遵循科学的原则与程序的同时，还要配合相应的考评手段和方法。由于领导的工作范围不同，层次和性质也不同，又处在不同的系统、部门、地区和单位，因而效能考评的方法也有一定的差异，要使考评工作真正具有科学性并且有效，就必须十分重视考评方法，结合领导自身和所处的工作环境，制定适宜的考评标准，选择合适的考评指标，更加合理的考评领导效能。按照考评科学化的要求，并结合我国国情和实践中提供的经验，主要有等级考评法、目标考评法、序列比较法、定量分析法、比较考评法、小组评价法、重要事件法、评语法、强制比例法、模拟考评法、综合法、行为观察量表法、关键事件法等方法。现简介其中几种方法。

1. 目标考评法

目标考评法是按照领导活动中预定的目标项目指标，检查其完成情况，从而评定被考评者的工作成效。目标考评法要求目标的制定要形成领导组织的目标体系，目标制定得要规范、合理和全面，并且要有质和量的规定，以便科学合理的考评。

2. 定量分析法

定量分析法是根据领导活动的各种具体指标计量、评级计分，从数量上相对精确地反映领导组织整体效能的全貌。对领导效能考评进行定量分析，具体可以从领导的时间效能、用人效能、办事效能和整体效能几个方面进行。定量分析法要注意从现象的质与量的辩证统一中来分析其数量方面，要定量分析与定性分析方法相结合，从而使领导效能考评更科学化、全面合理化。

3. 比较考评法

比较考评法是通过选择一定的参照系来对比评价领导效能的方法。可以进行纵向或横向比较，还可以进行多视角、多层次、全方位的比较。比较考评法说服力比较强，考评结果易于被考评者理解和接受，能够比较客观地反映情况。利用比较考评法关键是选择好参照系，注意可比性。比较的数量不能太多，其范围应有所控制。

4. 模拟考评法

模拟考评法是让被考评者进入一个模拟的工作环境，要求被考评者按照给定的条件模拟操作，用多种方法观察他的行为方式、心理素质、反应能力等等，并根据这些观察来测评被考评者的能力。这是一种针对性的考评方法，主要针对工作潜力来考评。

5. 行为观察量表法

行为观察量表法是指包含特定的工作绩效所要求的一系列合乎希望的行为的表格。此法能有效地指导被考评者的行为，有利于监督被考评者行为及反馈信息，但也需要有大量的精力和时间。

6. 关键事件法

关键事件法是观察和书面记录被考评者有关工作成功的"关键性"事实。它是由两位美国学者创立的，包含了以下几个重要的方面：观察、书面记录被考评者所做事情和有关工作成败的关键事实。到最后打分时，参考工作日志，这样会清晰地体现被考评者所做事情的优劣程度，对最终评分提供依据。

综上所述，领导效能的考评方法是丰富的、多种多样的，是一个复杂而烦琐的体系，因此，在选择考评方法的时候要因地制宜，从实际出发，具体问题具体分析，讲求针对性、实用性和有效性，在结合理论的同时，合理地融入实践中，不断发展与改进考评方法，使领导效能的测评方法日益完善。

第 二 篇

实 务 篇

第七章

领导战略与政策：领导的主要职责

领导活动即战略活动，战略决定了组织发展的道路，决定了事业的成败，制定和实施战略在领导功能的发挥中起着根本性的指导作用。领导者的首要职责和重要职责是制定与实施战略与政策，政策是实施领导战略的根本途径，领导决策离不开制定和实施政策。

第一节 领导战略概述

一、领导战略的含义

领导战略（leadership strategy），是指对重大的、带有全局性的或决定全局的决策和用人问题的谋划和策略。"战略"一词来源于希腊语，字面意思是统帅和指挥官，最早是用于战争方面，本意指对战争的全局进行分析、判断而做出的谋划。当今社会，战略的应用范围不断扩大，延伸至经济、政治、文化等领域，战略研究在组织活动中也越来越被重视，已经成为领导首当其冲要予以明确的一个框架性主题。

二、战略的特征

战略具有全局性或决定全局的谋划作用，概括说来主要具有以下六大特征：

1. 全局性

战略是研究指导全局的一门艺术，全局对局部起到领导与决定作用，在一定程度上支配和制约着局部的发展，所以它处于统治地位，规定着局部的一切行动和任务，只有在局部和全局上赢得主动性，才能对整体的良好运行打下基础。战略问题是决定全局的问题，只有了解和把握好战略的全局性，才能完成战略指导这一重要的任务。

2. 长期性

战略是一项长期的工作，它不仅兼顾于过去，也着眼于未来，是在正确认识过去的基础上，对未来具有的科学性的谋划与预见。由于战略是贯穿全局、实现长远目标与利益的谋划，也是作用于整个组织活动的各个阶段，并起着指导和统帅作用，对后续的各种策略实施都有着重要影响，因此，它具有长期性与持续性。

3. 层次性

战略的进行是在不同范围中进行的，任何一个系统都是由各个小单元所组成的有机整体，而每一个小单元就是不同的层次，这些相互独立、相互联系的层次单位有各自的相应的战略。所以，每一个部门的领导，对领导战略都应该按需制定，拥有属于自己的、合适的战略体系。

4. 稳定性

每一种事物都有个完整的周期，领导战略也一样，战略目标的实现即是一个战略的终结，战略的稳定性是由战略的全局性和长期性所决定的，它不会轻易地被篡改。但这种稳定性又是相对的，当领导战略出现明显错误时，或者是周围环境发生巨大改变时，为避免不必要的损失，就需要对战略进行调整和修改，以提高战略的科学性与适应性。

5. 风险性

对于内外界环境等客观事物的变化，有时难以预见和控制，这就使领导战略的风险也无法避免。随着时间的推移，组织面临的情况随时会发生变化，实现组织目标的机会价值也具有不确定性和时效性，所以战略的风险不可避免，只能适当地加以合理控制、降低风险。

6. 适应性

无论组织处于怎样变幻莫测的环境中，一个有效的领导战略都能够根据环境的变化，做出灵活的调整，及时顺应这些变化，调控战略发展的方向，以更好地适应各种复杂的变化迅速的环境体系。

三、战略与长远规划和一般计划的关系

战略与长远规划和一般计划是不同的。目前有些人常常将此混为一谈。从计划概念的广义角度来说，计划可以理解为：人们为了达到自己的目的，需要明确地制定要达到的目标，制定方针和策略，确定行动需要采取的方法和步骤。战略的内容包括提出目的、确定实现目的方针、方法及步骤等等。因此，可以从广义计划范畴来看待领导活动的战略，而长远规划和一般的计划工作也就从属于该范围之内。广义计划的概念所包括的范围是发展战略、长远规划和一般计划工作。

在经济生活的实践中，战略与长远规划和一般的计划工作又有着很大的差别。

第一，从战略的思维过程来看，它是一个从具体到抽象，从个别到一般的过程。不论任何人在为战略搜集多少具体资料，分析多少具体的案例和数字，其所要得出的都只能是一个抽象掉个性的、具有一般性的对全局具有指导意义的结论——目标，并为实现这一目标所要实施的方针、政策重点和具体措施等等；而长远规划和具体的计划工作，则是在战略的指导和约束下进行的。与战略相比，不管长远规划和具体计划做得多概略，其抽象程度也不及战略。规划和计划是在战略指导下，在思维上从抽象到具体的返回。具体的关系如下：

工作过程：收集资料→制定战略→长远规划→具体计划→实施。

思维过程：具体→抽象→具体。

第二，具体的规划与计划是战略的延续，是为了实施战略所必须进行的进一步的谋划。从实践中来看，战略的制定是一定条件下和一定范

围内的最高层次上做出的决策。规划和计划是遵从这一决策的低一个层次的研究范围和工作。

规划与战略相比至少有三个方面的差别：（1）战略是确定方针、明确理念的。规划则是安排进程、落实行动的；（2）战略是确定发展定位的。规划则是制定发展指标的；（3）战略的柔性多于刚性。规划则是刚性多于柔性。因此，可以把规划看做是落实战略决策的实施方案。

还有些人经常把对策（策略）等同于战略，战略是关于未来整体的谋划，对策则是战略目标实现过程所采取的一系列具体手段，对策从属于战略，服务于战略。但是，不仅有人把对策等同于战略，甚至把战略至于对策之下。人们在实践中出现的种种认识上的误差，干扰了战略方案的研制工作，损害了战略方案的科学性，降低了它的战略指导作用，甚至发生误导，所以，必须予以明确的认识。

四、战略制定在领导工作中的地位与作用

能否制定科学的战略并加以有效实施是领导活动成败的决定性因素，战略在领导活动中起着指导性的作用，制定和实施战略是现代领导工作的首要职责。古人云：领振而毛整，纲举而目张。即领导工作就是要抓住决定全局的战略指导问题，战略指导是战略实施与制定的主导，是战略有效与否的关键。

第一，战略制定在领导工作中的重要地位与作用，首先决定于领导与战略的内在统一性。

领导活动即战略活动。战略问题是决定全局的问题，是从全局的各个方面出发，考虑和制定组织发展所要达到的目标，所要着力的重点，所要采取的力量部署和重大的政策措施等。领导者的主要职责就是统领全局，掌握未来，所以制定和实施战略是现代领导的根本前提。

无论是整个社会，还是某一组织，总存在着发展具体方向和结果的多种可能性。其中既包括对人类社会或组织有利的方向和结果，也包括有害的方向和结果。领导的实质是统筹全局、正视未来，并制定正确的、全面的发展战略，以得出明确的、准确的方向和结果，向有利于组

织发展的目标迈进。这种战略既是领导者协调、统帅、指导被领导者行为的领导战略，也是控制事物未来发展方向和结果的根本方略。

任何领导，都是一种战略领导，即通过制定战略目标而实施领导。领导的决策，首先是战略决策，即以战略眼光确立战略方向，并以此指导战术性决策，规划各方面工作。要成为一名优秀的现代领导者，就必须着力研究制定和实施发展战略。

第二，战略制定在领导工作中的重要地位与作用，还取决于现代社会发展的迫切需要。

世界经济一体化，社会经济发展的高速化，社会的各种关系日益复杂化，领导对经济发展的有效控制也愈加困难，现实社会的发展要求领导将管理向未来延伸。只有通过研究和预测未来，领导才可能对工作的全过程实施有效领导。随着社会现代化的不断发展，战略研究的地位与作用也在日益突出。

其一，被称为"大经济"复杂系统的现代化经济，从宏观上看，需要有一种统筹兼顾和妥善处理各环节之间关系的战略思想；从微观上看，则需要具备联系整个系统环节的战略思考。

其二，现代社会变革速度不断增强，新的情况也在不断出现。每一个国家和地区以及组织的发展，都必须妥善面对所处环境的变化，对于未来的各种挑战要敢于接受。这就需要各级领导者具备战略头脑，处理好现在与将来的连续关系，发现事物的发展规律与发展趋势，并及时地对社会发展做出战略指导。

第三，制定成功的战略是经济发展的基础。

目前经济发展存在的主要问题，与多年来采取的发展战略有关，所以，制定成功的战略，是经济发展的基础。各地区、各单位的经济技术条件、资源条件也有较大差异，所以各地区、各单位的领导从自身实际出发，研究自身发展战略具有重要的作用，有的地区和组织经济发展滞后的重要原因，与未来发展重点等关键性战略问题上，把握不准有着重要关系。

第四，战略研究不仅仅是各级政府领导的事，企业领导也要从事这方面的研究。

随着改革的深入，政企的分开，各级政府的职能转向对宏观经济进行有效调整，对整个经济社会发展进行宏观的超前研究方面。所以各级政府领导必须重视和加强经济社会发展战略方面的研究。随着改革的深入，企业独立法人地位的确定，市场调节的加强，也要求企业领导对整个社会经济发展有深入的了解。只有正确把握社会经济发展方向、特征的企业，才能不断发展和生存下去。因此。战略研究不仅仅是各级政府领导的事，企业领导也要从事这方面的研究。

第五，在现代经济社会的建设中，迫切需要提高战略意识。

从封建社会开始，我国传统生产观念闭塞了人们的思想。新中国成立以来，传统的计划经济模式阻碍了人们战略思考的主动性。一些领导对于战略研究，往往只是为了战略而研究，而不做具体的战略务实工作，不去实施战略。轻视战略决策，重视战术决策。当前，在世界经济全球化的趋势下，国际间市场经济竞争在不断加强，战略指导的意义更为深远，战略决策更是对现代领导者的首要要求。

第二节　领导战略研究的主要内容

从抽象的整体上看，完整的领导战略的措施方案由三个基本部分组成：制定战略的依据，选择战略的目标，实现战略目标的对策。其中依据是为了制定目标，对策则是为了实现目标，着眼点和落着点都在目标上。

一、制定战略的依据

这是整个战略的出发点。这部分必须要搞清摸透，否则战略目标的提出将很可能与实际相脱离。这部分主要包括以下两个方面：

一是组织发展的基本状况，主要是对系统内外的有关情况进行收集、整理和分析，以静态分析为主。

二是对内外部条件影响下的战略态势及其发展进行预测。是在静态分析的基础上作出相应的动态分析。战略态势分析主要有以下几方面的内容：（1）以已有的资料作为依据，对各有关方面的未来进行预测，应提出两个以上的预测方案；（2）把系统内外情况联系起来，分析未来可能面临的问题和自己的优劣势。这里主要是以横向的比较分析和预测为主，尽量在定性的基础上扩大定量的范围；（3）对未来分析的重点应主要放在市场、资金、技术、人才的变动等方面。

二、确定战略目标

领导战略目标是领导活动需要达到的既定的目标，它是领导工作的出发点与归宿。战略目标的核心要素规定了领导工作的方向，同时也制约着领导的整体活动，然而目标确定的合理性也决定着整个战略的成败。

在制定和执行战略目标时应该着重注意以下几个方面：

第一，根据所处历史阶段的特点，以及国内外政治、经济形势，确定具体的每一层目标。在各方面条件发生变化时，战略目标也要做出相应的调整。战略目标是发展的、变化的，不是一成不变的。

第二，在确定战略目标时，要从实际出发，实事求是。正确处理生产与生活，使用与消费，国家与个人利益等方面的关系。

第三，选择战略目标，要经过科学的测算和综合平衡。战略目标是综合目标，有各种各样的因素发生作用。现在的科学手段还不可能对所有这些因素进行测算和研究，要针对预测可能出现的问题，分析问题产生的原因，提出解决的措施，以保证目标的实现。

第四，战略目标的确定要与全国、地区和行业的战略规划有机结合。制定战略目标时，要充分考虑自己的优势，并能将自己的优势与全国、地区和行业经济社会发展的一盘棋有机结合。要与全国改革的大趋势相吻合，充分考虑改革后产品市场、技术市场、人才需求、资金筹集、人的积极性等各方面的变化。

具体确定战略目标可分为两步进行：

第一步，确定战略的指导思想。

确定战略的指导思想，是提出战略目标的基础。各种不同的战略目标，都是根据不同的指导思想提出来的。指导思想主要提出经济发展努力的方向，在总的原则上确定经济发展所要达到的水平，为朝这一方向努力和预想水平而贯彻的宗旨、方针等。

第二步，确定战略目标。

确定战略目标要考虑战略目标的几个主要特点：

（1）战略目标具有定量的特点。

（2）战略目标不是由一个单纯的指标构成的，而是一个能够综合反映整个经济发展水平的指标体系。它带有综合性与全面性的特点。

（3）战略目标具有阶段性的特点。无论什么样的战略目标，都有其实现的时间的规定性。另外，为了实现总的战略目标，必须根据不同时期可能发生的变化和情况，有计划有步骤地制定在不同时期内的阶段目标。

（4）战略目标具有相对稳定性。一个周密严谨的战略，一经制定，就应保持相对稳定性，尽管还需要在不断实践中加以校正和补充，可做适当调整。但不能朝令夕改，变动频繁，使人难以适从，失去付诸实践的信念。

（5）战略目标具有长期性和客观性。战略目标是要在一个相当长的时间里实现的根本任务，它不仅应符合当前利益，也要符合长远利益。因此，制定战略目标时，要有远见卓识，从实际出发，不能是主观的臆断。提出的目标，经过人们的主观努力是可能实现的。

三、实现发展战略目标的对策

领导战略中的对策，是指一个国家、一个地区、一个组织等为了实现特定的领导战略目标而采取的最大举措。战略对策是领导战略的主要组成部分。

战略目标的确定，为确定经济发展对策提出了目标和方向。在这一目标和方向指导下提出的对策，是把长远目标与现实生产联系起来的结果。无论什么样的战略目标，都要从现在做起，都必须一步一个脚印地向前迈进，否则便会成为空中楼阁。

实现战略目标的对策主要包括提出战略的重点和具体措施。一般来说，战略目标都是要经过较长期的努力才能达到，所以，这就决定了实现战略目标过程中的战略重点和战略措施也必须有阶段性。战略重点的确定和措施的提出，也应是由近到远、有阶段性。

（一）确定战略重点

领导战略重点是指那些对实现领导战略目标具有十分重要意义的环节，它可能是在领导活动局部上某一时期、某一阶段上的事件，但对领导活动起着全局性的决定作用。所以领导者在制定和实施战略时，必须注意到战略重点的实质性作用。

在确定战略重点时，要注意以下两个方面的问题：第一，确定战略重点要有全局的眼光，而不能仅仅从目前的急需出发去确定战略重点；第二，确定重点后，要权衡好战略重点和一般发展的关系，要有计划地保证战略重点的实施。

（二）确定保证战略目标实现的战略措施

保证战略目标实现的战略措施比战略重点的内容更广泛、更全面、更具体。它要解决经济发展中各主要环节中面临的问题，对重点、非重点都要相应提出发展措施，又是战略实施性计划的起点。

第一，战略措施是战略目标实现落到实处的主要环节。所以，在提出战略措施时，一定要考虑其与目标的一致性，以及各项措施之间的一致性。切不可在提出措施时只考虑措施在局部的适应性，使措施之间互相矛盾、作用互相抵消。

第二，战略措施是使战略目标全面实现的具体措施。所以，战略措施要考虑各主要方面，既要考虑保证战略重点的措施，又要考虑保证一般发展的措施。

第三，战略措施要与 5 年计划、年度计划有机结合，使措施能够有步骤地在 5 年计划和年度计划中得到落实。有些重要的战略措施，甚至可成为某些年度计划或 5 年计划的保证中心。

（三）合理确定实现战略目标的战略步骤

战略步骤是领导战略目标实现的必经途径，也是领导战略制定的重要阶段和重要组成部分，它是战略目标实现的基础，而它一般都需要较长的时间来完成。因此，在整个战略目标实现的过程中，有必要确定合理的阶段目标，以便使整个战略目标能够分步骤合理实现。所以，确定实现战略目标的战略步骤：首先，在总目标下提出阶段目标；其次，根据总目标和阶段目标的要求，提出各阶段的战略措施和对策。确定分阶段的战略措施，要与长远目标的实现保持一致性。

在实践中，为了确保战略的实施和对战略进行有效调整，还需要进行多方面的研究，需要针对经济形势的变化，不断进行对策研究。

第三节　领导战略研究的基础系统建设

战略研究是科学地、合理地制定政策和指导方针等的前提，它与许多层次和较多方面的因素相互作用、相互影响。所以，要特别重视战略研究的基础建设，将这些基本的体系建设视为领导战略研究的首要问题。战略研究的基础系统，包括以下几个方面：

一、战略研究的组织系统

战略研究活动中的组织效益在总效益中所占的比重，要比一般专题研究突出明显。由于战略研究是科学地制定未来政策、工作重点和指导方针以及发展规划的前提条件，研究规模大、门类广、涉及因素多，单靠传统的行政体系和单科作战难以胜任，因此，必须提高追求组织效益的自觉性，建立一个相对稳定而有效的由各方面专家参加的组织系统。

首先，组织素质较高的专家队伍。专家队伍应具备个人素质结构和群体素质结构；其次，建立合理的组织形式和管理模式。目前，有组织的发展战略研究通常采用的形式不外两种：一是以有较强研究实力的机构为主体整合相对分散和实力较弱的机构或人员，形成实体研究机构或虚拟研究组织，强化资源配置效率；二是将研究课题分解给若干研究团队，实行首席专家负责制。

组织系统的建立是推动战略研究不断进步的关键。虽然对某些研究力量薄弱的组织、行业和地区来说，建立科学的组织系统十分困难，但是要看到组织系统的战略意义，将组织系统的建立作为一项长期任务，能动地促进其结构合理化，以达到提高研究效率、优化配置资源、注重学科集成、探索管理创新的目的，改变以往形不成规模和力度的格局，实现战略研究由"单项主导"到"多元互动"的转变。

二、战略研究的指标系统

战略研究涉及的总体关系是多方面的，要全面反映客观现象整体、描述事物发展的全过程，要设立战略研究的指标系统。

战略研究的指标系统，是由一系列相互有联系的能从各个侧面综合反映运行状况的指标构成的有机整体，用以分析、评价发展现状和预测未来趋势的科学的指标系统和基础尺度。

战略研究的指标系统在战略研究的诸多方面都发挥着重要作用，越来越受到国内学术界的关注，指标系统的构建和分类已颇具规模。目前，除统计监测指标体系、创新能力评价指标、可持续发展总体能力评价指标、经济综合竞争力评价指标外、绩效评价、综合评价、教育评价、投资评价、项目评估、政策评估等均形成各自完整的评价指标体系，这些体系中又细分出总量指标、结构指标、态势指标、预警指标的思路是颇具创造性的。尽管如此，有关战略研究仍然受到了数据指标不足的约束。比如形势分析研究，不是评价对指标提要求，而是指标有什么，评价就只能做什么。这一信息明确地提示我们，应充分重视指标系统的基本建设，长期细致地积累数据资料，非此，便不能在指导战略研究方面发挥作用。

三、战略研究的预测系统

提出未来发展预测是战略的实质，因此从实践序列上来讲，战略属于未来研究的范畴。因此，进行战略研究必须以基本国情、区情、省情、行情、组织的基本情况为基础依据，并且以此为根本展开研究。从其他方面来说，组织的发展历史，体制机构的改革，重大项目的管理，创新人才的培养，创新体系的建设等都是战略研究中必须注意到的内容。因此，一个功能健全的预测系统是必不可少的。健全的预测系统能够有助于领导对一定时期内发展的趋势和未来状况预先做出推知和判断。

一方面，必须有一套方法论体系进行预测。因为预测作为一种超前性研究活动，主要是以对预测对象进行充分的调查分析和利用尽可能全面的各种资料为基础，使用科学的方法与手段，去寻求对象的内部和外部联系、演变逻辑和发展规律，从而对它们的发展远景提出比较正确的预见和判断。具体说来，通常采用的预测方法可归为三类。第一类是直观预测法，通过人的直接观测和理性的判断做出定性的判断。检查预测结果，尤其是做出决策时，要建立在预测模型的基础上，都需要这类方法；第二类是约束外推预测法，通过大量的随机性现象推测出一般的规律从而进行预测未来的走向。如单纯外推法、移动平均法、指数平滑法、累计预测法、概率预测法等具体方法；第三类为模拟模型预测法，通过建立模型，对于相同类的预测事件进行数字化处理，根据边界性的原理决定预测事件的边值条件，再确定未来发展的状态与现时存在或拥有的状态的数量关系。如回归分析与相关分析法、最小二乘法、联立方程法、投入产出法等具体方法。

另一方面，由于战略研究的预测对象涉及许多因素并与之关联的各种条件，所以需要根据宏观总体布局、中观区域规划和微观横向均衡的程序和原则，从而使预测对象和内容的协调、完整和连续。例如，在对发展目标进行预测的时候，需要考虑到不同目标增长速度的需要和可能，寻找其最佳契合点；在进行结构性预测时，要反复比较体制结构、技术经济结构、投资结构、资源布局结构、创新人才结构、需求结构等方面的内容。在其他一些预测领域，都要特别注意预测过程中的相互条件匹配，以求从总体上达到最佳结果。

四、战略研究的模型系统

战略研究是一个包括许多变量关系式和语言结构的庞大系统工程，不可能用单一模型来概括。这里研究的模型系统是一个双重概念，即从变量定量化表示及描述的角度，分析求解的数学模型和用某种形式表达对象或思想结构的语言模型。

在建立数学模型时必须选择一整套模型体系，以便从不同的角度、用不同的方法研究与发展有关的战略、规划与政策问题。从数学模型来看，适宜发展战略研究的有控制论模型、系统动力学模型、优化模型、递推规划模型、结构分析模型、目标体系模型等，其中每一套模型均可根据对象的不同和状态的变化，相应建立既可独立运行，又能联结求解的子模型。

至于语言模型，就发展战略来说，有两个方面的内容。首先，是战略的形式选择。常用的形式主要有总体战略、专业战略、重点领域战略、区域战略、技术和经济发展政策等；其次，在确定战略形式的基础上，研究用什么样的语言结构表达这种战略。例如总体发展战略一般要从指导思想、基本原则、战略目标、战略任务、政策措施五个方面来进行描述。

前面阐述了战略研究基础系统建设的四个方面。能否建立并完善战略研究的基础系统，关系着领导战略研究的组员共享和研究水平问题。各社会组织尤其是进行战略研究的组织，应该将战略研究的基本建设当做一项重要工作，以基础性、公益性数据资源为主，构建面向全社会的共享服务体系，形成一批布局合理、设施先进、流动开放、共建共享、高效运行的战略研究基础系统支撑平台。构建完善的基础系统有利于组织充分掌握反映实际情况的各种有关数据和资料，并做出科学分析；有利于不断创新研究方法，构建战略研究方法论体系；有利于克服制定战略过程中遇到的干扰和影响，促使系统向预想战略目标所确定的新状态发展；有利于消除战略研究中有待突破的关键共性技术难点。

第四节　政策的制定

政策是实施领导战略的根本途径，领导决策离不开政策的制定和实施。

一、政策的含义

所谓政策，一般是指政党、政府或集团为实现既定路线、目标和任务，而用以调动或约束社会力量的策略原则和行动准则。

政策的内涵及基本特征表现在以下几个方面：

第一，从政策的主体考察，任何政策都是由一定的组织来制定与实施的。

制定政策和实施政策都是组织的行为。运用科学理论所制定的解决问题的方案，需经组织程序的确认才能构成政策。未经组织确认的，就不具备合法的政策资格，通过非组织手段推行的"土政策"是不合法的。政策体现了主体的意志，它不同于个人、组织等做出的决定，具有法定的权威性。

第二，从政策的内容考察，政策是实现组织目标的谋略、动力、方针、措施和具体方法等。

政策是主体服务于特定目标而采取的一系列活动，是与谋略、措施、方法、规定密切相关的一系列行为。领导者运用政策解决所面临的问题，协调各方利益，调整各种社会关系，以推动战略目标的实现。

第三，从政策的功能考察，任何政策都具有目标指向性和问题针对性，体现了特定的价值取向。

政策是为达成组织目标、解决组织所面临的问题而提出来的，势必其有明的目标指向性和针对性。在不同的历史时期和不同的历史条件下，组织所面临的问题不同，所制定的相应政策也会不同。政策的这一特征决定了它与具体的时空条件及利益关系的密切相关性。因而，任何政策都有一个价值取向问题，诸如向哪种社会势力倾斜、为哪种社会组织目标服务、谁更能受益、服务于哪种社会发展方向等。由具体的组织目标所决定的政策目标中必然包含有特定的价位取向。

第四，从政策的实施过程考察，政策是规范组织行为的准则。

政策不仅是组织对于特定问题的认识的体现，而且是为解决问题而对组织机构和组织成员提出的行为要求。政策一经确定，就对组织行为具有约束力和一定程度的强制性。这种约束力是由组织的力量（观念、纪律等）来保证的。当然，政策的约束力不同于法律的约束力。虽然从某种意义上说，法律也可称做一种政策，而且是带根本性的政策（如我国法律规定的公民享有的种种权利保障就可称做一种根本政策）。然而，政策未必全是法律，相当一部分政策（如"让一部分人先富起来"的政策）不是法律。

二、政策的制定

（一）制定政策要有客观根据和思想理论指导依据

制定政策要有足够的客观根据和基本的思想理论指导依据，实践表明，正确的政策的制定必须从分析客观形势入手，以马克思主义基本原理和党的基本路线为指南，并依据实践检验的结果不断加以补充、修正和完善。在这个过程中，我们不能有任何的主观随意性。

正确的政策要有足够的客观依据和基本思想理论作为指导。政策制定过程中要正确分析国内外形势，分析阶级关系和国情、国力，了解群众的觉悟、意愿和态度，作为政策制定的客观依据。基本思想理论是指马克思主义基本原理和党的基本路线。不同地区，不同阶层，居住在国内和国外的人的思想意识不同，相对于他们制定的政策也应略有变化。

（二）制定政策必须遵循基本原则和基本要求

1. 民主性

民主原则，是政策要能够满足最大多数人的最大利益，要经过必要的讨论、协商、对比以及批评与辩论。民主原则要求政策的制定过程必须满足下列要求：

（1）政策的制定要充分考虑民意基础。从根本上说，一项正确的政策，总能反映最大多数人的最大利益，或国家、社会的整体的根本的和长远的利益，并能够获得最大多数人的支持。制定政策的过程也是征询各界意见的过程，同时也应该是一个组织开展公共关系的能动过程，即要将政策的意图、目标、效率等做广泛宣传，以期得到最大限度的理解和支持。政策制定的民主性是政策得以有效实施、实现既定目的的重要保证。

（2）政策的制定要经过专家论证。专家咨询、专家论证是政策科学性、可行性的重要保证。政策制定往往要涉及政策制定者所不能掌握的专业知识，这就需要相关专家参与政策的制定。我们历来强调决策要靠集体智慧，它的具体表现之一就是政策制定要经过专家的讨论，集中专家的意见。

（3）政策制定要经过决策层的集体讨论，这也是依靠集体指挥的一个重要表现。首先，集体讨论可以更为广泛地听取群众意见，明确政策所要解决的问题；其次，专家提出的方案可以是多种多样的，而每个领导组成员的选择也可能是不同的，集体讨论可以集思广益，针对每个方案进行可行性分析，最终选出大家都认可的最佳方案，确保政策顺利实施；最后，集体讨论是政策制定民主性的重要保证。

2. 科学性

制定政策的过程就是一个认识和决策的过程，在政策制定过程中遵循科学性原则就是要科学的认识问题，制定能正确反映客观实际的政策。各级领导在制定政策过程中要坚持马克思主义的认识论原理，这是保证政策科学性的基本要求。马克思主义认识论强调在深入调查研究、详细占有第一手资料的基础上，进行由此及彼、由表及里、去粗取精、去伪取真的理性思索。强调认识与实践的能动的辩证的相互联系。这些都需要各级领导者学习与运用。此外，还应当根据需要，运用现代的科学认识方法、研究手段和决策技术，以迅速而广泛地掌握各种信息，以便做出准确的判断。

3. 可行性

可行性原则是指一项政策必须在具备现有条件下的可操作性。政策的民意代表性，政策的客观正确性，是构成政策可行性的两个基本因素和保证。政策的可行性问题，不仅仅是民主性和科学性的问题，社会生活中还有许多复杂的因素，会对政策的是否可行产生或大或小的影响，在一定条件下还可能是决定性的影响。

领导在政策可行性问题上应注意以下几个方面。

（1）法律上的考虑。任何组织的任何政策都不应与法律的精神和规定相抵触，这是现代法治社会的基本原则。

（2）政策系统的考虑。一项政策是否可行，不仅取决于该政策本身的性质，有时还要考虑到它与其他政策之间的关系。

（3）社会心理上的考虑。这主要是指政策还要与民族文化传统、社会道德规范，以及群众的心理适应性等因素相配合，才会具有可行性，或者更为容易地实行。

（4）资源条件的考虑。这里的资源是指支持一项政策实施所需要的物质条件。

认真地考虑政策可行性问题，辩证地把握各种复杂因素，是领导在制定政策中必须处理好的一个重要环节。

第五节　政策实施的步骤、方法与创造

政策问题包括制定与实施两方面，政策制定得好更要实施得好，这样这项政策才是有效和有意义的。政策的实施包含着对立统一两方面，一方面是坚定地贯彻政策意图和规定，另一方面是灵活地处理政策规定与具体情况之间的矛盾。

一、政策实施的步骤与方法

1. 宣传

政策制定出台后，为了便于政策有效的实施，需要对政策适应对象和群众进行宣传。一般应将政策意图、政策精神、政策目标解释给群众。这就需要领导者具有动员艺术。动员即领导者用一套独特的话语阐明自己的立场，说明政策的意义，其本质是一种说服，它体现了领导者语言的力量。因为采用迫使手段能带来的只是对命令的被动服从而已，只有当群众真正地被说服了认识到政策的正确性，他们才会主动地、全力以赴地支持。所以让人们知道这项政策"是什么，怎么操作，达到什么目的，谁能做"，这些问题是以后政策实施的基础，各级领导一定要运筹帷幄，抓住时机，这样会非常有利于政策的实施。

2. 落实

落实的过程需要人、财、物的协调配合才能实现。其中人是关键因素，作为领导要善于选才，更要爱才、惜才和用才。领导要深知用人的艺术，更要付诸实践。领导者要认识到：人是唯一能够扩大资源的资源，这根源于人的创造力。因此怎样使用创造型人才，怎样激发人的创造力，使平凡的人能干出不平凡的事，就成为领导艺术的关键。在政策实施的过程中，倘若能用到合适的创造型人才，就会使政策的实施灵活到位，给政策实施对象带来巨大的收益。古语：治平尚德行，有事尚功能。其意思是社会安定时要崇尚德行，重用有德之人，但多事之秋应赏识能建功立业之人。这与管理中的"权变理论"相似，即用人视环境而异，政策实施的环境不同，用人原则也应不同。

人选好后，还要能与协调政策实施涉及的部门积极配合，这是非常重要的一个环节。这就需要领导者高瞻远瞩，进行两大方面的协调：一是组织方面的协调。使组织的活动与政策目标一致，避免事权冲突，工作重复；二是人员的协调。明确个人活动服从政策目标，权责分明，提高办事效率。

3. 检验提高

检验提高即政策已实施一段时间后，作为领导要及时了解工作进展情况，及时让下属反馈政策执行信息。检验阶段有两大工作：一是要善于通过抓典型，以点带面，发现总结贯彻政策好的单位地区的经验方法，加以推广；二是要及时发现存在的问题、困难、实施的障碍，并及时指导或提出补救的措施。如果发现政策与单位地区的情况不符，要及时向上级领导报告或向专家请教，避免造成重大损失。

二、政策实施中的创造性

政策确定后，就成为组织的行为指令。领导在贯彻政策时，既要坚持既定方针，即原则性，但也需要创造性和灵活性作为补充。政策实施中原则性和创造性、灵活性相统一的问题，需要领导者具有很高的权变能力。

1. 坚持具体问题具体分析原则

我国幅员辽阔，城乡间、地区部门行业间存在许多差异，这就要求各部门在政策实施时，既不违背大的政策方向，又要根据具体情况实施。

2. 领导者要具有权变艺术

所谓权变是指行为主体根据情况因素的变化而做出适当调整。当面对一定的社会环境时，领导者如何适应和驾驭环境，从而保证领导活动成功，即权变理论研究的内容。权变艺术包括两个问题：一是领导的有效性在多大程度上依赖于环境因素；二是领导者如何进行情况控制，以保证环境能成为一种积极的力量，为领导活动成功提供足够的支撑。因此，领导者对环境的认识程度，对环境的驾驭程度，就成为权变艺术的核心问题。因此在政策实施时，当面对复杂情况时，需领导者认真分析，适时调整，使政策实施后的效益最大化。

三、政策实施中领导者必备的素质

1. 身修而后家齐，家齐而后国治，国治而后天下平。领导者在政策实施中，要以身作则做出表率。古语：才者，德之资也；德者，才之帅也。所以对于领导者来说，才固然重要，但如果无德，根本不能唤起下属的追随和敬重，其结果便是领导者的失败，从而导致政策实施的失败。

2. 公生明，廉生威风。办事公正才能使自己变得圣明，廉洁才能树立权威，领导者在政策实施中，虽然需要具体问题具体分析，但是在坚持大方向的基础上，要公事公办，不可偏袒，只有这样，群众才不敢轻慢，下属才不敢欺蒙。在私利面前，领导者要保持节制甚至无欲，对领导者来说是一种巨大的考验，但这正是作为一个好领导的必备条件。如果在私利面前控制不住，就会导致领导失败，严重者将银铛入狱。所以领导者要时刻记住自己的职责，领导群众执行好政策。

117

第八章

领导决策：领导工作的核心

从领导科学的角度看，领导决策是领导工作的核心，在现代社会中，决策是现代领导者的主要职责。领导活动实际是领导者制定决策和实施决策的过程。领导决策是决定事业兴衰成败的决定性因素，是决定领导行为方向的重要基础。当今是科学决策的时代，由于社会、经济、科技的高速发展，全球经济一体化，使决策工作日益复杂，因此现代领导者要进行科学的决策，掌握决策科学。

第一节 领导决策概述

一、领导决策的含义

决策的基本含义包含了从动词角度和名词角度来理解的两方面内容，前者主要是指"做出决定"；而后者则是体现已经形成的"抉择、方针和政策"。其实现的过程又有广义和狭义的理解，广义的决策是指决策制定者，即领导者对行动方案的选择、实施、考核等这样一个过程；而狭义的决策则是指领导者对行动方案的最终选择。

领导决策（leadership decision）就是通常讲的领导"拍板"，即出主意、定方向、拟计划、提任务、想对策、拿办法，是领导主体履行职能职责的最重要行为。

二、领导决策的特征

一般来说，领导决策有如下特征：

1. 可预见性

决策是来自历史、立足现在以及着眼未来的领导活动，而它的未来是由决策者所预见与预测的，是具有一定的可预见性的，即它的目标是有限的。决策者可以通过现实情况去推理将来事物所面临的发展趋势，通过主观能动性去预见未来。

2. 目的性

领导进行实践活动的目的就是为了实现既定的目标，即领导决策是有一定的目的性，所以，任何决策都是为了解决特定的一些问题而做出的活动，也可以说，目的是一切决策活动的初始与源泉。

3. 选择性

决策是利用主观能动性，有针对性地对一些事物的发展进行控制和预测，并对人类有能力改变的事物进行选择，以最大限度地维护人民的利益，减少财产的损失，要对可实现的选择方案进行择优录取。即领导在多种备选方案中择优决定一个执行方案，并保留一定的备用方案。

4. 可行性

任何一项领导决策都必须是能够付诸实践的，否则它在人们的思想中仅仅只是泡影，并且，时间是检验真理的唯一标准，只有进行实践，才能评判一项决策的准确性，如果在实践中出现一些错误，即能够及时地、合理地进行重整与修正，从而使每一项重要的决策目标达到更加满意的状态，因此领导决策在实践上是具有可行性的。

5. 过程性和动态性

决策是一个过程，是一个涉及方案确定前的调查研究、收集资料

119

（准备活动）及方案确定后的实施活动的整个过程，而且是一个动态的不断循环的过程，在动态发展中，不断发现问题、研究问题和解决问题。正是从这个意义上，有学者把决策解释为一种社会过程。

三、领导决策的类型

由于领导决策涉及的问题十分宽泛，不仅涉及组织发展和内部成员的问题，还涉及整个社会的各个领域，由于解决这些问题的方法、步骤等不尽相同，所以，决策的类型也不同。领导决策可以从不同的角度分为以下几种：

第一，依据决策调整的对象和涉及的时限，将领导决策分为战略决策与战术决策。

从调整对象看：战略决策主要解决"干什么"的问题，引导组织朝正确方向发展，调整组织活动的方向，规定组织活动内容，是根本性决策；战术性决策主要解决"怎么干"的问题，规定组织的活动方式，是执行型决策。

从涉及的时间范围来看：战略决策调整的是组织未来发展中很长一段时期内的活动目标；战术决策是组织在未来较短时间内的行动计划。战略决策是战术决策制定的根本依据，为战术决策的制定提供依据，是实现组织战略的具体实施方案。

从作用和影响上看：战略决策的实施效果影响组织的效益和发展；战术决策的实施效果则主要影响组织的效率与生存。

第二，依据决策问题的复杂程度和有无既定的程序可循，将领导决策分为程序性决策与非程序性决策。

程序性决策，是按预先规定的程序、处理方法和标准来解决管理中经常重复出现的问题（一般组织中，约有80%的决策可以成为程序性决策）。

非程序性决策，是为解决不经常重复出现的、非例行的新问题所进行的决策。

第三，依据决策主体，将领导决策分为个体决策与群体决策。

个体决策。个体决策的决策者是单个人。

群体决策。群体决策的决策者可以是几个人、一群人甚至扩大到整个组织的所有成员。

群体决策与个体决策相比其优点是：一是由于群体掌握着更多的信息，群策群力，能提出更多备选方案，从中选择出来的最优决策要比个体决策质量更高。二是群体决策比个体决策更易于让人接受。

群体决策与个体决策相比其缺点是：首先，同个体决策相比，群体决策的效率相对较低。其次，群体决策的效果会受到群体成员数量、素质等因素的影响。

第四，依据决策需要解决问题的性质，将领导决策分为初始决策与追踪决策。

初始决策，是指组织对从事某种活动或从事该种活动的方案所进行的初次选择。

追踪决策，是指在初始决策的基础上对组织活动方向、内容或方式的重新调整。追踪决策是因为内外环境发生了变化，组织对环境特点的认识发生了变化。

追踪决策的特点是：一是回溯分析：是对初始决策的形成机制与环境条件进行客观分析，列出须改变决策的原因，以便有针对性地采取调整措施。二是非零起点：追踪决策所面临的条件与对象都不是处于初始状态，而是随着初始决策的实施受到某种程度的改造、干扰和影响。三是双重优化：第一重：不仅要优于初始决策；第二重：而且要在能够改善初始决策实施效果的各种可行方案中，选择最优或最满意的决策方案。

第二节　经验型决策向科学型决策的转化

领导决策必须讲究科学，即进行科学决策。现代科学决策已成为一门科学，研究如何运用现代科学技术和方法来进行决策。领导者如果只善于一般管理，不会或不善于做决策工作，那么他可以是一个好的管理者，但不是一个称职的领导者。决策是领导工作的核心，决策之所以在领导工作中占据着如此重要的地位：一是现代的社会化大生产把决策的地位推到了前所未有的高度。二是在领导工作中，决策与领导者的其他职能相比处于首要的、核心的地位。如果决策失误，即在目标错误与方向错误的情况下，其他工作做得越好，问题就越大，损失就越严重。新中国成立以来，在各条战线，我们由于没有注重科学决策造成过很大损失，教训极其深刻。例如，在社会经济发展的决策方面，1955 年马寅初先生提出"控制人口数量和质量，合理发展生产力"的新人口论。这个重要的决策意见不但没有被采纳，反而遭到批判。结果，在 20 年的时间我们国家的人口猛增了 3 亿。一些工业、基本建设项目和科技领域研究项目，由于不搞可行性分析，不讲技术经济效果，造成的浪费十分惊人，经济损失是严重的。因此，必须实现从经验决策到科学决策的转变。在当前世界经济一体化时期，面临许多新的、复杂的问题需要及时决策，领导怎样科学决策的问题迫切需要解决。

所谓经验型决策，就是依靠决策者个人的经历和体验进行的决策。它具有直观的感知性、认识的表面性、分析的非定量性等特点。同经验型决策比较而言，科学型决策实现了三方面的转变：

第一，由个人决策转向依靠包括信息、智囊、决策三要素系统的集体决策：经验型决策是依靠领导者个人的经历和体验进行的；而科学型决策则要求建立完整的决策体制，依靠集体的智慧，实行决策民主化。

第二，由简单的"谋"和"断"转向科学的程序化决策：经验型决策的过程简单，只有"谋"和"断"两个步骤；而科学型决策有一个完整的程序化过程，包括发现问题、确定目标、集思广益、拟制方案、分析评估、方案选优、方案实施、反馈调节等步骤，实行决策程序化。

第三，由个人凭经验决策转向依靠科学理论和方法的决策：经验型决策是依靠领导者个人的胆识和智慧进行最后的决断；而科学型决策则要求领导者必须运用科学的决策理论和科学的决策思维方法进行优化决断，实行决策科学化。

科学的决策源于对客观现实的清晰把握。人类进入 21 世纪，世界变化节奏明显加快，世界格局正在发生冷战结束以来最为深刻的变化，全球的经济联系日益加强。但天下并不安宁，霸权主义和强权政治依然存在并有所发展，恐怖势力成为国际安全的重要威胁，社会生活中种种不稳定因素在增加。总体和平、局部战争，总体稳定、局部动荡，是今后一个时期国际局势的基本态势。从国内看，经济结构战略性调整中深层次问题还没有完全解决，妥善处理好不同群体间的具体利益关系，成为重大课题。

科学的决策源于思想上的解放和理论上的创新。发展是最好的坚持，创新是最好的继承。要使党和国家的事业不停顿，首先理论上不能停顿。指导社会主义的实践，有两个紧紧联系在一起的基本问题：一个是"什么是社会主义，怎样建设社会主义"；另一个是"建设什么样的党，怎样建设党"。紧紧把握这两个基本问题，在坚持的基础上发展，在继承的前提下创新，从经济、政治、文化、军事、对外关系和党的建设诸方面，适时地有针对性地提出了一系列新的重大政策和理论思想，作出了一系列统率全局的重大部署，实现了一系列实践上和认识上的重大突破。

第三节 现代科学决策的组织体系

科学决策的组织体系是取得正确决策的保证，只有实行科学决策的组织体系，才有科学的决策。

现在由于科学技术的发展，生产社会化程度的极大提高，一个部门、单位与外界各个方面的联系越来越广泛，生存发展的外部因素也越来越复杂。在管理活动中，预测和决策的比重越来越大，如果预测不准，决策失误，则领导的指挥、监督、调节是无效的。对于一个国家来说，国家决策决定着一个国家的兴衰，关系到整个民族的命运与前途。因此，人类的决策活动，尤其是国家级决策活动的规模与复杂性，均已达到前所未有的程度，使决策体制发生了全面而深刻的变化。传统的家长式决策体制与个人决策体制，正逐渐被淘汰，代之以一个由信息系统、支持系统、智囊系统和决策系统构成的现代科学决策体制。

一、信息系统

信息系统负责为决策提供全部情况。信息系统是决策的基础性工作，也是决策的前期，是控制决策实施的依据，这部分工作做好了，就可以为正确的决策奠定基础。信息是衡量决策正确与否的尺度，信息具有流动性、可共享性、时间性的特点。科学决策对信息的要求是及时、准确、适用。由于信息的生成一般要经历以下几个环节。其一，信息的收集；其二，信息加工；其三，信息传递；其四，信息储存；其五，信息输出；其六，信息反馈。所以信息系统主要由科技情报、有关数据的收集和统计、信息处理与加工、信息传递、储存和输出、信息反馈几个方面组成。

二、支持系统

决策支持系统，是近年来计算机技术、人工智能技术和管理科学相结合的一种新的管理信息技术。关于决策支持系统至今还没有一个统一的定义。从 20 世纪 70 年代开始，随着人工智能和计算机技术的发展，有可能对各类知识问题的表达，采取推理方法，再通过相应的智能化软件实现像人思维那样具有某些专门知识的专家系统，用以解决非结构化、非程序化的决策问题，即决策支持系统。在信息化时代，一个国家或一个组织的管理信息多少，以及加工处理方法是否先进，往往是这个国家、组织管理水平高低的重要标志。

三、智囊系统

智囊系统的设立是现代决策体制的一大特点。智囊系统，是专门为领导决策服务的研究咨询系统，由各种不同专业的专家、学者组成。其主要任务是：利用由信息系统提供的各种资料，综合运用各种分析与预测方法，辅助决策中枢系统发现问题并加以界定，论证决策者提出的决策目标或确定目标，拟定并评估决策备选方案，为决策者提供科学的决策依据。如果说，在小生产条件下，决策者依靠个别智囊的精囊妙计，便能作出正确决策的话，那么，在社会化大生产的今天情况就不一样了。现代复杂问题的决策，往往涉及各个方面。同时，现代决策速度之快，与非古代决策速度同日而语了。要在纷繁复杂、千变万化的形势中，以最快的速度作出科学的预测和决策，需要有智囊团。首先，应从智能结构上建立有效的智囊系统。由于一项决策，尤其是现代化的国家级决策，往往涉及诸多领域，所以需要各方面的专家。其次，建立适应智囊系统运转需要的环境。要适应智囊机构的独立性与研究工作的自由性等特点，为研究人员创造自由思考和探讨问题的气氛。最后，不断提高决策研究人员的研究水平。有计划地在知识、技能、素质和方法等方面进行培养，扩展知识面，更新专业知识，掌握更多的新兴学科的知识。

领导者与智囊团的关系。现代领导体制中，领导者与智囊团的关系是谋与断的关系，两者相辅相成，但不能相互取代。一方面，领导不能干预智囊团的独立研究过程，尤其是对于官方的智囊团而言；另一方面，领导者又不能让智囊团代替自己决策，不能完全被智囊团左右。

四、决策系统（中枢系统）

决策系统是决策体制的核心，是由拥有决策权的领导集体与个人所构成的，是决策体制的核心。中枢系统领导整个决策过程，担负选择最终决策方案的责任。

决策系统根据信息系统、支撑系统提供的大量情报和智囊系统制定的各种可供选择的方案，从全局出发，按照正确的方针政策、科学知识和领导的工作经验，经过分析比较，权衡利弊得失，最后做出决策。

决策系统具有两大特点：一是权威性，即智囊系统提供的备选方案必须经过中枢系统的确认和选择，才能转化为一种权威性的力量；二是主导性，作为核心的决策系统，主导着决策活动的整个过程，它不仅是决策活动的发动者、组织者、协调者，而且还是决策方案的决断者，尤其是决策活动本身是多阶段、多部门的复杂行为过程，领导者虽然不能包揽所有的事情，但是仍需要对决策过程中出现的各种问题进行协调、组织、检查和监督，以保证决策活动的顺利完成。

第四节　领导决策的原则和职责

一、领导决策的原则

领导决策是能够对社会及公众产生影响的权利施用过程，合理利用无疑会产生益处，但不当使用或者滥用，则会产生负面的影响及效果。所以，在事物不断发展变化的环境中，领导决策应该顺应这些变化，同时遵循一系列原则，并以此贯穿于整个决策过程中。领导决策的原则是决策活动的基本原则和行为规范，是决策活动顺利进行的重要保证，主要包括以下内容：

1. 信息原则

信息原则要求组织必须建立健全信息收集和处理机制，确保组织能及时获得有效信息，建立多元化的信息系统。21 世纪是国际互联网发达的时代，在这样一个信息时代里，信息流通显得十分重要。信息不仅是生产力，而且是第一生产力，信息革命引来的不断变化也将使领导决策发生不同程度的变化，所以掌握现代科学信息，是决策进行的最基本条件，只有使决策系统从信息发展中吸取各种信息，并对这些信息进行加工、整合、传输等，形成一系列信息流，才能使决策有序进行，产生可观的结果。由于信息存在共享性、无限性、时效性、开发性以及流通性，所以在信息的利用上要科学化，抓住信息的重点，"去伪存真、去糟粕取精华"，归纳出使用的信息，找出具有真正价值的信息，合理经过"归纳—演绎—归纳"这三个过程，最终确定决策所依据的信息。

2. 系统性原则

系统性原则，既是在决策时要围绕相关问题，对相应的要素和环境做出系统分析，联系整体，得到更加高效的决策。领导者要有全局观，从整体上把握组织的发展要求，充分考虑可能影响组织发展的各个因素。这种以系统理论为支撑的方法要求领导者在采用的过程中，要注意用逻辑清晰的方式来表达对情形的理解，并提出组织的要求及其规范，在选择方案上要会适当择优选择，并根据一定的标准审核、分析这些选出来的方案，将全局的利益放在首位，更好地发挥局部的优势，从而更好地达到既定的目标。

3. 优化原则

追求优化的过程是领导的本质所在，在备选方案及可行方案中，领导者必须按照一定的方案、步骤等对决策进行优化。领导决策要求领导团体能根据组织所面临的情况，制定多个备选方案，然后通过对比分析，选择最佳方案。在优化的过程中，领导者必须明确重要的两点：一是建立有效的评价机制；二是确定公平公正的优化标准，只有在这两个基础上发展起来的优化机制才是合理的，才能使之更加具体、更加清晰，才能与目标保持一致。

4. 智囊原则

随着时代的发展，组织所面临的情况越来越复杂，单个领导者或小领导集体已经不能完全适应组织要求。领导体制过渡到集团领导阶段，实现了"谋"与"断"的专业分工，促使"智囊团"或者"思想库"产生。借助智囊的作用，领导者可以更从容地面对各种信息，分析组织面临的局势，做出正确决策。

5. 动态原则

任何组织都必须与环境发生物质与能量的交换关系，而组织所面临的环境是不断变化的，任何组织想要生存或者保持永久活力，就必须在决策时充分考虑环境对组织的影响，及时针对环境变化，对组织计划或目标做出调整，以适应环境，消除不良影响。

6. 求实创新原则

求实创新是现代领导决策必备的基本要素，它在领导决策活动中具有重要的地位和作用，任何领导决策都必须以事实为依据，使其能够充分地解决现实具体的问题。领导决策制定过程中，要根据决策执行过程中可能遇到的各种主客观因素，进行可行性分析，确保决策方案符合环境需求，切实可行。此外，制定决策时，要认识到组织所处的环境和面临的问题是不断变化的，因此领导决策要敢于打破常规，摆脱传统束缚，在求实的基础上勇于开拓创新，实现求实和创新的有机结合。

7. 公正原则

公正原则是营利组织和非营利组织都必须遵循的一个原则，组织运行时必须考虑社会公共利益。非营利组织要实现自己的职责，就必须公正分配有限的公共资源。营利组织在追求利润的同时，也要担负起社会责任，解决保护环境、提供安全服务以及保障劳动安全等问题。社会公正问题既是重要的理论问题，又是紧迫的实践问题。

8. 民主化原则

民主是一个国家统治以人民为主体的政治形式，它表明国家权力的来源是人民，国家的权力必须体现人民的意志，达到人民的愿望，并且合乎人民的利益要求。领导决策是否民主，既表现该领导是否重视民心，是否体现人民当家做主的重要地位等。而我国的民主化过程具体要求体现这几个方面：首先，是进一步强化各种规范、统一的民主政治制度；其次，是创造良好的、和谐的政治环境，加大人民意志的表达意向；再次，是强调对决策进行过程中的考核、监测和反馈；最后，是较大限度地体现有效的民主决策权威性。

二、在决策活动中领导者的主要职责

1. 考虑决策目标的确立

要准确地决策，目标是成功决策的基本前提，确定决策目标是领导者的重要职责。领导者必须具备发现问题的敏锐眼光，善于从复杂多变的状态中抓住关键问题，并针对问题所在，在智囊团的协助下确立决策目标。

2. 组织决策方案的制定

一般来说，决策的智囊系统承担决策方案的制定，但是智囊系统制定决策备选方案的过程仍需要领导者来组织。领导者要善于依靠智囊团，这正是大经济领导与小生产领导的根本区别，不依靠智囊团的领导不可能成为一名好的决策者，但为智囊团所左右的领导者也不是一个好的决策者。

3. 负责决策方案的抉择

现代决策体制将谋与断的相对分工，决定了领导者承担着极其重要的职责是抉择，敢于和善于抉择就成为决策活动能否顺利完成的决定性环节。

领导者对专家提供的各种方案进行选择时，必须具有决断的科学思维。在审查方案时应着重看是否符合当初确立的决策目标与价值准则。不同类型的决策，要有不同的思考原则，而最重要的是必须有战略的目光和系统的观念。任何方案都必须构成一个严密的系统，决策必须作为一个完整的系统被接受。在决策任何方案时都必须缜密地考虑到它可能波及哪些系统，从而采取相应的对策。

根据决策类型，采取相应的对策选择方案。对于确定性决策，可采用"规划论"技术设计，选择优化方案；对于不确定性决策，风险型决策，可采用"概率论"技术设计，选择相对稳妥方案，并准备应变方案，力争转为确定性决策。

4. 领导决策方案的实施

在现代决策体制中，制定与执行已经发生了相对分离，在实施过程中，领导者的责任不在于事无巨细地管理，而在于总体上的指导、控制、协调和监督，确保制定的政策、方案、计划能够得到顺利实施。领导者从宏观上对组织活动进行调节，是组织行动的发起者、组织者和协调者。

129

第五节　领导决策的基本程序

科学的决策体制，只有严格的决策程序才能得到保证，不然就又回到个人决策的旧体制。领导决策程序是决策规范化的关键，它可以帮助领导者进行有序的决策活动。决策程序是决策活动所遵循的步骤，具体来讲是将整个决策过程分为相互关联的几个基本环节，然后按顺序进行。科学决策程序主要包括以下环节。

1. 发现问题

确定问题是决定目标的基本前提。不了解问题所在，目标便无法确定；抓住了问题，目标便有了确定的基础。领导者应当培养发现问题的能力，并学会寻找问题的方法。问题发现后，要及时界定问题的性质，发生问题的时间、地点、范围，总之要全面把握问题。

2. 确立目标

决策目标的确立要注意以下几个方面的问题：（1）目标的明确性。决策目标的确立首先要保证其表述的清晰和准确，明确指出目标和任务，否则会让组织成员无从下手。这一点是十分重要的。（2）目标的期限性。一个目标好不好，能不能实现只有在一定的期限内才有意义。没有期限的目标，即使再好也是空洞的。（3）目标的可行性。目标的可行性是指目标是不是存在足以实现的客观条件，有没有实现的可能性。（4）目标的可量化性。（5）目标的层次性。

3. 确定价值准则

价值准则是为选择合理方案而建立的评价标准和衡量尺度，是领导决策过程中应当遵循的原则、标准，其主要目的是确保领导决策的效率和效益。价值准则在决策的制定、评价和反馈中都有巨大作用，因此，价值准则的制定一定要注意其科学性、规范性和可行性。价值准则是为了落实目标，作为以后评价和选择方案的基本判据，包括三个方面：

（1）把目标分解为若干层次的确定的价值指标体系；（2）规定各种价值指标的主次缓急以及在相互矛盾时的取舍原则；（3）指明实现这些指标的约束条件。价值准则的制定应当由组织领导发起，由相关专家提供专业指导和意见，共同参与，最终形成权威、公正的评价准则。

4. 拟定方案

决策目标、价值准则确定后，提出若干行动方案以备选择是决策过程中的必要环节。俗话说条条大路通罗马，要达到一定的目标，方法不止一种。同样的，决策目标的实现也可以从多种角度考虑，从不同立场出发，制定不同的方案。备选方案的制定是出于择优的需要，因此这些方案之间必须具有排他性，否则备选方案的拟制就毫无意义。

5. 分析评估

拟定方案的下一个环节是对所拟定方案的分析评估，从而选择一个最优方案。通常要从定性和定量两个方面对评估对象加以分析。定性分析是指根据现在所掌握的有关信息和资料，依靠分析人员的经验、知识，预测事物发展的趋势，从而对决策方案做出评价。这种方法通常在对受经济社会因素影响大，所受影响因素较多的方案评估中发挥着重要作用。这种方法综合性、主观性较强，在论证时不够严密，通常要与定量的方法结合使用。

6. 方案优选

方案优选是指在方案评估的基础上，对各个方案的可行性、时效性进行综合评定，选择一个最优方案。也就是人们通常所说的"拍板"环节，这是领导决策过程中最重要的一个环节，是领导决策的关键。狭义上的决策指的就是方案优选。

7. 方案实施

方案实施过程中往往需要投入大量的人力、物力、财力，如果选错了方案或目标，将会造成巨大损失，因此决策方案十分重要。方案实施一定要慎重，循序渐进，有计划有步骤地进行，不能搞"全面上马"。

重大决策普遍实施前，应进行试点实验，确定其可行性，然后再进行推广。对于那些不宜或无法进行试验的决策方案，则应在实施过程中，加强管理与控制，如果发现问题，要及时进行处理，及时对出现的问题进行纠正、补救，做到及时调整。

8. 反馈调节

反馈阶段的任务，就是准确而迅速地把决策实施过程中出现的问题，输送给决策系统，从而使决策机构能够及时根据客观情况的变化，对决策方案进行相应的调整与修正，或进行追踪决策。

追踪决策是方案实施后对实施情况进行的监控和反馈，决策实施后一定要时刻关注其发展趋势是否与预期相一致。如果出现偏差，应及时进行纠正，或终止方案，另行决策。

决策实施过程中可能会出现各种状况，大体来说包括以下几种：第一，方案选择错误。方案选择错误是指决策目标没有问题，但由于方案本身有错误，从而造成结果与目标的偏差。如果出现这种情况，通常的做法是终止现行方案，从备选方案中另选一个实施；第二，决策目标错误。决策目标错误是指决策方案本身没有问题，但是所确立的目标有问题。出现这种情况，应立即终止方案的实施，重新确定目标；第三，环境变量造成的影响。这种问题是指决策方案的选择和目标确定都没有问题，但由于环境的变化导致不能实现目标和方案。一旦发生这种情况，应及时对方案或目标做出调整。

及时有效的反馈是追踪决策的前提，是领导者及时把握事情进展的必要条件，因此领导者应该建立灵活有效的信息反馈机制。

反馈阶段使决策与环境统一在一个大系统中，通过"执行→反馈→修正"这样的循环运动，使决策方案始终保持正确性。所以反馈是整个决策过程中重要的一环。

在所有的决策程序中，领导者最重要的是抓住确定目标、价值准则和方案选择三个环节。其中价值准则一环尤为重要。价值准则失当，决策就不可能很好地达到最初确立的目标，甚至南辕北辙。有些领导者很喜欢一下子就抓方案，决策中心讨论时往往也立即讨论方案，认为这样比较落在实处。结果往往由于大家心中的价值准则不统一，或者只有模糊的原则，于是争论不休，长期议而不决。所以重视价值准则是决策科学化的一个观念性的转变。

第六节　领导决策的方法

科学决策是领导决策的重要且首要的要求，它不仅关系到领导决策的成败，还关系到领导活动整个过程的效果与影响。领导决策方法是领导者必须掌握的艺术，对领导决策十分重要，要求领导者要正确掌握、合理运用决策手段，更好地达到决策的目标。

由于决策研究的对象是与经济、科技、社会总体发展相联系的一个大系统，因此，在对领导决策方法做研究的同时，就必须灵活地掌握和运用预测手段、可行性研究测量、系统整体分析、多方案比较等定性与定量的研究方法，也要借助一些数学模型、统计模型等加以辅助，并对传统的决策研究成果进行肯定的同时，借鉴相关决策研究的精髓，采用传统与现代并行的思想，将各种决策研究的方法融会贯通，在可行性较高的前提中，依靠信息反馈，在谨慎研究的过程中做出最终的选择。领导决策的方法很多，这里主要介绍以下几种。

1. 头脑风暴法

头脑风暴在决策领域中着重表现为人们在会议或讨论中，自由畅谈，无束缚地表达自己的思想与意见。它的特点是在会议或者讨论中，参与者可以自由地、随心所欲地、无拘无束地传达自己的想法，不受到任何限制，也没有标准答案和对错之分，他人不会对发言者的言表进行评论，不会反驳或否定对方，在这一过程中，更多的是需要发言者表达自己的思想，充分发挥每一个人的独立思考能力和创新思维能力，集思广益，以达到会议或讨论的目的。而在此期间，专家会就发言者的信息进行交流，通过相互启发、指引、引导等，引起思维的共振，在短时间内挖掘更新、更好的思路和想法。

2. 德尔斐法

德尔斐是古希腊的一处遗址，后来用"德尔斐"以此来比喻高超的决策实力。德尔斐法是对传统专家会议法的完善与改进，是采用匿名方式向专家们提出咨询的问题，征求意见，然后进行整理归纳，以匿名方式反馈给专家，再次征求专家意见，在这样一个互相隔离的情景中交换各方意见，且反复不断循环，最终得出较为一致的结果。德尔斐法具有意见独立性、匿名性、多轮反馈沟通和预测结果量化性的特征，从而使德尔斐法能够在经过多轮抉择后，得出较为完整和意见统一的结果和决策。

3. 模拟决策法

模拟决策法是通过建立与有待研究以及领导关系相似的系统结构，并且功能相似的模型，对模型运行的各种不同结果进行分析、评价与抉择，为决策提供依据。

该模型的建立只是着重针对某些事物的特征和功能，因为庞大的系统具有不可测性和复杂性，所以不能建立规模如此巨大的系统去研究，不仅花费较多的时间和金钱，而且一旦出错后果十分严重。因此，模拟决策法应该针对值得研究的事物去运作，对目标事物的发展趋势、结构以及功能等进行大胆的实验，并进行比较分析，找出确切可行的方案去实施，以解决领导者决策的困难，为领导者提供优越的平台去实施领导活动。模拟决策法的特点在于实际性、可操作性和预测性。

4. 决策树法

决策树法比较适合于具有风险型的决策研究。备选方案的风险是无法估测和消除的，所以领导者在选择决策方案时，应该努力降低决策风险发生的概率。决策树法是把决策过程用树状图来表示。首先，绘制决策图，形成一个树状网络图；其次，计算收益期待值，将分枝的收益/损失值分别与概率枝上的概率相乘，然后将这些值相加，求出最后在状态结点上的期待收益值；最后，修枝，方案择优，根据不同方案的期待收益/损失值的大小进行优化选择，最终抉择选出一个较为完善的方案。

5. 鱼缸法

鱼缸法是通过领导者的宏观智能结构效应所发挥出来的效果进行决策的方法，在进行过程中，所有决策人围成一个圈，通过一个中心人物和其他参与者之间进行互动来进行决策。中心人物是信息的发布者，他不是特定的是可随意确定或指定，处于圈子中间，是唯一能够发言的人，他可以提出看法与见解，或解决其他人提出的问题，或对别人的观点进行弥补等。这种方法的特点在于，所有人都集中围绕在中心人物，可避免插话、无意义争论的干扰，能够在思维集中的氛围中得到和生成理想的结果。

领导决策的方法多种多样，领导者应该在不同的环境中采取不同的决策方法，具体问题具体分析，运用不同的策略才能更好地解决问题。例如，1998 年，温家宝总理在长江抗洪中、荆江分洪问题上，充分体现了总理的领导决策的优越一幕。在荆州水位只差分洪水位 0.33 米的危机情况下，温总理亲临荆江大堤指挥抢险。在决定是否分洪问题上不轻言、不轻举，不断召开会议分析抗洪抢险情况，听取专家意见，集思广益，把人民的安全放在第一位，沉着冷静地解决问题，在危急时刻，与专家不断协商，最终决定不分洪。虽然这个决定当时不被一些人所理解，但是事实却证明总理的正确决策。从这个例子可以看出温总理在领导处理荆江洪水的问题上，合理运用了领导决策的方法，最终解决了危机问题。可见，领导决策是领导活动顺利进行的根基，深入地学习领导决策方法是实施领导决策的首要问题。

135

第九章

领导选才用人：现代领导的重要职能

领导的主要职能之一是有效地组织并充分利用人力、物力和财力，而其中以人力资源的开发最为重要。人是当今社会所有资源中最为重要的资源，"治国之道，唯在用人"，现代管理的核心是对人的管理，正确地选才用人，是现代领导的重要职能，是组织能否达到预定目标和组织兴衰的关键。当今社会在不断发展，人才也在不断更新，在竞争激烈的形势下，能够选出胜任工作的人选并合理地使用，是对领导能力的考验。现代领导要把人力视为成本向把人力视为资本转变，由传统的人事管理向人力资源管理转化，向人力资本管理发展。善于持续不断地开发和有效使用人力资源是现代成功领导者的重要标志，是经济发展的根本保证。

第一节　领导应树立人力资源管理与人力资本管理观念

现代领导者必须对人力资源、人力资源管理和人力资本管理有正确的认识和态度，这是领导进行选才用人的前提。现代领导选才用人的理论基础就是人力资本理论，所以，现代领导者应该深刻了解人力资本学说的内涵，并合理地运用在选才用人上。

一、人力资源的含义与特征

（一）人力资源的含义

一个国家的经济资源可以分为自然资源、人为资源和人力资源。

自然资源既是指大自然所赋予的阳光、雨露等生态资源，动物、植物、微生物等生物资源，以及煤、石油、天然气等矿产资源。

人为资源指人类创造、加工后所拥有的资源，如食物、生活用品等。

人力资源的宏观定义是指能够推动特定社会系统发展进步并达成其目标的该系统的人们的能力的总和。人力资源的微观定义是指特定社会组织所拥有的能推动其可持续发展、达成其组织目标的成员能力的总和。

（二）人力资源的特征

人力资源内含的主要特征有：

第一，人力资源的自然属性。它是融入人体内的活的资源，人力资源与人体不可分开，从而同人的自然生命特征相关联，具有天生的自然属性，表现为人的生理构成和自然生长过程，因此人力资源具有一定的自然属性。

第二，人力资源的能动性。人力资源是有思想、有意识的活资源，能够自觉地认识、利用和改造自然，主动安排生产、生活，并在活动中可以被激励，具有自我开发性，能够有意识、有目的地运用智力、知识和技能从事社会生产活动。一方面，人力资源、自然资源和人为资源是人们开发利用的对象和客体，对它们的开发是为了提高社会生产力，以满足人们的物质需求；另一方面，只有人类才能利用主观能动性，对人力资源进行开发利用，并充分发挥它们的各方面能力与优势。

第三，人力资源开发的持续性。是指人力资源是可以不断开发的资源，而且与其他物质资源的一次性开发、使用不同的是，人力资源可以持续不断地加以开发和有效使用，即它是可以再生的，能通过在个体上

137

的改造而不断更新，并通过劳动力的再生产，使人力资源在个体和总体上得到不断的回复以及再生。它本身就能够给组织带来不断的巨大的投资回报和效益。

第四，人力资源的时效性。是指这种资源如果长期不用，就会荒废和退化，即人力资源所产生的作用是不可保留的，随着时间的推移，人力资源的浪费和不当使用造成的损失是不可以弥补的。现代信息迅猛地增加，知识陈旧周期缩短，人的知识技能得不到运用和发挥就会下降，就有可能从昨天的英才变成今天的庸才。更重要的一点，人力资源的时效性，使培养人才和选拔人才的标准也发生了根本的变化，如果说过去着重于人才的知识，那么现在更着重人才的智能。所谓智能就是掌握知识的能力。知识可以陈旧，但是只要有强有力的智能，就能有效地适应现代信息迅猛的变化。

第五，人力资源的社会性。首先，随着社会生产力和生产方式的变化，人力资源在质和量上都有一些变化；其次，人力资源的开发和利用取决于社会经济技术的发展水平，当发展加快或是变慢时，人力资源都会受到或多或少的影响。人力资源的形成是人类社会生产和生活实践的产物。它表现在一系列方面。一是现代人是在接受现代社会信息中成长的，不接受系统的社会信息是绝对无法成才。二是由于现代信息是在全球范围内迅速传播的，因此，人才的竞争的范围增大，任何人是否是人才必须由社会来评价鉴别。人才是社会的人才，人才的标志不再以对一家的贡献为准绳，而是以对社会提供信息的质量、数量以及在时空范围的影响程度为依据。三是现代人才作为个体是专业化人才，而社会作为一个整体所需要的却是由各门各类组成的"完整"人才群。因此，每个人只有与其他人才协同战斗才能对社会产生巨大的作用。

二、人力资源管理与人力资本管理

（一）人力资源管理的含义

人力资源管理是指在合理制定人力资源计划的基础上，运用相关手段和方法，实现组织岗位与员工的合理匹配，并通过一系列管理手段，提高员工的素质，激发员工的工作动机，协调各方面的关系，充分调动员工的工作积极性，以保证组织目标的实现。这里指的人是一个集合概念，而非仅仅指人的个体，把人看做是一种资源，而且是一种宝贵的、活跃的资源，这是人对自身认识的升华，是对自身价值的肯定，也是对人的一种最新意义上的褒奖。人力资源管理的目标是取得最大的使用价值（组织），发挥最大的主观能动性，培养全面发展的人。

（二）人力资本管理的含义

随着经济的发展，人们逐渐认识到员工不仅是组织的重要资源，而且是组织的投资者，是组织的重要资本；员工与组织的关系也从单纯的雇佣关系演变为投资关系、合作与共同发展的关系。对员工的管理进入了人力资本管理的新阶段。

"人力资本"是体现在人身上的知识、技能、资历和经验等，是社会财富增长的源泉，是劳动者通过对教育、健康、迁移等投资所形成的，体现在劳动者身上的，由智力、知识、健康以及技能等状况构成的资本，它不同于一般的人力资源，其本质特征是它可以创造价值增值，可以带来剩余价值和利润。具有劳动能力的人都可视为人力资源，但当他们处于失业或未就业时，即使具有知识和技能，仍不能成为人力资本。只有当他们把知识和技能投入到组织的生产经营活动中，人力资源才具有人力资本的意义。

人力资源和人力资本的联系在于：首先，它们的构成要素相同；其次，都是数量和质量的统一体；再次，它们都有很强的能动性；最后，人力资本理论是人力资源理论的基础。人力资源和人力资本有三个方面的区别：一是前者在学科上属于资源管理学，后者则是资本经济学；二是前者的核心要素是"人"，而后者则是"能力"；三是人力资源关注的重点是投入与产出，而人力资本是资产形成的效益。因此，组织中的人力具有双重特性：一是资源特性；二是资本特性。具有资源特性的人力是一种消耗性资源，支付资源性人力的费用同其他原材料、制造费用一样，是组织的成本性投入；而具有资本特性的人力是一种可以带来增值的价值，是组织的资本性投入。

人力资本理论的基本思想是：第一，资本总体上可以分为物质的

139

（货币的）资本和人力资本两大部分；第二，人力资本的成长过程中需要消耗大量的种类繁多的稀缺资源，也就是说人力资源的获得需要消耗其他资本；第三，针对人力资本的投资是将其他资本如货币等转换为人的知识和能力，从而使人这种特殊资本与其他物品一样具有价值和使用价值；第四，针对人力资本的投资最终目的是获得投资报酬。

现代领导者要实现把人力视为成本向把人力视为资本的转变。人的知识、能力、健康等人力资本的提高，对经济增长的贡献远比物质资本、劳动力数量的增加重要得多。

人力资本管理从其本质上来讲并不是一个全新的体系。人力资本管理的理论基础是人力资源管理，同时结合了经济学中"投资回报"的概念，把人当做资本进行管理。在操作过程中，需要投资者或组织及时针对市场情况进行战略或计划上的调整，以获得投资报酬。

对人的管理，从总的趋势来讲，持续成长的组织必然会遵循从人事管理到人力资源管理，再到人力资本管理的前进轨迹。现代领导选才用人必须注重人力资源的开发，必须充分认识和掌握人力资本管理的知识与技能，为真正发挥员工的无限潜力奠定基础。

（三）传统人事管理、人力资源管理、人力资本管理的比较

传统人事管理、人力资源管理和人力资本管理代表着人员管理不同的发展阶段，传统人事管理是基于传统工业经济条件下，为满足组织短期目标实现而产生；人力资源管理是基于后工业时代，为支持经济高速增长而产生；人力资本管理是基于以知识经济为特征的新形势下而产生。在这三个阶段中，前一阶段为后一阶段提供了主要管理框架，后一阶段弥补了前一阶段的不足，其管理内容基本一致，都包括招聘、考核、培训、薪酬等活动，但在管理的目的、理论假设、管理的深度、工作方式、重要程度、员工与组织的关系、激励方式等方面却有本质区别。

第一，管理目的不同。传统人事管理是为提高组织劳动生产率，保障组织短期目标和实现；人力资源管理着眼于组织长远发展，同时满足员工自我发展的需要；人力资本管理综合考虑组织利益与员工利益，形

成利益共同体。

第二，理论假设不同。传统人事管理视员工为挣钱打工的"经济人"；人力资源管理视员工为"自我实现人"，是组织开发的资源；人力资本管理视员工为"人力资本"所有者，是组织的投资人。

第三，管理深度不同。传统人事管理是被动式管理，"救火"，解决麻烦；人力资源管理是主动式管理，注重员工的培训和开发；人力资本管理是主动式管理，注重战略性管理和决策。

第四，重要程度不同。传统人事管理是整个组织管理的次要职能；人力资源管理是整个组织管理的重要职能；人力资本管理是整个组织管理的核心职能。

第五，员工与组织的关系不同。传统人事管理二者是雇佣关系；人力资源管理二者是雇佣关系；人力资本管理二者是投资合作关系。

第六，员工的角色不同。传统人事管理员工是人性化的机器；人力资源管理员工是人性化的资源；人力资本管理员工是人性化的资本。

第七，激励方式不同。传统人事管理是短期激励；人力资源管理是中、长期激励；人力资本管理是长期激励。

第二节 领导选才用人的态度和原则

领导人才是最重要的人才，他是一个群体、组织、民族、社会以及国家的关键性人才，在当今一个竞争激烈的时代，领导人的选择与抉择，及其用人、选人问题关系到整体的兴衰，起着决定性的作用。我国古代改革家王安石曾把"教育、培养、选拔、任用"人才，作为基本国策，以推行新法。古人云："政以得贤为本"，"为政之本在于任贤"。所以，一个优秀的现代领导者无不在选才用人方面下苦工夫。

一、领导者选才用人的正确态度

领导者选才用人的前提是要有正确的对待人才的态度。选才的目的是为了选到有奉献精神的、能为组织目标奋斗的优秀人才，并把他们安排在合适的职位上，完成组织目标，推动组织的长远发展。领导选才的过程中，在态度上需要注意以下几个方面。

（一）具有真心爱才的感情

真心爱才是领导者发现人才、聚拢人才的前提。"唯贤唯德，能服于人"即只有自己贤德，才能使人信服，并使人服从领导。"得人心者得天下"，古今中外之成大事者，都有一群贤良之士辅佐，而要获得他们的辅佐，都必须真心待人。

第一，要诚心，心诚则招天下人才；第二，不妒贤嫉能。作为领导者要有容人之量，能看到别人的长处和优点。对有才能的人，要给予充分的发挥空间，不要怕被超越；第三，要给予人才充分的信任和尊重。大凡有真才实学者，皆有傲骨。这句话不仅是说人才多自傲，而且是指人才多有自己的独立思维和做事方法。作为领导者首先要理解人才的想法，给予充分的信任和尊重，这样才能更好调动其积极性，激励其为组织目标不断奋斗。

（二）具有求才之渴的精神

在知识经济时代，人才是第一资本。苏轼曾说"士有一言中于道，不远千里而求之"。现代领导者也应有此求贤若渴、爱才如命的精神和气概。经济和科技竞争的实质是人才的竞争，领导要把人才看成最宝贵的资源和财富，有求才如渴之心，尤其要重视那些崭露头角的小字辈。刘备"三顾茅庐"请诸葛亮，萧何月下追韩信等，表现了求才之渴的精神。当今的领导为了人民的事业更应求才之渴。一切求才若渴的领导者应该致力于人事制度的改革，建立一个使人才得以脱颖而出的"求才制度"。

（三）具有全面识才的慧眼

要选好人，用好人，首先必须识才。然而，要真正做到识才也并非易事，非下一番苦工夫不可。"千里马常有，而伯乐不常有。"现代领导全面识才：一是要通过多方面考察和识别人才，正确地认识人才的长处与短处和优缺点；二是要听其言，观其行，在实践中去考察，在发展中去识别。否则，不仅会埋没人才，甚至会错把庸人当人才；三是树立正确的人才观。不同的人才观，也具有不同的识才标准。在传统社会中，循规蹈矩，不敢越雷池半步者是贤才；而在科学技术发展日新月异的今天，那些不循常规，敢于大胆创新的人，当然是人杰。所以，现代领导者要具有与时俱进的科学人才观。

（四）具有用人之能的本领

领导之道，用人为首。凡是成功的领导都具有用人之能的本领。拿破仑一生中在众多战役中屡屡获胜的原因，就是他善于识人用人与用人所长。他认为人总是各有所长、各有所短，因此，他选拔将才从不要求十全十美。他善于发现别人的优点和长处，并利用它来为自己服务。用人不能求全，这还不够，人各有各的才能，用人要务尽其才。

（五）具有容才的胸怀

用才不易，容才更难。林肯在南北战争时期任命嗜酒贪杯的格兰特将军为总司令，林肯何尝不知道酗酒可能误事，但是他更知道，在北军将领中，唯格兰特将军是能运筹帷幄的帅才，所以就容忍了他，后来的事实证明，格兰特将军的受命，正是南北战争的转折点。现代的管理系统中需要各式各样的人才，要将他们有机地组织起来各展雄才，领导者必须有宽大的胸怀。

（六）具有护才的魄力

人才总是不和于俗，容易处于孤立的状况；人才易做出超群的成绩，易遭到嫉妒。因此领导要有保护人才的魄力。人才也有缺点，会犯错误，领导既要帮助他纠正错误，又能勇敢地承担责任。

（七）具有举才的美德

领导要不断发现人才，尤其对超过自己的人，能够具有举荐人才的美德。美国著名实业家、"钢铁之父"卡内基的墓碑上刻着一首短诗：这里安葬着一个人，他最擅长的能力是，把那些强过自己的人，组织到他服务的管理机构之中。优秀的领导者更注重培养人才，而且把培养自已的接班人作为用人的一项重要任务。日本许多企业甚至明文规定，在没有培养出足以代替你的合格接班人之前，就不得晋升。领导者要把提拔年轻干部作为重要的职责。

二、领导选才用人的基本原则

知人是为了善任，识别选拔人才是为了人尽其才，才尽其用。领导要做到知人和达到善任的社会效益，需要遵循一些基本的选才用人原则，掌握一套选才用人的方法。要具有识别人才的眼光，不能急于盲目的选才，而是需要明亮的眼光去识别优秀的人才，正如《庄子·列御寇》中所述："故君子远使之而观其忠，近使之而观其敬，烦使之而观其能，猝然问焉而观其知，急与之期而观其信，委之以财而观其仁，告之以危而观其节，醉之以酒而观其则，杂之以处而观其色，九征至，不肖人得矣"。可见，领导选人才不是一项简单的工作，而是需要耐心的考验与审核才能最终选出优秀、胜任的人才的过程，同时也必须遵守以下的这些原则。

第一，德才兼备，任人唯贤。

领导者没有强烈的责任感，没有崇高的品德，没有高瞻远瞩的战略目光，没有娴熟的业务知识，就无法对人才做出准确的判断。

德指人才具备的政治觉悟和道德品质；才指从事某方面工作所必须具备的实际能力和本领。毛泽东主席曾指出政治与业务是对立统一的，政治是主要的第一位的。周恩来总理也提出挑选干部的标准，政治标准与工作能力，二者是缺一不可的，而政治上可以信任是先决问题。如果用人离开了德才兼备的原则，就会走到任人唯亲的邪路上；如果仅凭个人好恶、亲疏为标准选才用人，而排斥那些敢于坚持原则的人，就会出现"近亲繁殖"的退化现象，必然危害社会主义事业的蓬勃发展。领导"用人唯亲"，是人尽其才的大敌，"无所用心"，"万事摆平"，无形中会浪费和扼杀人才，浪费人才是最大的浪费。在对人才的使用上必须坚持任人唯贤，反对任人唯亲。

第二，扬其所长，避其所短。

领导者在选才用人时，必须坚持扬长避短的原则，方可使人才各尽其能。为此，一要用其所长。领导者应了解下属的优势与劣势，知其长，又要知其短。尽可能将其放在能发挥其优势的岗位上。二要容人之短。"金无足赤，人无完人"，人既有长处又有短处，只要这些短处不涉及原则问题，可以给予宽容，不要因求全责备而埋没人才。三要"短中见长"，化短为长，化消极为积极，充分发挥优势。所以，领导要尽可能地考虑和照顾到人才的志趣、特长、气质和能力，以求合理地使用，从而造成有利于人才成长的环境条件，为他们创造施展才能的广阔空间。

第三，职能相称，量才适用。

坚持职能匹配、才尽其用。要量才适用，根据人的具体才能给予适当的位置，不要大才小用或小才大用。为此，一是要设立科学合理的职位；二是要掌握人的类型；三是对号入座，授以职权。要把合适的人放在合适的位置上，人的能力与工作职位相匹配，人与人能相互配合。

第四，充分信任，放手使用。

疑人不用，用人不疑，信任是激励人的有效方法。因此，领导者在用人时，应充分信任他们，要使他们有职有权，做到放权放手，让他们在职权范围内自主负责地办事和处理问题，创造性地做好工作。除进行必要的指导和检查外，不要随意去干涉。实践证明：用人不疑，给予信任，可以给人以巨大的精神鼓舞和无形的力量。同时，要敢于使用比自己强的人，才能聚天下英才，创事业辉煌。

第五，权责明确，授权授责。

分工合作是管理之所以存在的大前提，没有分工便不需要管理，有分工就必须分权。把权分给敢于负责的下属，对人是尽其才，对管理是提高效能，这才是有效的领导者。一要有明确的职能界限，使每一个层次的人员都能有其职，尽其责；二要权责一致，没有充分的职权，便无法完成任务，也就没有责任。授权要求权责明确，如果授权不明确，领导就会在管理中引起混乱；三要视能授权，因事授权，授予的权力要与被授者的能力和处理事务一致；四要逐级授权，及时指导。权责同授，有效控制。

第六，用养并重。

人才是第一资本，培养人才是领导的第一任务。只使用不培养是竭泽而渔的办法，其后果是不可估量的。通过不断的教育学习和实践进行人才培养，人才是铸造而成的，只要坚持学习知识就会广博，只要坚持实践能力就会增强，只要与时俱进就能成为一个优秀人才。领导者要敢于给下属压担子，委以重任，在实践中培养提高。

第七，合理流动，人尽其才。

俗话说："流水不腐，户枢不蠹。"说明要想使人才队伍有活力，要想实现人才的优化组合，就要有计划、有步骤地实现人才合理流动。促进人才流动，一可以通过各种实践，找到自己最恰当的施展才能的位置，真正做到人尽其才；二可以改变用人不当、浪费人才、压抑人才的现象，能为现有人才作用的发挥提供有利条件和良好的机会；三可以改变人才结构、人才布局的不合理，打破"近亲繁殖"，有利于活跃思想，获得新的环境、新的信息。有利于形成团结和谐的集体和保持旺盛的活力。

岗位能级是随客观情况不断变化的，而人的才能也是在不断变化的，必须保证人才在各个能级中可以适当地流动，通过各个能级的实践、施展、锻炼和检验其才能，使之各得其位，人尽其才。因此，必须动态地实行能级对应，才能发挥最佳的管理效能。管理的生命在于运动，凝固使管理窒息，现代管理的岗位能级必须是合理的、有序的，而人才的运用必须允许适当的交流才是合理的管理。

第三节　领导选才的对策与方法

一、领导选才的对策

为了避免人才流失和消除选用人才的随意性和腐败现象，组织单位就需要制定领导选才的对策，正确引导领导者对人才的选拔，杜绝一切不正当的行为发生，使选才工作朝着正确的方向发展。

第一，领导选才需要着眼于当今的挑战和竞争，要有勇气和信心制定好选拔人才的核心战略。

第二，要对整个社会、整个组织中的任何一个分系统、子系统进行深入了解，建立有效的择优机制，消除传统的封建专制，建立一个稳定的、高效的领导选人体系。

第三，要依据现代的科学理论，改革和优化领导选人思想和理论，在消除一些束缚和障碍的同时，进行人事制度的改革，高效强力地推进人事制度的规范化、法制化和科学化。积极运用各种合理的人事考核制度、人事测评手段等，保证人力资源的开发和利用能够有序地进行。

二、领导选才的方法

1. 竞争考试

竞争考试即公开竞争的考试方式。考试有笔试、口试、表演式、操作式等。考试内容与方式因选拔的对象不同而不同。考试目的在于通过考试测定应考人员的知识水平和能力，从中择优录用。干部制度改革的重要内容，就是今后干部的选拔与任用都要经过考试。这种方法的不足是：考试内容与实际能力难以完全一致。考试可以了解一个人的知识，有一定的积极意义，但很难考出一个人的智谋、胆略和创造能力。

2. 竞争上岗

竞争上岗就是将一部分空缺的职位面向全社会进行公开的竞争上岗。公开选拔、竞争上岗，有利于能者上，提高了选人用人的科学性和民主性，遏制了选人用人的不正之风，真正做到人才资源管理和使用的公平、公开、透明。

3. 推荐

推荐即采用组织推荐、群众推荐、专家推荐、自我推荐与领导推荐审批相结合的方式。推荐是广泛发掘人才、开发智力的好形式。领导者应倡导他荐、鼓励自荐。

4. 聘请

聘请是根据一定的条件，双方同意，然后签订合同，按期执行。这种方法，特别是对业务干部的人才流通、人尽其才起到一定的促进作用。

5. 绩效考核

绩效考核是针对某一员工在工作过程的表现和工作成果，进行信息收集、传递和分析，并对其工作进行评价，是评价个人绩效的一种方式，重点放在个人综合技能提高的过程，将个人绩效与组织的任务与目标相联系的一种工具。通常的考核内容是工作态度、业务能力以及工作绩效三个方面，针对不同的岗位或职位，考核内容的权重会有所不同。考核的方法有：分级法、强制选择法、关键事件法、个体排队法、配对比较法、目标管理法、关联矩阵评估法、平衡计分卡。通过考核保证组织目标的实现，激励员工进取，促进人力资源开发。

6. 群众评议

群众评议是指在识别和考察人才的过程中，领导者应广泛地征求大多数群众的意见，以求对人才取得全面、深刻的了解。群众评议法分为民意测验和民主选举。

7. 领导亲自考察

领导亲自考察是指领导通过面对面的谈话、组织座谈会、一起从事某种具体工作等各种方式，对被考察者的德行、工作实绩、才识智慧、气质性格、身体状况等各方面的情况，进行直观式的考察和评议。

8. 信息网络法

信息网络法是通过信息网络识别人才的一种特色方法。

党的十七大报告强调要提高选人用人公信度，增强民主推荐、民主测评的科学性和真实性，是深化干部人事制度改革的新要求，这对于坚持新时期干部选拔任用的根本标准，按照德才兼备、注重实绩、群众公认原则选好人用好人，坚持正确用人导向，进一步提高扩大民主的质量，保证干部工作民主沿着正确的方向健康发展具有很强的现实针对性和重要意义。

第四节　领导用人的制度和方法

领导用人是指领导者科学合理地使用人力资源中的人才资源，以做到人事相宜、相得益彰。这主要包括两个方面：一是用得准确，即用当其位，使其担负的职责与其才干正好相匹配；二是用得及时，即用当其时，使其能在年富力强、能够发挥最佳作用时，担负起本职工作。领导用人要靠制度和方法进行规范。领导用人，一方面是领导用人是唯一能扩大资源的资源，由于人类具有创造性，所以人是唯一能够不断增长和长期发展的资源，人类创造了人、财、物，并运用到生产和生活中，使之成为一种社会生活；另一方面，领导活动与组织目标之间有相互联系的关系，但制定组织目标的领导者并不是目标的实现者，所以领导需要明确用人制度和方法，更好地合理使用人才，以实现组织的既定目标。

一、领导用人制度

1. 考核制

考核制是指对一定职位的人才的德才素质、工作能力、工作表现和工作成绩进行考察、审核和评价的一项制度。考核的主要内容包括德、能、勤、绩四个方面。考核的方式有笔试、口试、实例考核、现场测验、领导考核或责成组织人事部门定期考核、群众评议或鉴定。从考核内容的要求来讲，又可分为定量考核和定性考核。领导工作科学化的发展和干部人事制度的改革，都要求今后对人才的考核要逐渐以定量考核为主要方式。但是必须科学、客观，正确的考核可以促进人尽其才，错误的考核同样能使人才窒息。考核制的不足是：考试内容与实际能力难以完全一致。虽然能测出一个人的知识的多少，但难以测试究竟有多少可转化为解决实际问题的能力。

2. 奖惩制

奖惩制是指对有突出成绩的人才给予物质奖励或荣誉奖励，对犯有错误的人给予必要惩处的一种制度。奖励的方式主要有三种：荣誉奖励、物质奖励和晋升奖励。惩罚的方式主要有三种：党纪处分、政纪处分和司法处理。

3. 交流制

交流制是指人才实现有计划有步骤定期交流的一项制度。人才可以根据合同到其他单位进行短期工作。国外客座教师、访问研究之风是十分盛行的。

4. 回避制

干部回避制是指对领导者及其近亲或直系亲属，避免在同一个单位从事有从属关系或有监督关系的工作的一种制度。

5. 任期制

任期制是指规定某些职位的工作人员其任职起止期限的制度。任期届满后其职务、职权、职责自然取消。

6. 退休制

退休制是指担任一定职务的干部或工作人员，到了一定年龄并服务一定年限后退职修养的一种制度。到年限退休，把关键位置让给年轻的后起之秀，确保了人才上下流动的制度化。

党的十七大报告明确指出了"不断深化干部人事制度改革，着力造就高素质干部队伍和人才队伍"的号召。根据十七大精神，要坚持党管干部原则，坚持民主、公开、竞争、择优，形成干部选拔任用科学机制。规范干部任用提名制度，完善体现科学发展观和正确政绩观要求的干部考核评价体系，完善公开选拔、竞争上岗、差额选举办法。扩大干部工作民主，增强民主推荐、民主测评的科学性和真实性。加强干部选拔任用工作全过程监督。健全领导干部职务任期、回避、交流制度，完善公务员制度。健全干部双重管理体制。推进国有企业和事业单位人事制度改革，完善适合国有企业特点的领导人员管理办法。

二、领导用人方法

当领导把人才选拔出来后，如何用人则是一门深奥的艺术，要使组织很好地达到目标，就必须正确用人、良好用人，合理地采用以下方法。

1. 试用法

一个人在未被任命之前，对他能担任什么职务，仅仅是一种假设。为防止失误，可采用先试用一段时间或采用助理制，通过实践锻炼，并考核合格后再正式任用。这种考查方法具有两个意义：一是经过考察，如果该人符合拟用职位的要求，既可以马上上岗；二是被考察者可以利用试用期，适应组织环境、了解组织目标、调整自己的状态等，使之成为一个上岗的过渡期，消除一些不必要的困难。

2. 委任法

主要依靠组织及有关部门对干部的日常考核，由上级领导批准来决定人选，较多地反映领导者的意图。实行这种办法，领导者的思想要端正，出于公心，坚持"任人唯贤"的原则，而不能"任人唯亲"、"任人唯派"、"任人唯顺"、"任人唯奴"。由于委任法易于出现少数领导决定，群众无权选举的情况，所以，可能出现一些人只对上级领导者负责，而不对事业负责，不对所领导的群众负责的现象，甚至出现在领导面前一套而在群众面前又另一套。为此，应坚持民主集中制原则，委任法要与群众评议、民意测验、书面考试相结合。

3. 聘任法

聘任法又称招聘，形式很多，可以登门聘请；也可以张榜招贤，网上招聘方式，择优选聘；还可以聘请主要负责人，然后再由他"组阁"攻关班子或领导班子。它是以人的工作实绩来衡量人才的能力，有利于培养各人才的竞争意识，充分发挥人才的各种潜能，领导既可以解聘政绩平平的人选，而任用功绩出色的人才。聘任或招聘工作一定严格按照规定程序进行，并与考试、考核紧密结合，认真进行鉴定。

4. 群众选举法

这种方法能比较充分地反映群众意见，充分满足了人民当家做主的愿望，特别是对基层的人才选拔更为有效。这样选拔出来的人才有比较好的群众基础，能够很好地把对领导负责与群众负责一致起来，也有利于防止两面派人物掌权，可以从制度上保证避免出现重大失误。其缺点是在群众觉悟、民主的发展不是很高的条件下，容易使一些平庸的"老好人"钻空子。

5. 晋升淘汰法

晋升是提拔人才和改变人才职位的方法，对于在原有工作上表现出色、功绩相当的人才，可以提拔胜任领导干部，这样可以促进领导班子的不断更新；另外在工资级别和政治待遇上，可根据各部门的人才资历、工作成绩等来进行提拔。这不仅能调动人才工作的积极性，还能调动主观能动性和创造性。而淘汰就是将不称职的人罢免或降职，以免致使工作队伍的生机与活力缺失。

在合理运用这些领导用人方法的同时，能够壮大领导队伍，并不断提高领导的创新精神和工作动力，从而顺利地实现组织的目标。

三、人才的培育

领导发现人才、挖掘人才固然非常重要，然而，人才并不是天生的，没有系统的大量的培养，发现与挖掘人才也是一句空话。所以要加大人才资源开发力度，着力做好人才培育工作。培育人才不是权宜之计，而是百年大计，千年大计。一个有战略眼光的现代领导者都舍得智力投资，重视人才教育和培养。不重视教育，不注意人才培养，是很难适应新形势、新任务的需要。

1. 建立健全人才培育机制

建立一个驱动力强、富有生机和活力、有利于人才成长的科学培育机制是极为重要的。第一，有明确的"定向培育"。要按照不同目标需要的岗位、职位进行培育和提高；第二，有科学的"行为导向"。在对人才选拔上，要始终注意科学的统一的对人才的角色期待和角色评价；第三，有力度地开发、锤炼。要进行全面素质的教育，有针对性地强化培训；第四，有公平的竞争环境；第五，有良好的成长环境。

2. 培训要从实际出发，注重质量

防止单纯追求指标，追求学历。对不同类型、不同专业的人才，要根据各自的特点和需要进行培训，注意目的性与综合性的培训，使培训对工作起到助推器的作用。同时还要注重在思想上和观念上对人的影响，为人才的培育发展制定长远发展规划，为他们的未来指明发展方向。多层次、多渠道开展人才培训，重点培养高层次和高技能人才，构筑"人才高地"。培训的方式，可以灵活多样，如在职教育、业余培训、党校、轮训、电大、函授、刊授、自学考试等。加强后续教育和岗位培训，提高整体素质，一些专门人才，还可以通过其他方式进行专门培训，也可以创造条件，出国进修等。采取多种有效方式培养富有创新意识和能力的人才队伍。

第五节　领导用人的激励

所谓激励，是组织的领导者采取有计划的手段，设置一些情景，对组织成员进行正、负强化的信息反馈，使成员的思想、情绪、心理等产生一些变化，以最终产生领导者所预期的行为，达到组织的目标。它也是激发和鼓励组织成员的主观能动性的同时，使之产生内在的动力，从而更好地实现组织目标的过程。需要、动机、行为、目标、反馈是一个完整的激励过程不可缺少的五个基本要素。领导用人中的激励，一可以吸引人才，壮大力量；二可以发挥人才潜能，提高效率；三可以激发人

才的创造性。

一、激励原则

激励是一门科学，也是一门艺术，成功的激励可以激发组织成员更大的积极性，使组织活动更有效率。成功的激励应遵循以下原则。

1. 组织目标与个人目标相结合原则

目标设置是激励机制中的重中之重。目标的设置，首先，要体现组织要求，符合组织利益需要，否则，一旦偏离组织目标，激励就是无效的，甚至会起反作用；其次，目标设置应当考虑组织成员的个人需要。员工的工作目标不只是实现组织效益，更大的部分在自我实现，满足自我需要。只有将个人需要与组织目标相结合，使组织目标的实现成为个人需要实现的前提，才能更好地激励员工为工作努力，起到良好的激励效果。

2. 物质激励与精神激励相结合的原则

每个人都有物质和精神两个层面的需要，对员工的激励也应该综合考虑这两个方面的因素，将物质奖励和精神奖励结合起来。根据马斯洛需要层次理论可知，物质需求是人类最低级的需求，因此，物质激励是最低层次的，其作用有一定的限度，不能起到深远效果。随着经济社会的不断发展，人对自身的追求有了更深刻的认识，也有了更高级的要求。现代领导的激励应将重点放在人的社交、尊重和自我实现的需求上，以物质奖励为基础，精神奖励为重点，注意两者的有机结合，从长远看来，过度偏重任何一方面都会造成不良后果。

3. 外在激励与内在激励相结合的原则

一般来说，激励包括为外在激励和内在激励两种。外在激励是满足员工生存、安全、社交需要，包括工资、奖金、福利、人际关系等，这种激励使人只会消除不满，不会产生满意，其作用在于创造良好的工作环境；内在激励是满足员工尊重和自我实现需要，包括学习新知识和新技能、责任感、光荣感、胜任感、成就感等，这种激励作用最强，可以使人产生满意，促使组织成员积极投入到工作当中。外在激励方法虽然能显著提高效果，但不易持久，处理不好有时会降低工作情绪；而内在激励方法，虽然激励过程需时较长，但一经激励，不仅可提高效果，而且能持久有效。在激励中，领导者一定要注意区分不同员工的不同需求侧重点，采取内在激励与外在激励相结合的方法，以起到事半功倍的效果。

4. 正激与负激相结合的原则

英国心理学家斯金纳在其强化理论中，将强化（激励）划分为正强化和负强化。所谓正强化（正激）是指对员工符合组织期望的行为进行奖励，提高员工积极性，促使员工更多地采取这种行为。所谓负强化（负激）是指对员工采取的违背组织目标的行为或态度进行惩罚，促使员工"弃恶从善"。正强化和负强化不只作用于被当事人本身，对周围的同事也会产生影响。通过树立榜样和典型可以激发员工的积极性，为实现尊重和证明自我价值而努力；通过批评不良行为，可以对员工产生一种压力和警示，从而防止此类情况再出现。同正强化相比，负强化容易对员工造成心理上的惰性影响，有些人可能因为害怕受到惩罚而不敢采取创新性思维。在实践中，领导者一定要注意激励采取以正强化为主，负强化为辅，两者相结合的策略。因此，现代领导者在工作中应当把规章制度和文化建设相结合，激发员工的积极性。

5. 按需激励原则

按需激励是指激励的方式应当视员工的需要而定，员工与员工之间存在着需求上的差异性，同一个员工在不同时间段其需求也会有不同的变化，因此激励过程中要注意因人而异、因时而异，以员工现阶段的需要为激励内容。实践出真知，从来没有任何一种激励方法能成功激励所有员工，也没有一种激励方式可以满足不同时间段的需求。领导者在激励过程中，切不可犯经验主义错误，盲目地将过往的经验套用在所有情况之下。领导者要学会调查，深入组织成员当中，了解员工的真正需要，有针对性地采取激励措施，才能取得最好的效果。在现实当中，有些组织物质奖励发得很多，激励效果却不佳，就是领导违背了按需激励的原则。

6. 公正、民主原则

激励首先要遵循的一个基本原则就是公正。不公正的待遇都会影响人的工作效率和工作情绪，并且影响激励的效果。也就是说，如果奖励不公、处罚不当，不仅不能起到预期效果，反而会对组织造成消极影响。公正首先要做到的是赏罚严明、一视同仁。取得同样成绩的人，一定要获得同样层次的奖励；同理，犯同等错误的人，也应受到同等层次的处罚。如果做不到这一点，领导宁可不奖或不罚；其次是赏罚要适度。从组织的实际情况出发确定奖惩标准，从员工的表现出发确定奖惩力度。奖励和惩罚若不适度会影响激励的效果，同时增加激励成本。若奖励过重会使人产生骄傲和满足的情绪，失去进一步提高自己的欲望；若奖励过轻则起不到激励的效果，甚至会使人产生不被重视的感觉。同样，惩罚过重会让人感到不公平，失去对组织的认同感，产生消极怠工或破坏情绪，其行为往往会走向另一个极端。若惩罚过轻会让人轻视错误的严重性，因而可能还会犯同样的错误。

民主是公正的保证，也是激励的本质特征，人民当家做主，人与人之间完全平等。员工是组织的主人，他们通过职代会行使自己的民主权利。职代会对奖惩制度具有决定权，包括员工的民主评议环节。这是防止奖惩上的不正之风，确保公正的有力措施。

7. 奖励正确的事情的原则

如果奖励错误的事情，错误的事情就会经常发生。这个问题虽然看起来简单，但在具体实施激励时则常常被领导者忽视，有时在奖励一些不合理的工作行为。因此奖励时应做到：奖励能够彻底解决问题的行为，而不是只图眼前利益的行为；奖励勇于承担风险的行为而不是回避风险的行为；奖励善用创造力的行为而不是愚蠢的盲从行为；奖励果断行动的行为而不是只说不做的行为；奖励多动脑筋而不是一味苦干的行为；奖励使事情简单化而不是使事情不必要复杂化的行为；奖励沉默而有效率的人而不是喋喋不休者；奖励有质量的工作而不是匆忙草率的工作的人；奖励忠诚者而不是跳槽者；奖励团结合作而不是相互对抗的行为。

罚的目的是"惩前毖后、治病救人"。为了提高罚的效果，罚要掌握四条原则：即时处理；事先警告；人人平等；对事不对人。只有做到这四点，才会使人感到惩罚是公正的，才会使更多的人自觉地遵纪守法。

二、激励因素

领导的主要职能之一是有效地组织并充分利用人力、物力、财力，而其中以人力资源的开发最为重要。在人力资源的开发中，又以怎样激励人为最关键、最困难的一环。人是有思想、有感情、有欲望的"社会人"。思想、感情、欲望直接影响到每一个人的行为。也就是说，人的工作积极性的高低是人的一种内在变量，不是固定不变的。因此，如何调动人的积极性就成为领导用人中最关键、最困难的问题。组织要圆满地完成任务，就必须注意改进人的行为模式。而改变人的行为模式只靠命令、权力并不一定就能实现。应该运用激励因素，使人能最充分地发挥才能，变消极为积极，从而保持工作的有效性和高效率。

一般来说，领导用人中的激励因素包括：（1）工作富有成就感，能充分发挥自己的专长，工作本身具有挑战性；（2）工作成绩得到认可并伴有相应的物质与精神上的报酬；（3）有来自上下级的赞赏、尊重、友谊等。

三、激励方法

1. 目标激励

目标激励是利用一定目标对动机的刺激作用，刺激人们未满足的需要，激励人们实现目标的积极性、主动性、创造性的方法。这是激励的基本过程与基本方法。在激励过程中，使每个人在致力于达到个人愿望的同时，完成组织目标。创造一种团结友爱、奋发向上的氛围。现代领导者就要发掘下属的期望，并把这种共同的期望变成具体的目标，而一旦这个具体的目标理想生动鲜明地体现出来，下属就会从思想上产生一种共鸣，就会跟随领导支持领导的工作。

领导者实行目标激励应做到：第一，科学地进行目标设置，努力提高目标的价值，要使下属看到自己的价值和责任，一旦达到目标就会获得一种满足感；第二，使下属的个人目标与组织目标、国家利益相结合，把设置总目标和阶段性目标有机地统一起来，从而激发人们实现总目标的积极性。

2. 参与激励

让下属参与管理与决策，他们会受到极大的鼓舞，在工作中更投入，有更高的积极性。通过让下属积极参与管理和决策，使其产生对组织的认同感和归属感，满足其尊重和自我实现的需要。随着改革的不断深化，经济全球化，工作变得越来越复杂，领导者常常不能了解工作的一切情况，在第一线的下属可能会提出针对性很强的决策咨询建议。让他们参与组织决策过程，帮助组织确定决策目标、拟定决策方案和实施决策方案。而且，由于下属参与了决策的制定，在实施决策时他们必定会把这件工作当成自己的事情去做，而不会采取事不关己的态度。

领导者要激发下属的主人翁精神，把下属摆在主人的位置，尊重和信任他们，让他们在不同层次和不同深度上参与组织决策，吸收他们中的正确意见，全心全意依靠他们。将参与过程制度化，将下属利益同组织利益紧密联系到一起，调动下属的参与积极性。

3. 奖惩激励

奖惩是激励的另一个重要方法。哈佛大学心理学学家威廉·浩姆士通过研究发现，在按时计酬的条件下，如果不对下属采取成功的激励措施，下属的能力只能发挥20%～30%，如果受到成功的激励，能发挥80%～90%，甚至更高。及时落实奖惩措施，这对于表彰先进，推动后进，提高人的自觉性、积极性、创造性，维护法规和纪律，具有明显的作用，有助于下属在竞争中增长责任感、成就感。

在下属发生有利于提高效率的行为后，领导应立即用物质或精神的鼓励来肯定这种行为，这是领导用人中常用而易行的方法。

（1）赞许。当下属工作付出努力，尤其取得成绩时，领导应及时对有关人员的行为予以肯定，或当面称赞，或通报表扬，真诚的赞赏，能够体现领导者对下属的信任与沟通，会产生更为积极的效果。

（2）奖赏。可以是精神奖赏，如通令嘉奖和记功等；也可以是物质奖赏，包括授予奖品和奖金、提高工资及福利待遇等。能满足人生理、安全的需要，促使人们更热情地为组织目标而努力。

（3）晋升。兼有精神和物质两种鼓励，是领导用人中比较有效、比较主要的激励方法，它可使下属感到荣誉、声望和权责。领导者可以通过制定目标，让下属明确地知道领导对他们的期望，怎样做才能获得赞赏、晋升，以此促进他们的工作欲望，激发工作积极性。

（4）惩罚。惩罚包括：非正式谈话或劝告，口头批评或警告，书面批评或警告，降级、调职、停职、扣发工资、奖金、降低工资待遇、开除等。惩罚可促使下属遵守纪律，也能起到驱动的效果，这属于负面刺激，这种方法用得不多。

在奖惩过程中，领导要做到奖罚公平，奖要服人，罚要甘心，只有这样，才能提高领导的权威，发挥激励的作用。

4. 自我价值实现激励

马斯洛提出了需要层次理论，认为人的行为与其需要密切相关。人的需要是人的积极性的基础，正是因为需要才导致人们产生各种各样的动机，赋予人们行为的动力，使人们满腔热忱地、顽强地去实现动机目标，满足自身的需要。也正因为如此，人们的生活才显得多姿多彩，社会才不断地进步。领导要激励下属，争取下属的支持，就必须满足下属的需求。

满足自我价值实现需要是人们实现自己的理想、抱负，做自己认为有价值事情的需要，属于高级需要。这部分人认为挑战性的工作比加薪更有吸引力，培训的机会要比升职更有吸引力，他们更重视工作兴趣、工作意义，更重视能力的提高。

对这些人的激励，领导就不能再局限于物质激励和精神激励，而是扩充到满足自我价值实现需要的激励，主要包括以下几个方面：一是树

159

立富有挑战性的工作目标。这样会激发其对工作的兴趣；二是拓展工作内容。可以增强下属的主人翁意识，感觉到自己的重要性；三是岗位轮换。可以避免下属长期在一个岗位干同一种工作会产生厌倦，从而降低工作积极性，通过岗位轮换，人员流动，进行有效激励，使下属学到更多的技能，提高适应能力；四是提供培训和参加高层次会议的机会，进修深造，不断更新知识，提高业务水平，以满足下属对未来发展的要求。

5. 授权激励

在这里所讲的授权，指的是组织领导者将法定管理权利，向下属合理分权的领导行为，而一般来讲，职权范围是随着任命而确定的，有岗就有职，任职就有权。授权是领导管理工作中的一项重要内容。有效的授权，一方面是一种激励下属参与管理，积极进取的有效手段，满足下属建功立业的个人追求；另一方面也是实现领导战略管理的一种必然选择。否则，下属会不思进取，而领导者也会陷入俗务不能自拔。

领导一要敢于放权，充分发挥下属的积极性和主动性，调动团队的力量；二要充分信任下属，用人不疑，对比自己强的能人不嫉妒；三要在授出权力的同时，对下属的工作给予协助和监督。

6. 情感激励

情感激励是具有人情味的激励方法，它是通过加强领导与下属之间的交流和沟通，关心下属、尊重下属，与下属之间建立起平等和亲切的情感关系。

领导者实行情感激励应做到：一是对下属进行赞美。以增强他们的自信心，产生鼓舞干劲，积极向上的力量；二是与下属一起分享工作成果和工作中的利益，共渡难关。使下属产生自我成就感，同时增加对组织的忠诚度；三是用温暖抚慰失败者。通过相互的感应和尊重，使下属切身体会领导的关心、组织的温暖。这种激励手段最终能够激发下属的忠诚感和主人翁责任感。

7. 危机激励

科技经济的飞速发展，世界经济的一体化，市场竞争的加剧，既带来了发展机遇，也带来了严峻的挑战和危机。我国正处于经济转轨和社会转型的关键时期，人口、资源、环境、效率、公平、民主、自由等和社会矛盾的瓶颈约束更为严重，极易出现经济失调、社会失序、心理失衡，从而导致矛盾聚集、危机爆发的情况。危机的出现，给社会、经济造成了巨大的损失，对组织自身十分不利，影响重大而又涉及面广，严重影响了组织的正常工作，使领导和组织的形象受到严重损害，甚至危及到组织的生存。

领导应对此要有足够的认识，高度重视并加以认真防范和妥善处理。要提高下属的危机意识，善于把危机感转化为人们的动力、凝聚力，把人们的积极性调动起来。必须时刻提醒人们审时度势，看到面临的不利因素，居安思危，才能保持在竞争中立于不败之地。

8. 全方位激励

如何成功激发人的积极性和创造性是一个复杂而困难的问题，这需要建立一个全方位的激励机制，以使一个组织乃至个人长期保持活力。建立全方位激励机制要求具有符合组织实际情况的物质激励机制，同时具有符合组织成员需求的、满足成员需要的精神激励机制，两套机制有机结合，从而形成综合的、多层次、全方位的激励机制。这样使组织既是激励的主体，又是激励的客体，形成立体交叉的激励体系。全方位激励机制要贯彻以人为本的思想，尊重下属、关心下属、理解下属、信任下属，激发下属的积极性和创造性。

9. 宣泄激励

人们的思想状况总是复杂多变的、变化不一的，也存在一些矛盾，这些矛盾也许不能及时地得到解决，如果矛盾长期积压，组织成员的情绪得不到宣泄，那么这将会对组织活动的进行带来阻碍。所以，领导应该采取行动对组织成员进行正确的引导，主动聆听他们的心声，并创造"宣泄"的机会和环境，彼此及时沟通，消除隔阂，相互理解，相互信任，以产生工作的积极性。

领导者只有在充分了解激励理论的基础上，遵循激励原则，灵活运用激励方法，从而获得理想的激励效果。

四、激励策略

领导者对组织成员的激励是必不可少的，但是激励不是凭空而谈的，它需要领导者制定相应的策略，使激励工作能够达到事倍功半的效果，更好地激励组织成员，将激励的成效在组织中不断发展和蔓延。主要有以下几个方面。

第一，认清个体差异。当代激励理论普遍认为每个组织成员都是独立于他人的独特性个体，在需求、态度、个性等方面存在不同特点。这就要求领导者必须充分认识到个体的差异性，针对不同对象的特点，采用不同的激励方法。

第二，职能相匹配。将人的能力与职务进行合理匹配能够起到激励下属的作用，要按照公平性原则，从人本管理、资源利用及贡献大小等不同角度，给予下属与其个人贡献价值和贡献度相匹配的激励。

第三，合理设定目标。目标设定理论认为，目标的设定应让组织成员感到有一定的难度，但只要努力，目标还是能够实现的。如果目标难度设置过低，组织成员的努力程度就会降低。目标设定有两种方式：一种由领导者单独设定；另一种让组织成员参与到目标设定中来。至于具体采用哪一种设定方式，应视组织成员对目标可能采取的态度和组织文化而定。如果预期到组织成员可能对目标采取抵触态度，可以让组织成员参与到目标设定中来，使目标更容易被接受。领导者必须让下属保持自信，将目标详细介绍给下属，并对下属的工作进行监控和反馈。

第四，进行个别化奖励，奖励与绩效挂钩。下属之间存在个体性差异，因此对某人采取的有效措施，可能并不适合其他人。领导者在对下属设定奖励措施时，应考虑到这一因素，进行个别化奖励。在奖励时，务必将奖励与绩效考核相统一，否则不能起到良好的激励效果。并公开奖励标准、数额等内容。

第五，遵循公平性原则，建立合理的评估系统。奖励首先要做到公平，使下属感觉到自己的付出得到相应的回报。不同下属之间经验、能力、努力程度等方面存在的差异，应当在报酬、奖励、职位、级别等方面得到体现。在公平方面，实际中还存在许多问题，实际考核中有太多问题难以统筹考虑，充分体现在奖励中。由于每个人对自己价值的认识不同，因此在奖励评价指标方面，可能不能使所有人都感觉到公平。因此在奖励时，应该尽量对不同个体进行区别评估，建立合理的评估体系。

第六，满足下属的需要，使个人需要和组织需要相一致。人有生理、心理和精神上的需要，生理需要是最基本的。在满足生理需要后，应重视人的心理和精神上的需要，这包括情感、自尊与自信、荣誉感、创造与成就、理想的追求、品德和人格的完善、智力和才能的高度发展等方面。领导用人应尽可能吸收科学的方法，创造条件，满足下属的需要，启发自觉，引导向上。要使个人需要和组织需要相一致，使下属自觉地将自己的行为纳入组织需要的轨道，从而主动、积极地为社会组织服务。

五、留住人才的策略

"选人难，留人更难"，这几乎成为许多领导的共识。一些组织一边不断地招聘人，一边却是人才大量流失。因此，探索留住人才的有效策略是非常必要的。

1. 留人不能仅仅靠金钱，营造融洽的环境更重要

现代领导都知道：单单靠金钱是留不住人才的。所以他们都善于采用明智的策略留住人的"心"。

（1）以人为本，提高薪酬待遇水平。人力资本比财力资本更重要，财力资本靠人力资本推动才能增值，人力资本可以转化为财力资本，所以领导要坚持以人为本，重视人才、尊重人才，要提高薪酬待遇水平，如优厚的福利、提供好的工作条件与待遇、建立健全激励机制。

（2）委以重任。人有感性也有理性。下属既希望得到领导的关心，又希望发挥自己的能力为组织做贡献。如果他们的愿望得不到满足，就

会感到很失望。所以，与高薪相比，委以重任才是更明智地解决问题的办法。通常，领导要鼓励下属接受挑战并与下属一起成长，这是现代领导的用人艺术之一。

（3）建立良好的组织环境。良好的组织环境对人的行为动机有举足轻重的影响。要使人安心工作，情绪高昂，仅给予优厚的待遇是不够的，还需要同事和朋友的友谊、领导的尊重和赏识，此外，工作技能培训、政策、机制等都会影响到人的行为。为此，一是注意领导方式。良好的领导方式能激发人的工作意愿；二是工作给予保障。使下属解除后顾之忧，更好地发挥工作能力；三是形成团结和谐的环境。上级领导要信任、关心下级，同事间团结合作，大家同舟共济；四是加强相互沟通。领导应该及时掌握下属的思想波动及要求，为此要让下属接近自己，通过面对面的沟通掌握其思想动态，使领导工作更有针对性，及时解决问题。

（4）建立以知识和贡献衡量人的新制度，实行新的考核模式。由以职位级别衡量人的价值，向以知识和贡献衡量人的新制度转变。要建立科学的绩效考核制度，首先，要转变考核思路，实现从目前的"考核时间模式"向"绩效管理模式"转变，主要考核工作效率；其次，要改革现有的"德、能、勤、绩"考核要素，实行"工作业绩、工作能力、工作态度"相结合的考核模式。而且下属考核还要与人力资源管理的其他环节如任免、薪酬分配、培训等紧密地联系起来。

（5）重用并提拔有前途的年轻人。有些组织花了很大的代价引进年轻的人才，可是遗憾的是，这些引进人才恰恰是被忽视的人才。作为领导不能忽视这些年轻人，只要他们有能力胜任工作，就不应怀疑他们的潜能与发展前途，创造机会，重用并提拔有前途的年轻人。

2. 将个人同组织发展融为一体，建立对组织的归属感和忠诚感

（1）帮助下属规划个人职业生涯。协助下属规划好个人职业生涯，将个人目标与组织目标相结合，并通过达到个人目标的同时实现组织目标，再用组织的目标来支持下属的职业生涯规划，实现良性循环。有了明确的目标，不但可以激发下属的潜能，更可以让他们有满足感，从而建立对组织的归属感和忠诚感。

（2）领导与下属建立伙伴关系。组织与下属的关系实际上是一个利益的共同体。领导出于真诚的心与下属建立良好的伙伴关系，相互扶持，这样下属们会付出加倍的努力，做出更多额外的贡献。

（3）建立互信的氛围。互信是人际关系的基础，领导要善于营造一种"你办事，我放心"的氛围，大胆授权，使下属人人敢于负责、勇于负责。

（4）给下属不断成长的机会。通过制定明确的升迁制度，并提供适宜的培训，使工作的努力表现能够得到好的发展机会。如今，人们找工作通常不是以薪酬的多少作为唯一标准，更多考虑的是工作中是否有成长发展的机会。领导要全力培养下属，提供个人发展的机会，以赢得下属的心。

（5）引导下属体会工作的乐趣。如果下属单纯为了生活而工作，这样当他们遇到困难和挫折时就会痛苦地回避。与其让其痛苦地回避，不如让其痛快地迎战。如果领导能够引导他们迎战困难、解决问题，下属自然会体会到工作的满足感与成就感，这是一个苦中求乐的过程，所以，工作是苦是乐，全在于领导的引导和个人的理解，是一种心态。

3. 发挥领导的魅力，用组织的优势留住人

（1）运用领导个人魅力权威。一个优秀的领导由于其所拥有的智慧、学识、经验等，往往得到下属的爱戴，下属喜欢、崇拜他的领导，必然愿意与领导共事。这种领导魅力是吸引人才、留住人才的重要利器。

（2）加大人才投资。增加人力资本投入，建立多元化、多渠道的投入机制。好的人才，应该得到好的回报，除此之外，还要提供较好的硬环境和软环境，这些高成本的人才只要能够做出应有的贡献，必将实现组织与个人的双赢。

（3）勇于放权。不敢放权、授权，是领导对自己没有信心；放权、授权不彻底，是对下属的能力没有信心。所以要信任下属，勇于放权，才能更好地激励下属更好地工作。

用事业造就人才，用环境凝聚人才，用机制激励人才，用法制保障人才，实现人才一体化开发和有序流动，为经济社会发展提供人才保证和智力支持。

第十章

领导方法和艺术：现代
领导的重要手段

领导方法与艺术问题是实现领导工作科学化的重要问题，也是领导科学需要着重研究的问题，从某种意义上讲，领导工作科学化，首先是领导方法的科学化，领导方法与领导艺术是辩证统一的关系。领导方法和领导艺术是领导活动主体和客体相互沟通的桥梁，是领导者创造性完成领导任务的重要手段，没有科学有效的领导方法和领导艺术，领导活动的诸要素难以得到有效利用，领导目标就难以实现。领导者如果不能针对经济社会快速发展的需要，接受新型领导理论、改善领导方法、提高领导艺术，就难以应对经济社会迅速发展提出的新要求和新任务，无法把握时代发展的趋势，也就没法实现领导的科学化。

第一节　领导方法概述

一、领导方法的含义

方法是人们在改造客观世界的社会实践活动中所采用的方式或手段。方法不是一种客观的存在物或存在实体，它属于主观范畴中的东西，但又不是人们的凭空的主观臆断与猜测，它是人们在认识世界、改造世界的过程中积累和传承下来的经验总结、思维方式以及问题的解决方式。

我们常常把方法概括为思想方法与工作方法，前者解决的是面对问题时，要怎么想的问题，后者解决的是怎么做的问题。针对不同的行为主体所从事的不同的行为活动，有不同的方法与之相对应。

所谓的领导方法，是指在领导活动中，为实现一定的目标所运用的各种手段、办法、程序以及步骤的总和，是对领导活动的规律和经验的凝练与总结。它是领导主体的思想方法与工作方法的具体的运用，是领导者使用其职权、完成其职责的行为方式。

二、领导方法的特征

1. 目的服务性

方法是为了达成目的而采用的手段与工具，这就内在地规定了领导方法具有明确的目的服务性，任何领导方法都是针对领导活动中的某一问题的解决而产生的，领导工作中的问题的解决即是领导方法的目的。学习和运用领导方法，必须有明确的目的，无的放矢是没有任何的实际意义。

同时还要注意到目的的正确性以及服务性，这里的服务性是指服务于大多数人的利益。领导方法目的不明，甚至反动，非但不会有问题的解决，还会对社会、组织、个人有负面的影响作用，领导方法只是顾及少数人的利益，不能顾全大局，那么它的运用和推行势必会遭到大多数人的反对而流产。

2. 客观真理性

领导方法不是客观存在的实体，它是对领导工作的规律、经验的总结，有正确与否，科学与否，有效与否之分，是主观范畴的东西，但它不是随意制定的，它受客体（领导工作、领导环境等）的制约，对客体全面准确的把握与分析的程度越高，从中抽象出来的领导方法的正确程度及真理性也就越高，反之亦然。

3. 层次性

领导工作本身就是一个复杂的、多层次的系统工作，这就决定了领导方法也是一个复杂的系统体系。可以将其大致分为以下三个层次：一是反映领导工作具体规律的具体领导方法。一般的偏重方式及技巧，它是基本领导方法的体现，是最外在的层次。比如科学决策的方法，知人善任的方法。二是反映领导工作一般规律的基本领导方法，渗透在具体的领导方法之中。比如调查研究的方法，从群众中来到群众中去的方法。三是关于认识世界、改造世界的根本方法学说和理论的方法论。主要是马克思辩证唯物主义的世界观及方法论学说，比如矛盾的对立统一论、联系的观点以及变化发展的观点，具体和抽象相结合的方法。

4. 动态变异性

领导方法是对领导工作、领导活动的反映，领导工作以及活动的变化总要引发领导方法的变化，否则只能是因循守旧，墨守成规。领导方法的动态变异性，可以分为纵向的历史性变异以及横向的职能性变异。

对整个社会来说，不同的社会政治经济制度下，领导方法的具体功能是截然不同的，在原始社会下主要表现为朴素简单的民主协调功能；在封建社会下则体现为专制独断功能；在资本主义制度下则体现为科学及现代的管理功能。

对社会组织而言，组织从成立、生长、然后持续性地经营发展这一过程中，需要不同的领导方法与社会组织发展的各个阶段相适应。比如成立之初的社会组织，偏向于权威性甚至是专制性的领导方法；当其初具规模和具有势力时，领导就要学会授权与权力的适度的下放；这就是领导方法的纵向的历史性变化。而社会组织的机构的增设与裁汰，组织各部门职能的转变与升级，组织人事机构的改革与改组等，都会对领导方法提出更新的要求，这就是领导方法的横向的职能性变化。

5. 中介性

领导方法的制定是为了实现领导目的。在领导工作中，方法在领导者预想目的与领导目的的真正实现之间充当一个中介桥梁的作用，正确领导方法的实施和运用，才能将二者有机地联系在一起。

6. 相关性

领导方法尽管是一个复杂的多层次的体系，但是不同层次的方法绝不是相互独立、各司其职的。世界上的任何事物都与其他的事物相互联系，领导方法亦是如此。一般的领导方法在具体的领导方法之中渗透以及方法论对具体领导方法和基本领导方法的统领与驾驭作用，都反映了领导工作的相关性。一项复杂的领导工作的顺利开展和进行，一般必须依靠多个层次的领导方法的融合才能解决问题，将此称为"互补效应"。

三、领导方法的意义

（一）领导方法是领导任务完成的重要保证

方法本就是为任务、目的而设，而任务、目的的达成，必须依靠正确方法的运用和实施。毛泽东同志曾经形象地将方法比做"桥"与"船"，其实就是指方法的中介性，没有这种中介，主体与客体就不会连接起来。同样，在领导工作中，仅有美好的期望与预先的设想，却没有采取措施与手段去认真的实施，领导者的希望就会落空，领导行为也就变得没有任何的意义。如果领导方法运用得不恰当，不合时宜，亦不合地宜，造成的结果要么是领导目的不能达到，领导任务被偏离扭曲，要么是饶了一个大圈子，造成人力、物力及财力资源的浪费，领导任务就难以完成。熟练掌握领导方法能使领导者更好地完成领导工作，尽到领导职能，实现领导的科学化。

（二）领导方法的运用是保证组织绩效的重要因素

绩效对任何组织来说无疑都是重要的，它关系到组织的生存现状与发展前景。绩效的提高依靠社会组织成员的协作、沟通与努力，而英明的领导，采用正确的领导方法，必能指挥、协调整个组织的运作。科学的方法是领导活动成功的关键因素，有利于发挥民主作用和集体智慧，有利于科学配置资源和人才，有利于促进组织成员之间的相互沟通。

良好的沟通，深入的调查研究，高效率的会议，必能使领导层、管理层及基层人员更好地了解组织的现状，发现潜在的深层次的问题，找出差距与问题的症结之所在，解决问题，共赴困难，共促发展。领导方法是调动被领导者积极性的必备条件，良好的领导方法，如坚持从群众中来到群众中去的工作方法，亦可以赢得大多数人的支持，鼓舞士气，在组织发展处于逆境之时，往往能够力挽狂澜。

领导方法和领导艺术的熟练运用是提高领导效率和效能的重要前提，领导效率和效能的高低取决于多种因素，领导方法、领导水平高低等都对领导效率和效能有很大的影响。掌握科学的领导方法可以起到事半功倍的效果，从而提高组织绩效。

（三）正确的领导方法是领导应对新形势、新挑战的有力武器

正确的领导方法仿佛是一把"利刃"，是领导应对新形势、新挑战的有力武器。领导其实就是一个创造的过程，国外有学者甚至将领导直接地定义为创造梦想与实现梦想的过程。形势与时代总是在变迁，领导者如果不能针对经济社会快速发展的需要，接受新型领导理论、改善领导方法、提高领导艺术，就难以应对经济社会迅速发展提出的新要求和新任务，无法把握时代发展的趋势，也就没法实现领导的科学化。领导者要采用正确的领导方法，学会因时而不断变化，不断地超越与创新，应对新形势、新挑战。

四、领导者思维方式的现代化

领导者思维方式的现代化是领导方法现代化的关键，要把握领导者思维方式的现代化，就要把握其四个基本特征。

第一，善于战略思维。善于战略思维要求领导者能从宏观方面思考问题，注重事情的全局性、长远性和根本性问题，认真对待局部和全局、长远和短期、根本问题和非根本问题之间的关系，采取科学方法实现组织的战略目标。

第二，善于创新思维。善于创新思维要求领导者能对事态的发展做

出合理预测，能够发现新问题、产生新思路、提出新观点。在面对问题或困难时，能敢于迎接挑战，把握挑战带来的机遇，用开拓创新的眼光看待问题，从逆境中求生存，从困难中找机遇，继往开来，完成组织任务，实现组织目标。

第三，善于立体思维。善于立体思维要求领导者能从不同角度、不同方面、不同层次，采用马克思辩证方法深入看待问题，把握问题的表象和本质之间的关系，全面、发展地分析问题当中环节与系统、低层与高层、内部与外部、纵向与横向的联系，得出科学的结论。

第四，善于效益思维。善于效益思维要求领导者必须具备敏锐眼光和敏捷的头脑，能在飞速发展的社会抓住机遇，在信息大爆发中去伪存真，捕捉有利信息。领导者在收集信息的同时，还要善于对所获信息进行科学整理、分析判断和运用，以便获得最佳效益。领导者必须具备现代化思维方式，才能在市场经济条件下正确判断形势，做出科学决策，实现组织目标。

第二节 领导工作方法

一、领导基本工作方法

基本的领导方法，指的是从各种具体领导方法里概括出来的具有普遍性的领导方法。主要包括：调查研究的方法、求同存异的方法、一般与个别相结合的方法、局部与全局相结合的方法等。

1. 调查研究的方法

坚持实事求是，一切从实际出发的最有效的方法就是调查研究的方法。调查是研究的前提，研究是调查的继续和上升。正确的调查研究要有正确的态度；要有彻底唯物主义的精神和勇气，坚持以事实为依据；要做到深入、心入、身入；要深入细致了解，广泛听取各种意见；要解决实际问题，不能搞形式主义。

正确的调查研究要有科学的方法：（1）定量化的方法。现代社会现象具有越来越大的随机性，必须掌握系统的准确的数据统计；（2）科学化的方法。社会现象不仅受各种客观因素的干扰，而且更多地受人的主观因素的制约。假象是层出不穷的，要求调查研究具有科学性；（3）综合化的方法。现代社会的调查对象，大多是多因素构成的复杂系统，信息综合化程度越来越高，与此相联系，对调查者的知识结构综合化程度的要求也随之提高。

2. 群众路线的领导方法

毛泽东指出："从群众中集中起来，又到群众中坚持下去，以形成正确的领导意见，这是基本的领导方法。"（1）从群众中来，集中群众的意见为领导意见，必须做到：第一，深入群众，广泛听取群众的意见。第二，要分析归纳，集中群众正确的意见，化为领导的意见；（2）到群众中去，将领导意见为群众意见。首先，要做好宣传解释工作。作为领导者，应该也必须向群众做耐心地说服教育和宣传工作，使他们认识到领导的决策与他们的长远利益是一致的；其次，要科学地组织群众力量。作为领导者，要科学地组织和提高群众的积极性，把群众的积极性引到正确的方向上来。在工作方法上要发扬民主，善于集思广益，群策群力。

3. 求同存异的方法

求同存异，就是在矛盾中找出共同点，保留不同点。这是处理人与人之间、个人与群体之间、国家与国家之间关系的基本准则。（1）求大同存小异。这是在具有共同利益或根本利益的前提下，处理组织内部矛盾的一种方式；（2）扬同抑异。是在同一体内存在统一的基础上，当不一致的矛盾差别较大、不易一致时，为达到组织目标，要首先弘扬共同点，暂时抑制或搁置不同点；（3）异种求同，就是把看起来完全对立的东西融为一体，在对立中寻找共同点，推动事物的前进；（4）存异待同。在矛盾还不到解决的时候，矛盾双方各自保留不同点，等待时机，在等待中求得统一。

4. 一般与个别相结合的方法

一般，指一般号召，即把领导者的决策、计划、方案、意见，向群众做宣传解释，使广大干部和群众明确做什么、为什么这样做和怎样去做；个别指导，就是领导者深入基层，亲自了解情况，具体地解决实际问题借以取得经验。正确地运用一般号召与个别指导，需要解决两方面的问题：一方面是要正确形成一般号召；另一方面则是个别指导要有正确方法。正确形成一般号召，需要吃透两头，就是吃透上级精神和吃透下面情况。吃透上级精神，一般号召才有基本依据，吃透下情，才能具体情况具体分析。

5. 全局与局部相结合的方法

全局与局部相结合的工作方法，要求领导者，首先，树立全局观念。这是处理好全局与局部关系的前提。树立全局观念，在实际工作中，要提倡顾全大局。当全局利益和局部利益发生矛盾时，应自觉地把全局利益放在首位；其次，要兼顾局部，发挥局部的积极性。在实际工作中，处于全局地位的领导者要关心局部，照顾局部，使局部充满活力。要做到这一点，领导者除了给局部工作创造一定的外部条件外，还要给予局部应有的职权，同时要明确各自的职责，建立岗位目标责任制，惩罚分明，这样才能充分发挥局部的主动性、积极性和创造性。

二、领导现代科学方法

系统论、信息论、控制论作为方法论，抽掉了事物的具体特点和差别，从纵向综合的角度，揭示了世界各事物的内在联系和本质特征，因此具有普遍的适应性。熟练掌握系统论、信息论和控制论的思维方式和运用方法，有利于提高领导者对领导工作的认识，提升领导者认识世界、改造世界的能力，增强领导者的领导能力。对实现领导的科学化和现代化，提高领导效率效能具有重要的意义。

1. 系统论方法

系统就是相互作用的要素的综合体。现代领导的每一个基本要素，都不是孤立的，他既在自己的系统之内，又与其他系统发生各种形式的联系和作用。根据领导活动的一定目的性和功能优化的控制要求出发，从系统的观点出发，把对象放在系统形式中加以考察，这就是系统论方法。它是研究复杂系统的有效手段，是领导科学决策的基石。

系统论方法要求领导者要明确自己负责控制的对象是一个整体的动态系统，因此要求领导者从整体的系统性着眼，在系统与要素、要素与要素、系统与其外部环境的相互关系中，揭示对象的系统性质和运动规律，从而达到最佳地处理问题。要考虑全局，摆好自己系统的位置，使之为更大系统的全局利益服务。

要将系统论方法应用于实践，领导者必须掌握以下几个原则。

第一，目的性原则。每一个系统都应有明确的目的性，目的不明确，就必然导致领导工作的混乱；系统结构通常是根据系统的目的和功能设置的，而且一个系统通常只有一个总体目标，各个子系统的目标设置必须符合母系统的要求，在出现冲突时，子系统必须服从母系统的要求。如果一个系统中有多个目标，势必会造成组织各因素之间的混乱，造成人力、物力、财力、时间等方面的浪费。

第二，整体性原则。世界上一切事物、现象和过程，几乎都是有机的整体，几乎都是自成体系而又互相成系统。系统的整体性：一是系统的形成具有一定结构和功能的整体性。这就体现在领导建立系统目标时，要求系统整体的最优化；二是系统的规律是整体的规律。这就体现在领导要以整体性原则从整体上研究系统的性质和运动规律，协调系统各要素间的联系和作用；三是体现在系统功能的整体性。系统各要素的功能必须从系统整体的功能。在分析一个系统时，应注重系统的整体性，整体的目标和功能是局部必须服从的硬性要素。

整体功能大于各孤立部分功能的总和，在现代社会生产过程中，局部与整体有着复杂的关系和交叉效应，局部与整体的利益并不总是一致的。要防止出现本位主义、分散主义和自由化倾向。领导者必须从全局利益考虑问题。

第三，联系性原则。事物总是存在于某种系统之中，也就是处于某种联系之中。一种事物离开了它和周围条件的相互联系和相互作用，就成为不可理解和毫无意义的东西。因此，要把任何事物作为某个系统的一个要素来研究。系统的各单元之间既有区别又密切联系，既相互独立又相互依赖和制约。而且在某一阶段被认为没有联系的事物，可能存在新的未知的联系，联系的广泛性，可以推出系统的广泛性和多样性，也就导致系统论方法的广泛性，系统论方法几乎适用于研究一切事物、现象和过程，以及整个研究过程的始终。

第四，有序性原则。凡是系统都是有序的。系统的有序性是系统有机联系的反映。在不同类型的联系中，系统地构成的联系占有重要的地位，稳定的联系构成的结构，保障系统的有序性。系统的稳定联系构成的系统结构，形成一个纵横交错的立体网络模型。系统的发展，一般是从较低的有序状态走向较高的有序状态（反之亦然）的定向变化。

第五，层次性原则。任何复杂系统都有一定的层次结构；每一层次都具有各自的功能；同一层次的各子系统之间的横向联系，由各子系统本身自立进行，只有在它们不协调、发生矛盾时，才需要上一层次干预解决。

系统必须分清层次，才能保证系统活动的效率和效能。上一层次只管下一层次，下一层次只对它的上一层次负责。在实际中，经常出现管理层次混乱的局面，各层次相互干预，上一层次不仅下指令，而且还干预属于下一层次该干的具体事务，造成下级事事上交，领导忙于具体事务，失去了指挥者的功能。要按级负责，层次领导，领导只做领导的事情，只有在组织出现不和谐的状况时，再需要上一层次做出调整。

2. 信息论方法

信息论方法，就是用信息的观点，把系统的联系、变化抽象为一个信息的过程，既信息的输入、贮存、加工、转换、传递、输出的过程，并使这个过程为一定的目的服务的一种现代科学方法。

从信息论的角度分析，领导活动可以看做一个信息系统，领导工作过程就是借助于信息的收集、整理、分析处理和利用信息的过程。在分

175

析处理具体问题时，要以信息论为基础，完全撇开系统对象的具体形态和具体构成，把系统有目的运动抽象为一个信息变换过程。

信息论方法为领导管理的信息化和现代化提供了强大的手段。领导实践活动都存在着三个流通过程，即劳动力组成的人流，生产资料和劳动资料等组成的物流，以及引导、组织、指挥、协调等领导职能以达到预定目标的信息流。任何领导实践活动都离不开人流、物流和信息流，信息调节着人流和物流的数量、方向、速度和目标，驾驶着人和物有目的的有规则的活动。

利用信息论方法，为科学地进行战略决策提供依据。领导进行战略决策的正确与否，往往取决于能否及时、准确地获得有关的足够的信息，这样才能够发现问题，确定目标，进行科学的战略决策。领导活动就是一种获取信息、筛选信息和利用信息的信息运动。如今是信息化的时代，作为现代领导必须运用信息论方法，使战略决策科学化。

3. 控制论方法

控制论，是关于各种系统的控制和调节的一般原理的科学。控制论方法的特征是：

（1）信息化。控制论方法离不开信息方法，信息方法能够揭示引起系统运动的所有原因与所有结果的对应关系。所以它的第一个特征就是信息化。控制的过程就是信息的获取、使用和反馈的过程。要成为一个成功的现代领导者，必须重视信息与控制，加强信息化建设，能够及时获取信息，并对信息进行加工、处理、贮存和合理利用，实现组织与环境各因素的协调发展。

（2）反馈。反馈就是把一个系统的输出信息，再引向输入端，并对信息的再输出发生影响的控制方式。就是根据过去的操作情况来调整控制未来的行动。

运动是绝对的，事物每时每刻都在运动当中，系统也是如此。系统具有不确定性，外部环境和内部状态的随机性，决定了要确保系统能按照既定方向发展，确保组织目标能够实现，必须对系统的运动进行实时反馈、及时调整，确保组织各因素朝着有利于目标实现的方向发展，发挥各因素的作用，协调各因素的关系。

　　反馈不仅要求控制系统中的信息联系，而且也要求控制过程的有目的的方向性，可通过校正最初的作用来保持处于随机环境中的方向性。要使一个系统在最佳状态下运行，必须时时调节，及时反馈。

　　（3）动态性。现代的系统大都是结构复杂和高度活动的系统，所以不仅要研究各种系统发展变化的方向和趋势、活动的速度和方式，而且要探索它们发展的动力、原因和规律。这样才能主动驾驶控制这些系统。现代社会的迅速发展，要求组织和领导者能够随时监控事态发展，及时反馈，对出现的问题做出应有的反应。

第三节　领导艺术

　　领导方法与领导艺术是辩证统一的关系。在任何领域中，方法都是根本性问题。领导方法是领导科学的根本，而领导艺术是在领导方法的基础上的升华和创造性的运用，但究其本质，也是领导方法的范畴。

　　管理是一种科学，而领导是一种艺术。领导活动作为一种创造性的特殊过程，是灵活的应变技巧与不同凡响的处世待人风格的巧妙结合，是一种非规范化的、有创造性的给人以美感的领导技能和方式的艺术体现。由于领导艺术的存在，才有可能创造一种团结、上进、努力实现目标的群体氛围。可以说，高超的领导艺术是领导者顺利实现活动目标的有力保证。

　　领导艺术是领导者的一种特殊才能，是指在领导的方式方法上，所表现出的创造性和有效性，是领导者在一定知识经验和辩证思维的基础上，富有创造性地运用领导原则和方法的才能，这种才能表现为创造性地灵活运用已经掌握的科学知识和领导方法，是领导者的智慧、学识、胆略、经验、作风、品格、方法和能力的综合体现。

　　领导艺术就其内涵来说，包括了领导者自身的良好素质，具有一定的对领导理论的科学把握，面对问题时善于灵活运用的巧妙方法和随机应变的创造才能。领导艺术与领导方法相比，领导艺术具有创造性、经验性和非常规性的特点。领导方法与领导艺术之间是共性与个性、模式化与非模式化、理论与经验、科学与技能的关系。

领导工作一要与人打交道；二要与事情打交道；三要与时间打交道。因此，待人艺术、处事艺术和运时艺术，是最为重要的领导艺术。

一、待人艺术

所谓待人的艺术，就是领导者如何正确、巧妙、富有成效和创造性对待（主要是下属）人。主要涉及如下几个方面。

1. 批评的艺术

批评是领导者用人育人的武器之一。批评人是一件令人不痛快的，批评的难度比表扬来说要大。要通过批评达到化消极因素为积极因素，加强团结的目的，就要讲究批评的艺术。

（1）批评要因人而异，针对不同的人采用不同的批评方式。如对自觉性较高的人，采用启发做自我批评的方法；对比较敏感的人，要采用暗喻批评法。

（2）在批评时运用表扬。对下属的粗暴批评不会产生好的效果，因此，可以先表扬后批评，也可采用先批评后表扬，可以缓和批评中的紧张气氛。

（3）批评要注意委婉、含蓄。由此及彼，用弦外之音，巧妙表达本意，揭示批评的内容，引人反思而领悟。切不可直截了当地直接批评。

（4）运用幽默感，有时当下属偶尔犯了一个小小的错误，采取开个小小的玩笑对他提出有好的警告，他必然虚心接受，比起严厉的训斥来，则更称得上明智之举。

（5）批评的时机要适当，注意时间地点。

（6）用事实说话，就事论事，少加主观评论，注意用词，不要否定下属的将来。

（7）采用艺术批评的方法。包括请教式、安慰式、暗示式、模糊式和说服式等方法。

2. 要律己严，待人宽

领导者要树立威信，领导下属，就必须律己严，待人宽，否则难以服众。领导者律己严要做到：以身作则，身体力行，有责任感，不以权谋私，一身正气，光明正大，思想不保守，不因循守旧，敢于创新；领导者待人宽要做到：忠诚待人，平易近人，对人宽厚、宽容，但不放任自流，关怀下属，守信，公正无偏，不听谗言，做到"宰相肚子能撑船"。

二、处事艺术

所谓处事艺术，就是领导者在一定的智慧、学识、胆略和经验的基础上，灵活巧妙地运用各种处事的方式方法，以实现组织目标的艺术。

1. 领导要做领导的事

作为领导者，要统领全局，科学安排，运筹帷幄，战略决策正确，打造高效率、高素质的团队。为此，领导者要做领导者的事，要分工明确，各司其职，团结协作，人尽其才。否则，就会工作程序混乱，整个机构不能协调地运转。

要做到领导者要做领导者的事，首先，领导要最大限度地授权。领导不必事必躬亲，这样只能影响下属的工作积极性，势必走上领导不干领导工作的道路；其次，尽量排除不必要的工作，专心只完成领导者的根本任务。领导每天都会有来自各方领导催办的事情，以及大量的下级必办的大事，若干事情同时处理，只会分散精力和时间，不深不透，一事无成，反而将最根本的本职工作没有做。所以，领导要专心只完成领导者的根本任务，不为琐碎的小事浪费过多的精力，不干预别的领导者和下属的工作。

2. 集中精力抓主要矛盾

领导要在错综复杂的工作中，要抓工作的主要矛盾，因为主要矛盾对事物的发展起主要的决定作用，主要矛盾解决了，次要矛盾就容易解

179

决了。

领导集中精力抓主要矛盾要做到：（1）树立全局意识。目光远大，从全局的角度准确预测未来，掌握问题的关键，抓主要矛盾；（2）科学预测是关键。在掌握丰富、及时、准确和适用的尽可能充足的信息基础上，做出科学预测，抓主要矛盾，进行正确的战略决策；（3）以实施战略决策为前提，抓住关键环节。战略决策是领导的重要工作，制定战略决策不落实，战略决策就无用，所以战略决策的关键在于实施，领导要抓住落实这个关键的主要的环节。

3. 领导工作安排要清晰明确、合理

领导工作安排做到清晰明确、合理，这样才能确保下属各司其职，各尽其能，发挥团队的整体作用。为此，必须注意以下几点：（1）目标和任务要明确清晰；（2）工作时限要明确；（3）工作安排要用书面表示；（4）领导与下属要及时沟通；（5）环境和条件有重大变化时要及时调整目标；（6）重视将组织目标和个人目标相结合，以调动工作积极性。

4. 发挥团队的作用

一个领导者要提高办事效率，就要发挥团队的作用，努力协调团队的合作精神，发挥最佳组合的威力。为此要加强团队建设，树立和形成良好的团队精神，进行组织、沟通、协调，形成一个高绩效的工作团队。

发挥团队的作用要注意以下几点：（1）每个团队的组织规模要适当，人太多难以形成凝聚力、忠诚感和相互依赖感；（2）团队成员的能力结构要合理搭配，才能充分发挥作用；（3）根据每个成员特点分配适当的角色和任务；（4）形成共同追求的、有意义的目标；（5）将共同的目标转变为具体的、可衡量的、现实可行的绩效目标；（6）明确每个成员的责任；（7）建立科学的绩效评估与奖励体系；（8）培养成员之间相互信任、相互依赖的精神。

领导者在日常决断中要做到以下几点：（1）议大事、管全局、抓协调；（2）科学安排各项工作，工作有计划、办事有顺序、工作有规

范；（3）领导者在日常决定中说话办事要留有余地；（4）合理运筹时间，提高工作效率；（5）总结汇报要实事求是。

三、运时艺术

领导运用好自己的时间，是提高工作效率的关键。所以要讲究运用时间的艺术。

1. 进行时间管理

按照重要程度和紧急程度将任务分类，对日常工作按优先顺序处理，整块时间安排做重要的事情，如完成一份重要的报告，零碎时间处理一些必须由自己处理的日常事务，排除各种干扰，集中精力，高效做事。

2. 节省时间，提高时间的利用率

首先，要消除不必要的忙碌，能不办的事坚决不办，能与别的工作合并的坚决合并，能用简便方法的就用简便的方法去做；其次，与人谈话或向上一级领导汇报工作，要预约时间，并简明扼要；最后，有效地利用节约时间的现代工具，提高工作效率，节省时间和精力。

3. 重大决策让有关部门参与，提高决策效率

在欧美及日本等一些国家实行事业部结构管理模式的组织中，在涉及职能部门的业务谈判时，往往先派遣职能部门的代表进行谈判，但是不会签订合同，等业务谈得差不多了，再由领导拍板敲定。这种做法一是便于在决策前先了解问题的具体情况，以使领导能够把握决策的整体方向；二是有关部门通过谈判中获取的信息分析决策的利弊，能够掌握决策的具体细节；三是便于快速达成和实施决策。

4. 掌握会议艺术

为了节省时间，提高效率：一要做好会前准备工作；二要在会议期间提高效率，讲究效果。善于掌握控制会议进程，要注意以下几点：（1）议题突出，目的明确，会议议题一次不宜太多，发言集中；（2）要善于引导，始终紧扣主题讨论不走题，正确处理会上的"争执"，提高会议时效；（3）听取与会意见后，要及时将意见集中统一，精练概括，用词准确，形成会议的共识，切忌无休止的讨论，议而不决；（4）为提高会议成效，可制定一些会议守则。

领导方法和领导艺术是，首先通过凝结为领导素质，再通过领导素质主导领导行为而后表现出来，发挥作用的。要改进领导方法，提高领导艺术，就必须狠抓根本，落实到实际和提高领导者素质。现代领导者必须不断学习各种知识，培养能力，还要提高身体、心理素质，注重提高情商，勇于改革，营造领导艺术发挥的良好环境，才能真正提高领导艺术适应时代变化和发展的需要。

四、中国古代思想在领导艺术中的运用

（一）中庸思想

中庸思想是我国传统文化中的重要组成部分，是儒家待人接物的道德标准和基本原则。"中庸"一词出自《论语·雍也》："中庸之为德也，其至矣乎。"长期以来，人们对中庸的理解就是"和稀泥"，其实不然。子程子曰："不偏之谓中，不易之谓庸。中者，天下之正道。庸者，天下之定理。乃孔门传授心法。"中庸有三层意思：第一层意思是：人生要坚持自己的目标，守住自己的原则，不为外部原因而改变。从做人、做事两方面阐明了儒家的原则；第二层意思是：人要保持一种中正平和的态度，不会因外物变化而大悲大喜，在认识和处理问题时要保持清醒的头脑，做事要恰如其分；第三层意思是：人要有一技之长，做一个有用的人，坚守岗位。因此，中庸思想不能简单地被理解为折中主义或者中立的调和主义。

现代领导活动是一门艺术，对领导者提出了更高的要求。纵观古今重大决策的制定，中庸思想的灵活运用是重要一环。掌握中庸之道，对提高领导者自身素养，提高决策的科学性有重大作用。

（1）"有所为，有所不为"是中庸思想的基本表现形式，也是对

"不偏之为中，不易之谓庸"的最好阐述。作为组织的领导者，要能恰如其分地把握分析问题、解决问题的思路和尺度，保持清醒的头脑，行为适当，言行得体。对待下属时，只要不违反基本原则，尽量放权，鼓励下属承担责任，发挥组织成员的积极性和创造性。

（2）在领导决策中要保持中正平和的态度。一方面要求领导者在个人修养方面要做到中正平和。在面对问题或进行决策时，保持平和的心理状态，冷静分析问题，以便做出正确的处理。在为人处世方面，要保持谦和的态度，不因外物变化而大喜大悲；另一方面要求领导者做出的决策要"中正"。中庸的基本思想要求领导决策不会过于偏激，不要片面地追求所谓的利益最大化，"左"或者"右"的极端是要极力避免的。然而，这与新中国成立时期国家面对走哪条道路时的中间道路是不同的，这不是折中，而是经过权衡后做出的决定。

（二）方圆艺术

方圆艺术是现代领导活动的一门重要艺术手段。领导活动的"方"是指必须坚持的原则、标准、流程等刚性因素；"圆"是指领导方式、处理方式等柔性因素。在领导活动中，要善于将"方"、"圆"有机结合，既要坚持原则性，又要兼顾灵活性，做到方中有圆、圆中有方，从而提高领导效率和水平。

1. 要掌握"先圆后方"的开局艺术

这是新任领导要掌握的工作方法。所谓新任领导，包括提拔担任领导工作和原领导调到另一个新单位开展工作。领导者刚上任，面临着全新的人际关系或工作环境，如果一开始就表现得非常强硬，是不利于后续工作展开的。因此，在新工作开始阶段，领导者最好使用"先圆后方"的开局艺术。对待周围的同志要做到热情热心，表现出较好的亲和力，拉近与下属或群众的距离。在面对问题时，不轻率表态，倾听别人意见时，要经过分析后做出自己的判断。待了解本组织的基本情况，与下属建立良好关系后，逐渐树立自己的原则和权威，形成自己的思路和风格。

2. 要掌握"上方下圆"的决策艺术

贯彻落实上级的指示精神，创造性地开展工作是领导活动的重中之重。"上方下圆"要求领导者在工作中，认真对待上级指示，将政策落到实处，考虑问题时顾全大局，严格执行上级的政策、法规、指示和决议方面的内容，在执行过程中又要吃透政策，根据本组织的实际情况创造性地开展工作。

3. 要掌握"大方小圆"的用人艺术

人才是一个组织可持续发展的基础，知人善用是领导者必须掌握的技能。"大方小圆"的用人艺术，要求领导者在现实工作中充分认识到人才的重要性，在用人问题上，既要坚持原则，又不至于太过要求细节问题；在选拔人才时，做到公正、公开、公平、任人唯贤，制定严格的选拔标准、程序和监督要求，保证选拔工作在严格的制度下进行；对于有特殊才能，而又不完全符合要求的人才，要不拘一格，用其所长。

4. 要掌握"内方外圆"的交往艺术

领导者手中掌握着一定的权力、资源、信息，所以领导者面临着一个复杂的人际关系。"内方外圆"的交往艺术，要求领导者在为人处世、待人接物方面，一定要坚持原则，不受诱惑，能明辨是非，牢记党和人民的寄托。但在具体行为方面，要表现的随和、谦和、温和，不让对方尴尬。

5. 要掌握"己方人圆"的立威艺术

领导者要树立威信，下属才能服从，领导活动才能顺利展开。领导者要想树立良好的威信和权威，就要运用好"己方人圆"的艺术，这就要求领导者严以待己、宽以待人，在制度和原则面前务必严格遵守，要做到有法必依、执法必严、立党为公、执政为民、不谋私利，树立良好的典范。在对待下属时，要坚持以人为本，体量下属，包容下属的小缺点或小失误。

6. 要掌握"神方形圆"的激励艺术

恰当的激励手段是激发组织或下属发挥积极性，提高工作效率的有效手段。"神方"要求领导者在采取激励措施时坚持基本原则，做到公正、公开、公平，确立明确的考核和奖励标准、形式；"形圆"要求领导者在不违反原则的基础上，针对下属的不同爱好，灵活使用激励方式。

185

第十一章

领导文化：提升领导力、强化执行力

文化是一个国家综合国力的重要体现，现实表明，文化影响已渗透到社会的各个领域，在研究和探讨社会不同领域的问题时，必须充分重视文化这一因素所起的主要作用。文化是一种伟大的力量，没有文化力，就没有卓越的领导力和执行力。领导文化具有推动社会发展的功能，能够引导公众意识，对领导者和领导活动有着重要的引导作用。因此，在我国构建社会主义和谐社会的进程中，领导文化的建设就显得尤为重要。

第一节 领导文化概述

一、领导文化的含义

文化是一个十分广泛的概念，文化一词在西方是指对土地的耕作及动物、植物的培养，后来逐渐转变为对人类的身心培养、教育、信仰等的发展；在中国古代，文化一词主要体现人文之意，而与"武力之功"相区分，所以"文化"既体现组织与整个社会之间的联系和关系，也反映了以物质活动和精神活动为目标的特性。

文化的定义有广义文化观、中义文化观和狭义文化观三类。广义文化观认为，文化从广义来说，指人类社会历史实践过程中所创造的物质财富和精神财富的总和。即物质文化与精神文化的总和；中义文化观认为，文化是指人类在长期的历史实践过程中所创造的精神财富的总和。具体讲，就是指社会的意识形态，以及与之相适应的制度和组织机构；狭义文化观认为，文化就是指社会的意识形态或社会的观念形态。

文化一词在社会学、经济学、心理学等方面都有广泛、普遍的使用效果，而且近几年的适用范围更加广泛，有些定义里把文化定位为一种符号的象征，有人认为它是自古以来人类创造的不同形式的要素的集合体，还将民族、艺术、宗教、法律与风俗等融入其中。它的存在不仅使人们和自然界相区别开来，而且也使人类的本质得到体现，不仅体现了对社会存在的反映，也是人类行为的技能方式、社会方式和价值取向的展现，然而各种文化也定义了文明的某种特定性能或某一特定侧面。

文化是伴随着人类社会与历史产生发展的现象，从人类社会产生，就出现了文化现象和文化行为以及其相应的表现形式。不同的种族、民族都拥有其特有的文化形式和经济形态。这与各个文明所形成与发展的地理、历史、意识形态有着密不可分的联系。

领导文化发源于文化，经过领导不断的提升和锤炼，逐步形成一种相对较为独立的文化表现形态。领导文化是文化的一般性在领导领域的特殊表现。领导文化是领导成员在领导活动中产生并通过后天学习和社会传递形成的反映领导实践的观念意识，是客观领导过程在领导成员心理反应上的积累或积淀，是领导成员普遍认可的价值观念、共同信守的行为模式和广泛流传的态度作风。

领导文化通过影响领导者的观念、意识，进而对领导系统（即领导者、被领导者、领导对象、领导活动过程等方面）产生某种作用和功效。

二、领导文化的主要特征

领导文化的主要特征在于：

1. 主体性和客观性

领导文化具有主体性，文化是表现人们社会活动的表现，它既包含了人类活动的态度、信仰、需要、价值、情感、思维等，同时也体现了领导活动的客观条件，如社会制度、精神环境、政治情况以及经济发展状况等，还包括了领导有目的的活动的结果，以及物质和精神产物两大类。它既是物质性和意识性的体现，也在自由性、限制性上合一，还是既成性和生成性的体现，也就是表明文化是传承下来的，也是可以在时间的洗礼中不断超越的。

2. 普遍性与特殊性

任何事物都有普遍与特殊的性质，既要求在普遍中看到特殊，又要求在特殊中看到普遍。领导文化的普遍性根源于人类社会活动体系的同质性，而其特殊性则根源于社会内外的条件，它是受到人类、狭义文化以及文化自身三个方面因素的影响，使得在外在条件中，人类的价值观念、思维模式、道德标准和风俗信仰等都有所差异，文化差异的大小、程度都有深有浅，对于文化的特殊性与其差异，必须用正确的方法去对待，这样才能使不同地区、不同人群以及不同民族之间的人能够相互沟通、相互理解，也为文化的交流提供了有利的条件。

同时，领导文化还体现了领导活动发展中的积累与沉淀，展现了领导活动的历史性与发展水平，它还具有政治性和社会性的统一、强制性与民主性的统一、综合性与独立性的统一。认识领导文化的性质，有助于对领导文化的发展历程有更深、更好的理解。

三、领导文化的功能与作用

文化是人类生产生活活动和历史沉淀的产物，领导文化作为一种独特的文化，在领导活动中发挥着一定的功能和作用，同时又对领导活动和环境起着反作用。

（一）领导文化的功能

1. 内化功能

领导活动的执行者和领导活动的参与者所进行的活动，都是领导文化的一种外在体现，而领导文化则是个体行为的深层次的内在来源，主要体现在领导文化为个体行为提供了支持，提供了在选择和判断上的内在依据，同时也决定了个体活动的动机和热情。

2. 维持功能

领导文化具有维持领导行为存在和发展的功能作用，主要表现在维持领导活动的行为强度，维持领导活动行为取向行为，并保持领导活动中不同行为个体的平衡性。这种维持功能有助于建立和维护有序的领导环境，保证领导活动顺利、健康的发展。

3. 调节功能

由于领导活动的环境是处在不断变化之中的，这些变化对个体行为是有一定影响的，严重的还会使之扭曲或脱轨，导致领导者在进行领导活动时受到阻碍。所以，领导文化的调节功能，能够对领导活动进行适当的调节和控制，减少或消除由于环境变化对组织活动带来的不良影响。主要体现在调节组织个体行为、领导活动的被领导者行为以及帮助在领导活动中受到挫折者克服困难，使他们在内心深处有一个较深的、稳定的心灵引导。

（二）领导文化的作用

1. 规范作用

领导文化是软性的、无形的、非正式的、非强制性和不成文的约束规范，对领导活动具有规范作用。领导文化是在领导活动过程中产生的，其产生、发展受到领导活动的巨大影响和制约。领导文化是组织成员共同建立，共同认可的组织价值观、组织规范、工作方式和工作态度。一旦有人违背或排斥领导文化，必将遭到组织成员的非议，甚至被排除组织。因此，作为领导的成员往往会自觉地按照这些行为规范去做。

2. 导向作用

一个组织中，领导成员的世界观、价值观和方法论，对领导活动有很大的影响。领导文化是领导的意识形态，毫无疑问对组织成员的心理和行为有导向作用，不仅使组织成员明确为什么而奋斗，而且对整个组织的价值观和目标起着导向作用。领导文化的导向作用可以通过对领导态度的分析加以说明，领导态度是由领导成员的认知、情感、意向三个因素构成的比较持久的个人内在结构，三者相互联系，协调一致。领导态度对于领导活动的导向作用，表现为当人们在思想上认识到某种领导行为是好的时候，就会在感情上喜欢这种领导行为，也会在意向上倾向于实施这种领导行为。领导文化引领着文化发展方向和社会价值导向，从深层次上影响着政权稳固性和社会和谐度。

3. 示范作用

领导者的地位和职责，决定了领导者在领导活动中起着引导和示范的作用。领导者的引导并不是仅仅通过发号施令来实现的，领导文化也起着示范作用。领导者在组织活动中要注意自己的一言一行，严格遵循领导文化的要求，对下属起表率作用。领导者的道德对于组织成员的道德具有示范作用，良好的领导文化对下属有正面示范作用，不良的领导文化会起负面示范作用。

领导文化还具有激励作用、凝聚作用、创新作用和辐射作用。对于领导体制结构、运转程序、决策过程以及领导者的行为、态度、价值观等，都直接或间接地受到领导文化的影响和制约。总之领导文化的作用主要体现在内聚人心、外塑形象，全力实现组织的目标。

第二节　领导文化的主要内容

领导文化的主要内容包括领导精神、领导价值观、领导魅力等。

一、领导精神

领导精神作为一种客观存在，是建立在领导者个体对组织整体的特征、价值、形象的理解和认识基础上，是领导文化的内在结晶。

领导精神包括领导者自身具有的并形成极具感召力的素质和品格、领导者所具有并极力推崇的良好的精神状态、领导者颇具魅力的领导艺术和工作作风。

领导精神是领导文化的灵魂。精神的力量是巨大的，领导者要把工作干好，就必须有一种干好这项工作的精神，尤其在危难时更需要一种精神，没有精神就没有事业，没有精神就没有成功。领导文化能使领导者的精神力量变成物质力量，领导精神的能动作用对物起着支配和决定作用，使领导者的发展动力得到加强，使领导的功能和潜力得到充分挖掘和极大发挥。

领导者既应有科学精神，也应具有人文精神。科学精神主要体现为：实事求是；相信理性，追求知识；热爱真理，憎恶一切弄虚作假行为；遵循公正、普遍、创新等原则。科学精神重在求真务实，探究万物之理。人文精神是人类对自己生存意义和价值的关怀，包含对人的价值的至高信仰，对人类处境的无限关怀，对开放、民族、自由等准则的不懈追求，凝结为人的价值理性、道德情操、理想人格和精神境界。人文精神重在价值蕴涵，追求理想境界。

领导精神按期内涵的规定性归纳出如下一些共性的内容：工作求实精神，包括求实、实干、实事求是、认真负责、严格细致、讲究质量等；开拓创新精神，包括开拓、进取、改革、探索、攀登等；积极奉献精神，包括忘我献身精神、大公无私、讲贡献，不为名利等；善于竞争精神，包括拼搏、夺魁、求胜等；以及追求卓越精神等。

191

领导精神是在长期领导活动中形成的思想、价值品格、作风、文化修养等个人素质涵养的结晶。领导精神能激发主观能动性，对下属具有引导作用，是领导凝聚力的基础；是激励下属积极工作的驱动力；领导精神是无形的创造动力，它可以提升领导形象，产生一种感召力。

二、领导价值观

价值观是人们对客观事物和个人进行的评价活动在头脑中的反映，是对客观事物和人是否具有价值以及价值大小的总的看法和根本观点。由于人们的立场不同，因而对同一事物的评价也就不同。领导价值观是指一个领导者对客观事物的意义、重要性的评价和看法。领导价值观是领导文化的核心。

一般来说，领导价值观包括下列几个方面：尊重知识（知识经济时代的知识变更理念）、尊重人才（以人为本，人本理念）、科学决策观（民主化科学化的决策观）、系统领导观、信息主导观、有效控制观；除此之外，领导价值观当中还应当树立服务型领导观、开放竞争观念、创新与变革观念、法制法治观念和国际思维观念等。以上这些都是现代领导者必备的价值观念，要树立与市场经济相适应的领导价值观念体系。

领导价值观在制约领导与下属之间的关系方面，具有浓厚的感情色彩。价值观是人们用来判断、区分事物的好与坏、对与错的标准。因此，在判断的过程中，人们自然对那些好的和对的事物表示情感上的支持和赞扬，而对那些认为是坏的和错的事物表示情感上的反对和厌恶；领导价值观对领导行为的约束和规范具有一定的强制性。

（一）领导精神与领导价值观的关系

领导精神与领导价值观既有区别又有联系。二者的区别主要表现在三个方面：

第一，范畴不同。价值观是关系范畴，价值观是人们对客观事物和个人进行的评价活动在头脑中的反映。领导精神是状态范畴，是描述领导主观精神状态的。

第二，作用不同。价值观的作用主要是指导选择，对于某件事值不值得做，在许多值得做的事中应该选择哪件做的问题。领导精神的作用主要是激发主观能动性，形成做成值得做者必做成、最值得做者必先做成的氛围。

第三，隶属关系不同。领导价值观指导领导精神的凝练，领导精神保障领导价值观的贯彻，有什么样的领导价值观，就会有什么样的领导精神；有什么样的领导精神也关系到领导价值观的落实。领导精神与领导价值观的联系表现为二者难以分割，相互作用。领导价值观是领导精神的思想基础，领导精神则是领导价值观的集中表现。领导价值观是领导精神发挥作用的前提，领导精神对于领导价值观的作用有制约性。

（二）领导价值观的功能

1. 导向功能

领导文化的导向价值使下属清醒地意识到，每一个岗位都不是孤立的，每个人的分目标都是与领导和组织的目标紧密地联系着，都有共同的价值基础。领导者的价值趋向直接影响着组织和成员的观念。通过领导者的价值趋向，引导和调节下属的心理、情绪、兴趣、意志、态度和精神风貌，指导着下属的活动和行为，促使他们努力工作。

2. 凝聚功能

领导者的价值观的作用，就是使每个下属的能量都向合理的方向凝聚，产生对领导者的认同感和归属感，从而形成一股巨大的合力。领导者倡导的价值观，常常激励着全体下属，使组织具有鲜明的文化特色，且成为对外界的一种精神象征。

领导职能的履行是靠全体下属共同努力才能得以实现，是组织整体作用的结果，而领导价值观是增强组织整体合力的黏合剂。组织中的每个下属都有其价值观，如果达不成共识，组织就可能成为一盘散沙，也就不能形成整体合力；如果达成共识，就会产生凝聚力。领导与下属的合力越强，所引发的合力越强。合力来自于领导的凝聚力，来自于下属对领导的较强的认同感；来自于领导与下属有共同的为组织奋斗的目标；来自于领导和执行层在工作上都能够发自内心的互相支持的心态；领导价值观如同一种理性的黏合剂，把领导与全体成员拴在同一目标信念上，共同为之努力奋斗。

领导者的价值观一旦确立之后，便具有稳定性持久性的特点，但它并非是一成不变的。相反，它始终处于一种动态发展变化的过程之中，这就决定了他的可塑性，领导者应当培养和造就引领时代的科学的价值观。

三、领导魅力

领导魅力是领导文化的综合反映和外部表现。它通常是指领导者在

193

其全部活动进程中所表现出来的各种特征和品质，以及由此而产生的社会公众对其所形成的总体印象和评价。

领导魅力从其构成要素来看，可分为外观形象魅力和内在人格魅力。外观形象魅力，一般是由领导者的外表、相貌、服饰穿戴、举止言行等所散发出的气质；内在人格魅力，则是领导者的一种融共性的因素构建成的鲜明而又独特的个人素质。它是一种作用很强的非语言的交流方式。具有人格魅力的领导者，就能通过自身良好的综合素质和行为表现，不断提高自己的非权力影响力，用人格力量凝聚人心，鼓舞斗志，团结和带领全体成员为共同的事业努力奋斗。

领导魅力主要体现在以下几个方面：

（1）保持标志性仪态。领导者无时无刻不受众人的瞩目，当领导者进入下属视线的时候，下属就会对其衣着、言行、表情进行观察。领导者在开口讲话之前，所表现出来的气质、仪态，具有深远的意义。

（2）自如掌控肢体语言。领导者的肢体语言是另一种重要的交流手段，肢体语言的自信与否，从另一方面显示着领导者的信誉和专业精神。

（3）以眼神建立特殊联系。眼睛是心灵的窗户，最能表现一个人的心理和情感。眼神交流能帮助领导者与他人建立良好的联系。魅力型领导者通常都会注意控制自己的眼神。在现行观念中，当对话时不能直视对方的眼睛，会让对方感到不安和猜疑，影响彼此关系。魅力型领导者在谈话中会将目光集中在对方以示尊重。正视对方的眼睛表现出来的是一种坦诚，容易被人认可。

（4）展现平易近人的一面。微笑是领导者展现个人魅力的一大法宝，这种平易近人的做法会使人心情舒畅。但对人微笑也要看场合，否则就会适得其反。此外，领导者在实践活动中，可以使用恰当的幽默的表达方式，使自己看起来平易近人，改善人际关系，增进与被领导者的相互了解，在缓和的气氛中表达自己的观点，赢得人们的欢迎和信任。

（5）称赞别人以赢得称赞。称赞让人们觉得开心，并且人们也不时需要这样的感觉。不能优雅地给予或接受称赞，都将视作是一种无礼且令人不悦的表现。富有领导魅力的领导者懂得诚恳地称赞他人的优点，也懂得在受到他人的称赞时微笑地接受。

（6）要移情，不要同情。移情是指领导者要学会站在别的角度看待问题，理解对方的感受。富有魅力的领导者都有着丰富的内心情感，并善于把这些情感感受适宜地传递给周围的人。而同情会使对方有受人怜悯的屈辱感，使对方不自在。

（7）信任他人。信任是指相信而敢于托付的心理。领导者对下属的信任，会在他们心目中架起依托和归属的桥梁，在领导者的实际工作与人际交往中，散发出一种温馨的气息。领导者的信任是无形的，它不求助于相貌年龄装饰之类，人们往往不能触摸到它。领导者的信任又是有形的，一个目光一个微笑紧紧地握一握手，短短的一语交谈，彰显于关键时刻的态度言行，更可感于日常交往的细事琐语之中。

第三节　中西方领导文化的比较

一、中国传统领导文化

中国传统领导文化，在其漫长的传承过程中逐渐形成了一些独有的特点。近代以前中国高度集权化的政治统治，小农经济和相对封闭的社会环境，构建起领导活动展开的社会基础。中国传统领导思想源远流长，博大精深，它不仅是中华民族的宝贵财富，而且是全人类的文明成果。今天对这一丰富的历史遗产进行科学的总结、提炼和概括，对于丰富和发展有中国特色的领导科学与文化，具有重要的意义。

第一，儒家。对中国领导文化影响最大、时间最久的是儒家思潮，中国古代领导思想对世界影响最大的也首推儒家。儒家反对一味以刑杀治国，主张"德治"和"仁政"维护政治统治。儒家强调"同心同德"，对增强领导的凝聚力起到积极作用。孔子的"天地之性人为贵"，与孟子提出的"身贵"的观念，肯定"人人有贵与己者"。这种肯定人格价值的思想，对于建设以人为本的领导文化，也起着积极作用。在亚洲不少国家，儒家伦理与政治思想中的仁义礼智信等内容，也居于其社会思想领域中的主导地位。美国的弗兰克·吉伯尼在其《设计的奇迹》中认为：许多世纪以来古老的儒学劳动道德传统是日本成功的决定因素之一。

第二，道家。道家的无为而治的思想对古代领导文化影响很大，许多政治家提倡垂拱而治。日本企业认为，将道家的思想用于管理，有助于企业巧妙周旋，迂回取胜。

第三，法家。法家主张"法治、霸道"，依靠严峻的刑法构建社会秩序，其核心思想是以力服人，正好与儒家思想相对。在漫长历史过程中，与儒家思想构成了"外儒内法"的领导文化。

第四，兵家。兵家以谋略著称，现代西方国家更是将其中的谋略用于经商，同时取得了很大的成绩。

中国传统领导文化的主要内容有：一是民本思想。民本是指以人民为根本，要求领导者正确看待民众的社会地位，正视其发挥的作用，处理好与民众之间的关系。例如，儒家提倡"民贵君轻论"；二是谋断分离的思想。我国古代关于谋的思想和实践，以及谋和断的意识是对管理和领导思想的一大贡献。其主要内容包括：第一重视谋的作用，第二重视纳谏，第三提倡民谋；三是人本思想，重视人才，善于发现培养和使用人才，是古代领导文化的核心内容。

总之，我国传统的领导文化在理论和实践方面都取得了很大的成就，在当今社会中仍发挥着重要的作用。在今天经济全球化和社会信息化的发展趋势下，我们应给予传统领导文化足够的重视，重新审视其作用，分析和研究其内容，将精华部分融入到现代领导科学当中。

二、西方领导文化

西方领导文化表现为一系列的领导理论的形成及其逐渐发展与完善，试图通过一些实证式的研究和逻辑化的推理，得出一些普遍性的结论是西方领导文化研究的一个重要特色。

现代西方领导文化，是建立在现代化发展基础上的。这一基础由三个部分构成：第一，市场经济。市场经济是西方现代领导文化的经济基础；第二，民主政治。民主政治强调"主权在民"和"权力制约"，使得权力对社会的制约方式变化了，是现代领导文化的政治基础；第三，现代社会结构。现代社会结构是指国家与社会、个人领域与公共领域、政府与市场等方面的高度分化。在现代社会中，可以从二元分化的社会构成分析其意义。可以说这些都是西方长期发展的主要原因，也是我们今天要学习西方领导文化的地方。西方领导理论是丰富多彩的，在如今全球化信息化知识化的 21 世纪，更呈现出蓬勃的发展趋势。

比较中西方管理文化，它们各有所长也各有所短。（1）"管理就是如何指导人，激励人的方法与技术"，这是中国传统管理的基本价值观。它将管理看成是发挥人的积极性的方法；（2）"管理就是如何使资源收益最大化"，这是西方管理的基本价值观。它将管理看成是实现从人到机器所有资源最佳配置的方法，是建立在清晰明确的科学基础上的理性主义管理方式。

由于社会政治制度不同，中西方领导文化有本质的区别。中国领导文化，尤其是政治领导文化、行政领导文化与政治直接相关，带有浓重的政治特征。坚持共产党的领导，党代表人民的利益，坚持社会主义的方向，以经济建设为中心的指导思想，反映在观念和价值取向上，形成了中国独特的文化形态。社会主义的生产目的是最大限度地满足整个社会日益增长的物质和文化需要，是以人为本；而西方资本主义的生产目的是保证最大限度的资本主义利润，是以资为本。中国文化的根本特点是人民当家做主，主人翁精神和意识。主张员工与领导的关系是平等的关系；而西方文化具有纯粹的经济性，西方员工与老板的关系式雇用关系。

具有浓厚的儒家思想色彩的中国文化与西方文化有明显不同的特征，中国文化具有封闭性、稳定性和情感非理性；西方文化具有开放性、易变性和纯理性。

（1）封闭性与开放性。中国"以厂为家"、"爱厂如家"，集体主义，领导主张用一种统一的思想意识去规范全体职工的行为，中国企业尤其是传统私有企业是一个基本属于思想封闭的"家庭"；而西方文化是开放性，主张自由主义，"民主自由"、个人主义，企业主管普遍认为用一种统一的思想意识去规范全体员工的行为是违反自由原则。

（2）稳定性与易变性。中国文化主张团结协作，奉献为公的精神，领导层集体决策，个人对集体负责等，兼顾公平，控制分配差距，文化一旦形成，领导考虑的就是如何不断完善巩固，世代绵延，具有相当的

197

稳定性；而西方文化的易变性是开放性的必然结果，稳定性较差，随机应变。

（3）情感非理性与纯理性。中国文化注重感情投资，进行"感情管理"，讲求"和为贵"、"仁爱"，"关心员工生活"、"尊重领导爱护下级"、"互尊互信互助互谅"等，都充满着浓厚的情感性。这种非理性的因素有效地黏合起来，产生了强大的内聚力；而西方文化的纯理性也是相对于中国文化的情感性而言的，西方注重法制，人们之间发生矛盾和纠纷，动辄诉讼法律解决，组织内部也是强调对员工的依法办事，是一种理想主义。

中西方社会在历史发展的过程中，中西双方的领导思想和管理思想有着明显的不同，形成了各具特色的领导文化。正所谓"尺有所短寸有所长"，中西方领导文化各有优点，也有缺点。构建中国特色社会主义领导文化体系，要求我们能够正视世界各国领导文化的研究成果，积极开展对外交流，博采众长，促进领导文化的创新和发展。科技发展讲求自主创新，领导文化的发展也是如此。建设中国特色的社会主义领导文化，要求在批判和继承的基础上，进行自主创新，实现领导文化的与时俱进。在研究内容上，要深入探讨我国社会主义现代化建设和国际社会深刻变化中反映出的领导文化的本质性问题，力求取得新的进展和突破；在研究方法上，要注重运用多学科的研究成果进行综合性研究，努力促进新型领导文化的建设。构建现代领导文化是一项复杂而艰巨的任务，需要在实践中不断摸索，积累经验；需要不断进行交流学习，取长补短；需要不断加以创新。

第四节　领导文化创新

领导文化的产生和发展基于一定的历史条件和领导活动，如果历史条件和领导活动发生变化，领导文化也会发生变化。领导文化是一个继承与发展、坚持与超越、巩固与创新彼此不断辩证统一的动态平衡的过程。领导的工作是创造性的工作，领导文化也必须善于创新，领导活动才能不断上升到新的层次，社会才能不断进步。如果领导者不具有创新的能力，就不能适应时代发展的要求。领导文化创新要与时俱进，才具有生命力。

领导文化面临改革的挑战。任何一种文化生成与发展都受自然环境、传统文化、民族文化、政治文化、经济基础、社会环境和外来影响等因素的制约，其中经济基础及组织制度对其影响是根本的。领导文化的发展也离不开这个规律，领导文化要超越传统领导文化的障碍，适应社会的发展和改革的潮流。

一、领导文化创新要适应文化体制改革的要求

党的十七届六中全会审议通过了《中共中央关于深化文化体制改革、推动社会主义文化大发展大繁荣若干重大问题的决定》。胡锦涛强调，深入推进文化体制改革，促进文化事业全面繁荣和文化产业快速发展，关系全面建设小康社会奋斗目标的实现，关系中国特色社会主义事业总体布局，关系中华民族伟大复兴。

要深化文化体制改革。当前我国文化管理体制仍然深受计划经济体制的影响，其改革的步伐大大地落后于经济体制甚至政治体制改革，这无疑给我国文化产业的发展增加了许多障碍。从宏观管理层面看，文化行政管理中存在职能不清、责任不明确、相互推诿等现象，行业垄断程度过高，管理成本畸高，行政效率偏低，且政企不分，政府职能错位、失位、越位；从经营体制方面看，政企不分仍然很突出，既不是真正的市场主体，参与自由竞争，也不是行政监管机构，不能对市场上的不良现象进行干预。行政主管部门与文化经营单位之间的责、权、利不清，人员编制、岗位设置、人事任免、经费开支等没有完全的自主权，无法形成法律意义上和市场意义上真正的法人实体；从分配体制方面看，不能真正体现根据劳动、资本、技术和管理等生产要素的贡献参与分配的原则。文化体制改革滞后是束缚我国文化产业发展的主要原因，必须深化文化体制改革，发展文化产业。

领导文化的发展要与文化体制的改革同步。领导文化是整个人类文化的重要组成部分，必然受到整个人类文化的影响，而人类文化是在不断地进步与发展，文化体制的改革要求领导文化必须与之同步发展，否

则就无法有效地进行领导工作，领导文化的变革势在必行，不进则退，落后于时代的领导文化必然会被淘汰。领导文化建设要不断创新，与时俱进。

（一）全面贯彻落实党代会的精神，进行领导文化创新

建构"以人为本"的和谐社会和服务型政府，牢牢把握社会主义先进文化的方向，进行领导文化创新，促进领导文化的发展。从一定意义上说，执政党与民众、政府与社会之间的关系是和谐社会关注的焦点。要进行"以人为本"的和谐社会和服务型政府的建构，从科学发展的时代需求出发，对传统领导文化进行现代性的改造，在文化观念上实现价值规范的转型，使之更契合政治民主化与社会和谐化的领导理念，这不但是领导力提升和具有先进性的必然途径，而且是引导公众意识，巩固社会基础的现实需求。显然，领导文化的建构，成为代表先进文化前进方向的理论内涵和时代发展的要求。建设中国特色的领导文化，要按照先进文化的本质要求，将领导文化建设纳入先进文化的轨道。

（二）将推进文化体制改革作为促进领导文化创新的动力

文化体制改革的深化，给领导文化注入了新的发展动力，使领导文化的发展达到一个新的层次。要以改革促创新，深化文化体制改革，发展文化，坚持文化创新，实现领导文化创新。首先，是促进领导观念适应改革发展的要求；其次，是创新体制，转换机制，推进领导文化创新。新的文化管理体制，既要体现党的领导，又要体现文化的特点，保证领导有效行使管理职能，促进文化的发展。要建立和完善文化创新机制，改革领导文化发展模式，坚持文化建设的社会主义性质。弘扬先进的领导文化，改造落后的领导文化，抵制腐朽的领导文化，提高领导文化的竞争力，充分发挥领导文化的引导作用。

（三）由权力主义的领导文化，向参与型的领导文化发展

权力主义的领导文化过分强调行政权威的作用，通过命令、计划、制度等对下属加以约束，严重阻碍了共识的产生。在现代领导活动中，必须打破权力的桎梏，实行恰当的合理的分权和授权，鼓励组织成员共同参与组织领导，促进共识文化的形成和发展，实现由权力主义的领导文化，向参与型的领导文化发展。

（四）提高领导思想道德和科学文化素质，加快领导文化队伍建设

加强思想道德建设，培育塑造人文精神和科学精神，提高领导形象和领导力。领导文化建设要与精神文明建设相结合，与思想政治工作相结合，与建立规章制度相结合，与塑造良好的领导公共关系相结合，发扬优良传统与汲取外国先进经验相结合，"硬"措施与"软"工作相结合，刚柔相结合的领导管理风格，严格管理与耐心说服教育相结合，等等，以适应文化发展的需要，努力提高领导文化科学发展水平。要完善优秀人才脱颖而出的体制和机制，把文化建设的内容纳入领导干部培养体系中，加强领导班子的建设，加快培养造就优秀的领导文化队伍。

二、领导文化创新要适应经济全球化和知识经济发展要求

在经济全球化和知识经济的背景下，领导文化创新就是要对原有领导文化的理念、核心价值观、管理模式和领导文化的表现方式赋予新的创意。

创新是知识经济时代主导性经济活动，因此要大力提倡和树立积极的创新意识，开展创新活动，培育和形成重视创新、勇于创新的领导文化氛围；知识经济时代人才资本和信息资源成为最重要的经济资源，领导文化创新必须依靠创新型人才；经济全球化使世界经济日益成为紧密

201

联系的一个整体，是世界经济发展的主要趋势，经济全球化导致竞争的内涵发生变化，既竞争又合作，领导文化必须不断融合多元文化。信息全球化带来了新的信息环境，对传统文化造成了巨大冲击，这种作用不是单方面的，传统文化在受到冲击的同时，也对信息环境发生着反作用。领导文化创新要适应经济全球化和知识经济发展要求。

（一）领导理念的创新

领导理念要适应经济全球化和知识经济要求，体现社会的发展和人类文明的进步，领导理念要由市场体制观念向领导文化与国际接轨的新观念转变；由利润导向向诚信导向转变；追求经济效益最大化等观念将被淘汰，与文化管理向对应的崭新观念将被建立，如诚信、以人为本、以义求利、育才型领导、学习型组织、绿色经济、战略同盟、追求双赢等观念。强调人性化与领导互动的重要性，从把领导视为上对下的"统御"或下对上的"接受"的领导观，转变为上下互动的"影响"领导观。在这里这种影响是互动的、双向的，而不是单向、孤立的，它既强调上对下的令行禁止，又重视下对上的心悦诚服。

积极转变文化发展的理念，首先，要彻底转变"中国是一个资源贫乏国家"的传统理念。在自然资源上，中国确实是一个资源匮乏的国家，人均资源占有更是在世界平均水平以下。但是在人文资源方面，中国却有着五千多年悠久的文化积淀；其次，要转变仅以物质财富生产来衡量国家财富和生产能力的观念；再次，要转变文化创作、传播活动并非经济产业的思维。除了文化本身能够带来直观经济价值以外，越来越多的传统产业和行业，也逐渐依靠文化创新来提高其附加价值；最重要的是要彻底转变唯意识形态的观念。要认清"文化"的两面性，即精神属性和市场属性。要承认"文化"既有宣传教育的影响作用，也是具有消费价值的商品。文化除了意识形态属性，还有经济属性。

领导理念的转变，是领导文化创新的前提，要在不同时期提出新的领导理念，作为领导文化和组织变革的先导。所以领导要树立新思想、新理念、新思路，并且体现在新举措、新方法、新制度上。

（二）多种文化的融合

经济全球化发展极大地丰富了文化传播的形式和内容，为不同文化的相互交流架设起桥梁的同时，也造成了不同文化间的冲突和摩擦。经济全球化是一个多种文化冲突、互相渗透、互相影响的过程，要注重多种文化的融合，领导文化要积极融入世界。

发达国家在领导文化建设与更新方面积累了大量成功的经验，值得我们借鉴。因此，要认真学习与实践，不能照搬以免失去中国领导文化的竞争力，要结合国情和本组织的实际情况，实施国土化，改造自身的文化，使封闭守旧的传统领导文化，向开放创新的现代领导文化转变，适应经济全球化和知识经济发展的要求，拉近与先进文化的差距，实现不同文化的交融，缓解文化冲突。在实践中不断创新超越，创建具有中国特色的开放的领导文化。

（三）领导管理模式和文化的创新与发展

领导管理模式和文化由经验管理（官本位、家长式）、科学管理（制度本位、指挥式）向文化管理（价值本位、育才式）发展。文化管理是一种新的管理模式，是更高层次的一种新型的管理思想和管理方式，其核心是以人为本，实现有效管理，这是制度化管理难以达到的效果。文化管理是组织运作的灵魂，是对组织生命有机体的管理，是对组织运作的根本战略管理，是科学性和艺术性相结合的管理，文化管理是对组织风格的管理，是一种塑造人、培养人的长效管理，是一种根本思维方式的管理。在合理地运用管理手段的前提下，充分发挥领导文化的内涵，进行文化管理。领导者在运用管理手段的同时，更像是一个良师益友，使下属得到温暖的人文关怀，并在工作中激发潜能，更好地实现组织目标。

（四）领导文化从"雷同化"、"形式化"向"个性化"转变

不同的组织要有不同的领导文化，缺乏个性化，"雷同化"、"形式化"、流于表面的领导文化，不仅难以在广大下属中达成共识，而且也

难以发挥领导文化的作用。

个性化的领导文化包含一种独特的理念和管理方式，可以形成一种特殊的气氛，使下属在其中可以感受和理解领导文化的真正内涵，可以塑造一种与众不同的气质，使领导在公众的心目中树立一种鲜明的形象。个性化的领导文化是一个组织的核心思想和灵魂支柱，一个组织要实现长远发展，必须建立独具特色的领导文化。

领导要挖掘提炼本组织的领导文化个性，为此，领导要提高自身素质，深入实际对本组织的内外影响因素进行调查研究分析，提炼和抽象出本组织的文化特色。

（1）在观念上，真正体现本组织领导文化的真谛，形成创新务实的风气，防止领导文化走形式脱离实际，将领导文化做实，领导在管理观念和方法上，要从经验管理向文化管理转变。

（2）在建设领导文化的过程中，在提出和灌输领导文化体系时，应该突出本组织特色和个性，有创新才能起到领导文化的功能作用。

（3）领导应该遵循认知科学规律，重视领导文化的心理建设机制。

（4）创造良好的心理环境、制度环境和物质环境，使新的领导文化得到共识和认同。领导要充分发挥主动性，独立大胆地创造出具有本组织特色的个性的领导文化。

（五）建立领导文化体系

领导文化要从强调领导精神等某一方面的建设，转向进行领导文化体系的建设。领导文化体系包括：领导宗旨，领导协作精神，领导服务功能、目标，领导新理念新意识，领导新的经营方针，领导力和执行力等等。加强领导文化体系的建设，深化各方面的改革，才能赋予领导文化以生命力，促进领导文化不断发展更新，使领导文化向更高的层次和水平发展。

三、领导文化创新要适应现代社会组织结构的变革

在工业社会向现代社会的发展过程中，相应的组织结构也在进行变革。而领导行为不仅仅是一种行为，而且是一种文化现象。因此，一个

组织的变革，不仅要考虑经济和政治因素，还必须进行文化的创新。领导文化创新要适应现代社会组织结构的变革。

（一）现代社会组织结构的变革

在工业社会中，严格的制度和层级结构规范着不同阶级之间的权利和利益关系，规范组织成员的行为和思想。

在现代社会中，使层级结构赖以成功的条件正在或已经发生了变化：市场发生了变化，消费需求由无差异性向多样化和个性化转化，从而失去了标准化生产和一致性政策的基础，满足个性化的消费需求，要求组织更具有弹性；需求与市场相对稳定转变为市场变化频繁、环境复杂、不稳定发展；市场变化的可预测性转变为市场变化不仅无法控制且难以预测，从而使组织活动的内容方式要及时调整，要求相关的权力从管理中枢向下分散。

弹性的、分权化的组织不可能完全在原有的组织结构上运行。新形势下出现了"网络组织"，以补充过去层级结构的不足。网络组织的主要特征：一是在构成上是"由各工作单位组成的联盟，而非严格的等级排列"；二是组织成员中的角色不是固定的，而是动态变化的；三是组织成员在网络结构中的权力地位不是取决于其职位，而是来自他们拥有的不同知识。

未来的组织是"网络化的层级组织"，是集权和分权的统一，稳定与变化的统一，一元性与多元性的统一。

（二）领导文化要适应组织结构的变化

第一，在工业社会，领导文化是用来调节不同成员在组织活动中的非正式关系。领导文化对下属的影响主要表现在行为导向、行为激励以及行为协调三个方面。工业社会领导文化是作为管理的一种辅助手段而发挥作用的，作为补充手段规范制度手段和层级结构无法触及的地方；而在现代社会，领导文化从作为管理的一种辅助手段，转变为领导过程中的重要手段。

第二，在工业社会，领导文化不是刻意追求的结果，而是领导者在客观领导过程在成员心理反应上的积累或积淀，是普遍认可的价值观念、共同信守的行为模式和广泛流传的态度作风的结果。用领导文化来规范和引导员工行为，实际上是对经验的使用；在现代社会，领导文化是自觉创造的产物。文化是现代领导管理的重要甚至是主要手段，是组织协调和统一组织成员行为和思想的工具，这就要求领导者或组织，不能等待领导文化在领导过程中在领导成员心理反应上的积累或积淀后再缓慢形成，而要自觉创造。

第三，在工业社会，领导文化是一元的，倡导共同认可的价值观和行为准则，如果某个成员的价值观不能被组织的其他人员所接受，那么他将受到冷漠对待甚至被排斥出组织。领导文化的一元性，是与工业社会的层级结构相适应的；在现代社会，领导文化强调文化的多样性和多元化，允许一种价值观与主导价值观共存。

综上，领导文化的现代化是个变化、发展、积累的过程。领导文化只有适应时代发展和要求，吸取传统文化的精华和国外先进的领导文化，借之以现代文明的特点，进行文化创新，才能充分发挥领导的潜能，提升领导力，在瞬息万变的社会中立于不败之地，使领导工作不断发展。

第十二章

人际交往：领导成功要素之一

　　领导工作的管理对象中的各个不同因素、管理的各种手段和管理过程中的各个不同环节，都需要通过人去掌握、执行和推动，因此与人交往是由领导性质所决定的。一个领导者能与他人相互支持才能成功。领导的成功要素之一是要有良好的人际关系，在实践中有许多有能力的领导，往往失败是失败在人际关系上。据有关资料显示，50%以上的企业经理和30%以上的高级经理不同程度的存在人际交往的困难。怎样与人交往，如何建立良好的人际关系，这是领导者做好工作的关键。

第一节　人际交往概述

一、人际交往的含义

　　人际交往，简称社交就是社会交际，是人与人之间的往来接触。即人们在社会生活中，为了满足某种需要而进行的信息交流或联系。这个定义限定了人际交往的三个方面含义：人际交往发生在人与人之间；人际交往以语言为媒介；人际交往是一种联系和相互影响。

二、人际交往的功能

　　随着社会的迅速发展变化，人际交往的范围越来越广泛，人际交往的功能越来越突出，主要表现了四种功能。

1. 信息沟通功能

沟通是人们传达信息，交换意见，表达思思，抒发情感的通道。信息是社会的命脉，没有信息沟通的社会，是没有生命力的社会。一个组织的成败，关键在于信息的沟通，取决于上下左右之间通过有效沟通建立起来的组织文化、价值观念和道德规范。通过信息沟通统一认识，明确方向，使信息成为组织发展的推动力。

2. 人际协调功能

人与人之间，部门与部门之间，是一个相互依存、相互矛盾的统一体。由于民族、文化、职业、性格、岗位的角色地位不同，人与人之间，上下级之间，单位之间，不可避免地会出现矛盾和冲突。要解决矛盾和冲突，就要及时掌握人们的心理和情绪变化，让对方多说话，疏通发泄渠道，建立稳定的安全门。为了减少冲突，防止矛盾激化，可以采取谈心、交流、协调、平衡、让步等方法，建立一个有效的人际关系网络。

3. 凝聚人心功能

得人心者得天下，这是千古名言，也是领导的真谛。"新官上任三把火"为历来开始上任的领导者所推崇和施行。然而怎样烧这三把火，关键在于深入群众，了解群众，他们在思什么，他们需要什么，在领导与群众之间要先架一座沟通之桥，在一些重大问题上要达成共识，这样才能凝聚人气，振奋精神，打开上任的新局面。在整个领导活动之中，要始终打开领导沟通群众的渠道，与群众同呼吸共命运。"远亲不如近邻"这是人际间经常交往的亲密反映。它也说明，领导离群众越近，凝聚力就越大，影响力就越深。

4. 心理保健功能

心理上得不到满足的人一样受到创伤，也会影响心理健康。社会交往是人的基本需要之一，人不可能是一座孤岛，必须与社会交往，与人交往，广交朋友，自得其乐。通过交往既可以取他人之长补己之短，不断自我完善，又可以展示自己的特长，实现自我价值，使人生更具有意义。友谊是无价之宝，没有好朋友的人感到心里空。友谊是人生的强心剂，是心理健康的有力保证。

领导工作需要处理与内部和外部公众的关系，就得在正式、非正式场合，代表组织与外界交往。领导工作目的的达到，领导工作任务的完成，需要通过不同形式的人际交往来实现。因此，领导者必须掌握人际交往艺术。

第二节　人际交往的形态

人际交往的形态包括：语言交往和非语言交流。

一、语言交往

在人际交往活动中，绝大部分活动要运用语言交往，以语言为桥梁，交流思想，交换意见，传递信息，沟通情感，加深友谊。

语言交往的传播媒介包括：有声语言媒介和无声语言媒介。（1）有声语言媒介具有信息反馈迅速，形式灵活多样，传播效果最明显等特点；（2）无声语言媒介是通过印刷文字进行信息传递到媒介。具有超越时空，传播很远很广泛；协作容许思考的时间更多，因此表达更准确；文字语言便于长久保存，但是没有有声语言传递迅速等特点。

二、非语言交流

心理学家奥·梅热认为：一句话的沟通效力是：38%语调＋55%表情＋7%语言。非语言交流能准确地反映出话语中真正思想和感情，所以非语言交流是在人际交往中被广泛运用的一种重要沟通方式。掌握不同的身体动作语言表达的公共含义，是顺利地与他人进行沟通交往的基础。

非语言交往的传播媒介包括：有声非语言媒介和无声非语言媒介。（1）有声非语言是传播过程中有声而不分音节的语言，也就是"类语言"。常见形式有：笑声、掌声、语调、重读。特点是信息在一定的语言环境中得以传播；同一形式其语义并不是固定不变的；（2）无声非语言指各种人体语言，也称"身体语言"。是以人的动作、表情、眼神、空间界域、服饰等来传递信息的一种无声伴随语言。

眼睛语言。眼睛具有反映深层心理的功能，是"心灵的窗户"，是沟通中最明显最准确的信号。瞳孔，是心理活动高度灵敏的显示屏，瞳孔的变化，如实反映大脑的思维活动，它是无法用意志来控制的。当人喜欢、兴奋、惊恐时瞳孔放大；当人消极、戒备、生气时瞳孔缩小。当一个人不诚实或企图撒谎时，其目光与你的目光接触，往往不足通话时间的1/3且不敢直视。当对方的目光与你的目光接触超过谈话时间的2/3，而且瞳孔放大，说明被你的谈话吸引。但如果同时瞳孔缩小且直视你，可能对你有敌意，向你表示无声的挑战。

手势语言。不同的手势有不同的含义。一般来说，握拳表示愤怒、不满、敌意或下决心，搓手表示跃跃欲试，摊开双手表示真诚、坦白，摊开双手并耸耸肩表示无可奈何、无能为力，把手插入口袋表示信任，用手支着头表示厌倦，用手掩嘴表示吃惊或不愿让旁人听见，手托腮部表示感兴趣或思考问题，双手绞在一起表示紧张、不安，双手置于大腿上表示镇静，用手抓后脑勺表示焦急、思虑，托摸下巴表示老练或不自在，不自觉地摸脸、摸鼻子、揉眼是撒谎的表现，持烟不动、任其自燃表示正在紧张思考，不断地磕烟灰表示不安、矛盾，突然熄灭正燃的烟表示决心已下，等等。

握手时要遵循"尊者决定"原则，即在双方相见时，年长的、地位高的、女士先伸出手，年幼的、地位低的、男士才能伸出手。同辈之间谁先伸手谁更主动、礼貌。社交式握手时间为1~5秒，握手时伸出的应是清洁的手、热情的手，握手时应注视对方。注意不要在谈话时伸出食指，向对方指指点点，这种手势是极不礼貌的行为。

语调、重读。交往中的语言，尽量使用明朗的声调，给人美的享受，使用顺口悦耳的词语，保证好的语音效果。语音音量不宜过高或过低。频率适中，不宜过快或过慢。语音要随内容、气氛的变化而表现出高低抑扬、快慢急缓、强弱轻重、顿挫断连等多种变化。同时注意变换语调，使语言具有强烈的节奏感和音乐美，让听众有一种听觉上的享受。语气尽量诚恳和善。领导者在演说中，适当的重读，可起到强调、吸引注意、变换情绪等作用。演说中适度的停顿有很重要的作用。马克·吐温说："恰如其分的停顿经常产生非凡的效果，这是语言本身难以达到的。"温斯顿·丘吉尔也曾说："我故意作一下停顿，让议员们充分地理解和吸收，我和听众都得到了喘息的机会。"

着装。它显示一个人的个性、身份、涵养及其心理状态，代表一个人的经济活动能力和生活品位等多种信息，在与人交往时它还表示彼此尊重的程度。俗话说："视其装而知其人"。因此，一个人的着装，将直接关系到别人对其个人形象的评价。在正式社交场合要特别注意自己的衣着和服饰。要遵循"TPO"原则，即人的着装，必须与时间、地点、目的相适应、相协调。要保持整洁、平整，按正确方法穿用。衣扣、裤扣要扣整齐，衣袋内不要存放太多的东西，衬衣、袖口、衬领要干净，下摆扎进裤内，内衣、内裤不能外露等。

赠送礼品，礼尚往来，自古就是我们中华民族良好的传统。它是人际交往中一种表达友谊、敬重和感激常用的形式，目的在于沟通感情，保持联系。它的交际价值大于礼品的使用价值，因为，它能传递组织的情感和新信息。比如，通过赠送组织自己的名特产品、新产品样品传递组织的产品信息；赠送组织自己设计的、有本组织特征的纪念品，能传递组织的形象信息。不管什么样的礼品，最重要的是他能联络感情，表达礼仪，协调关系。

第三节　人际交往的心理障碍与排除

一、人际交往的心理障碍

人际交往并非在一切时候、一切场合都是畅通无阻的。实际上交往常出现差错和障碍。阻碍人际正常交往的因素有两个方面，一是物理的；二是心理的。随着物质文明程度的高度发展，由物理因素造成的交往障碍已大部分被排除了，而心理因素造成的交往障碍显得突出起来，主要有以下几种：

第一，语言障碍。语言是沟通的工具，恰当的措辞和语言表达方式，可以更好地实现沟通，在现实交流中一定要注意语言问题，避免措辞使用不当、表达不清、使用方言、断章取义、歪曲理解等行为。

第二，文化差异障碍。文化差异障碍表现在两个方面：一是双方受教育程度不同造成的文化素质差异过大；二是双方所接受教育背景不同，如东、西方文化差异等。

第三，认识障碍。认识障碍是由于双方价值观或者认识问题的角度、思维方式等因素引起的。双方对同一问题可能会有不同看法，从而形成认识障碍。

第四，情绪障碍。情绪在一定程度上决定了交流的成败，平和的情绪有利于双方理解信息、传递信息。相反，如果双方都处在情绪不稳定的状况下，交流就会出现偏差，甚至对立，愤怒、怨恨、猜忌等情绪都可能导致误解。

第五，个性障碍。个性障碍起源于沟通双方在性格、兴趣、信仰、爱好等方面的差异。诚实的人发出的信息即使有些失真，往往也要比虚伪的人发出的信息更容易被人们认同。双方在沟通过程中，性格上的障碍会对双方造成很大的困扰。

第六，态度障碍。由于人们对待事物的态度，所持的观点立场有所不同，在交往中侧重点也会有所不同。例如，下级和上级交往中的"报喜不报忧"现象，掩盖缺点的现象。如果双方在对待阶级、民族、派别、社会地位、健康状况等方面存在偏见，将会造成严重后果。

二、人际交往心理障碍的排除

为了排除人际交往的障碍，提高人际交往效果，可从以下五方面入手。

1. 寻找共同语言，突破交往阻隔

交往双方必须有共同的话题、共同的语言，没有这些共同点，你就

是再主动、再热情、再有耐心，对方也认为你老是想"缠住他"，必欲躲避，即使勉强相交也会弄得不欢而散。然而，人与人在心理素质上的差异性是客观存在的，由于各人所处的社会位置不同，各人所担负的社会角色不同，个人知识、阅历、生活经验和生活方式不同，人与人之间在心理上的差异是各不相同的。但是，由于社会制度、地域、文化背景的相同，又使人与人之间存在着或多或少的心理共同点，要努力寻找共同点。

交往的发生和进行，实质是信息的传递、接收、理解的共享，当然，这是以双方的共同知识和经验为前提的。如果交往的话题和语言不在双方共同的知识和经验的范围之内，在交谈之初，就显得话不投机，继而使交谈难以进行，最终使沟通中断，交往无效。所以共同点，也即共同的知识和经验，就显得尤为重要，找到了共同点，就能突破心理隔阂。

2. 参加交往对象感兴趣的活动

如果因为心理的不相容或偏见、成见使有目的的交往难以进行，积极的一方不妨先真诚热心地参加对方感兴趣的活动。这样可以保持与对方的直接接触，消除彼此间的生疏感和隔膜感，增进相互了解。而且，共同的活动可以协调双方的行为动作，使双方为共同的活动融洽彼此的感情，使之产生心理上的互动和回流，进而为预期的交往创造有利的气氛。

3. 满足交往对象的合理需要

交往双方往往在心理上存在一定的障碍或戒备，而要消除这种感觉，实现双方的情感沟通，最好的方式是关心对方的生活和工作，尽量满足其合理需要。通常人们在获得超过损失时，才愿意与对方交往，若达到了预期的目的会对交往表示满意。如果它对团体内的先进成员是一个鼓舞和促进的心理力量，对团体中的中间或后进层次的成员就是一种无形的心理上的压力。它虽然不具有强制性，但对这些人来说却是难以抗衡的，会使他们的心理状态失调。这时正是通过交往，团结全体成员共同进取的有利时刻。利用这一时机进行交往所取得的效果可以超过行

213

政命令。

4. 创造良好的交往气氛

在团体处于欢愉的气氛中，或个人露出欢乐的情绪时，容易实现交往的目的。因为在团体的欢愉气氛中，在个人浸于愉快的情绪里，最易激发助人的行为。反之，在气氛沉闷和心情不舒畅的时候，难于接受别人的求助。这不是主观的猜测，而是心理学家经过实验研究得出的结论。而且实验证明，在喜庆的日子里，即使是"老生常谈"也会产生作用。所以创造良好的交往气氛，有利于排除人际交往的障碍，提高人际交往效果。

5. 增强自身的知识水平

每个人都喜欢同知识丰富的人交往，所谓"近朱者赤，近墨者黑"，交往是互相的过程，在和对方主动交往的同时，也应用自己的知识去吸引对方，使他们乐于交流。这就需要有足够的知识量，能快速找到对方感兴趣的话题，并拥有一定的见解，从而给对方一种知音的感觉，这样便可很好地与之交流。

214

第四节　人际交往的艺术

人际交往成功的前提，是要给人留下良好印象，树立良好的交际形象。

一、遵守人际交往原则

遵守人际交往原则，是建立良好人际关系的根本。人际交往的基本原则是"平等、互利、相容、守信"。（1）平等。人都有友爱和受人尊敬的需要，没有平等待人的意识，就谈不上建立密切的交际关系。这种平等包括：政治平等，法律平等，经济平等，人格平等；（2）互利。也是人们在交往过程中所要求的，互利在形式上有三种：一是物质互利，二是精神互利，三是物质——精神互利。在交往的双方，都有利可图，提倡的是有益于社会和他人的互利；（3）相容。就是心胸开阔、忍耐性强。能相容的人，则是有自信心、坚强意志、更高理想追求的人，相容是为了团结人，减少不必要的纠缠，而主动容忍他人的过程。人际交往需要具备相容精神，严于律己，将心比心，宽厚待人，小事不斤斤计较，有助于组织搞好人际关系；（4）守信。是在交际中讲真话，遵守诺言，实践诺言。守信是言必信，行必果。说话算数，不说大话、不吹牛，言行一致。

二、注意交往中的细节

第一，要礼貌的寒暄。与人首次见面，一定要礼貌地寒暄，表示出谦恭礼让的态度。随时说声"你好"，或适时招呼"早安"、"午安"、"晚上好"等。

第二，恰到好处地仪表修饰，穿着表现个性。穿着可以直觉表现人的个性，为了给人留下第一好印象，服装上力求整洁、庄重和协调。

第三，交际的过程中，要经常面带微笑。微笑是一种无声的语言，它显示出一种力量、涵养、友好的愿望。微笑是交际成功的通行证。

第四，注意倾听。与人交往时，要善于倾听别人的谈话，使对方感到你的尊重与兴趣，否则是很不礼貌的。

第五，记住对方的名字。无论身处何种场合，当他人将对方介绍给你时，必须马上记住，并能叫出对方的姓名，唯有如此，才能显示出你的亲切感。

三、交谈中的艺术

1. 选择话题的艺术

应选择对方感兴趣的话题。交谈时，应注意观察，避免自己不了解的事情、不感兴趣的话题、令人不愉快的话题。

215

2. 提问的艺术

提问要看对象、看时机。看对象指对方习惯接受何种提问方式，如对方是工人、农民，就不要咬文嚼字，可以直率、通俗地提问题；对方是知识分子，就可以理论探讨方式说起；看时机指一个话题结束或告一段落再提问。时机选择不好，你的提问再有价值，也会使对方对你产生不愉快的印象。

提问时要注意：（1）语言简练，让人能听出问题核心是什么；（2）最好只提一个问题，若多个问题一并提出，会造成对方思想混乱；（3）注意语言、语气不能生硬，平等待人；（4）注意提问的连续性，不要先讲结论后提问；（5）对方禁忌或双方敏感的问题，可采取迂回的方式探问，如价格、利润分配等；（6）注意交谈距离和提问动作；（7）观察对方的态度，若提问后对方眉头紧皱，可能有难言之处，应转变提问方式或话题，避免陷入尴尬境地。

有效提问艺术，寓于下述三个方面：（1）有效提问，应在"问者谦谦，言者谆谆"的心理氛围中进行。这种提问给人以真诚感和可信任的印象，从而使答者产生平和从容的感受，达到预期的目的；（2）有效提问，应使用一定的提问模式：有效提问＝陈述语气＋疑问语缀。向对方提问，要获得"有效性"，最好的模式是：先将疑问的内容，力求用陈述句方式表达，然后附以一些疑问语缀，与此同时配以赞许的一笑，效果必然可嘉。如"你能提出一个切实可行的方案，这很好，能先说一个吗？""我知道你能帮助解决这个问题的，你有什么建议吗？""今天有很多工作，我们必须要在今晚干完，你看能行吗？"等等。这种提问，可以调动对方回答的积极性，充分满足对方可望肯定和嘉许的心理；（3）有效提问，应善于应用延伸艺术。如果一次提问未能达到自己的问话目的，运用延伸提问，将是有效的。如可以继续问："为什么会这样的？""您是如何想方设法地？"或采用默语，以适当的沉默，让人留有余地，置对方于宽松的回答气氛中，使之有更详细地阐述。

3. 拒绝语言艺术

婉言拒绝艺术，常见的有如下几种：

（1）推脱拖延。在社交中，对方提出的问题感到难以回答或根本不想回答，又不便立即直接拒绝，可找一些借口推脱掉，实在一时推脱不开，也要尽量采取拖延的办法，如说："对不起，我现在有会，不能奉陪了，请谅解！"

（2）诱导否定。在对方提出问题以后，不马上回答，先讲一点理由，提出一些条件或反问一个问题，诱使对方自我否定，自动放弃原来提出的问题。例如，罗斯福当海军军官时，一位朋友向他问到新建潜艇基地的情况，罗斯福反问："你能保密吗？"对方回答："能"。罗斯福笑着说："我也能。"

（3）"是，然而……"在社交中，当你的意见与对方的看法有出入时，要否定对方而肯定自己的看法时，最好是先以"是"肯定对方的说法，再转折一下，最后婉转予以否定，使对方在不知不觉中愿意接受你的意见。

（4）倾听与沉默。有效使用默语，可以不必明白说出"不"字，也能把"无言的不"传达给对方。这种方法的前提是，开始一直注意听他说话，但当你有机会发言时，却以沉默作答，以示否定。

4. 倾听艺术

在人际交往中，人们一般都希望别人成为忠实的倾听者。听别人述说也要讲究艺术。

（1）注视对方。必须以柔和的目光注视对方。如果目光漂移不定，就表示心不在焉，缺乏诚意。

（2）点头肯定。对方所谈的问题与自己产生共鸣或值得肯定时，不妨点头表示赞同。

（3）有呼有应。倾听中不妨适时地随声附和"是"、"对"、"有道理"等，以鼓励对方。但对于对方明显的错误不应表示赞同，可沉默不语。

（4）不要打断对方，不要贸然地中途给对方的谈话下决断性的评论。

在人际交往沟通的过程中，要谨记八零二零法则，即与人交往沟通时，用80%时间去问去听，用剩下20%的时间告诉对方一些事情。沟通并非意味着多讲话，有效地聆听和发问反而是高效沟通的必要技巧。

5. 赢得争论的技巧

在交际中往往会发生争论，若能正确处理，反而会加深交往。为此应做到：

（1）认真倾听对方陈述。不要打断对方，让对方把话讲完。这样对方也能听进自己的意见。

（2）保持理智。应心平气和地交换看法，解决问题，切忌感情冲动、讥讽、斥责甚至谩骂对方。

（3）在回答问题前，稍作停顿，表示对方说的话，已引起自己的思考。

（4）及时肯定对方发言部分。在争论中，应找到双方观点一致的地方，并加以肯定，以便换取对方的让步。

（5）为对方准备退路，以便使其在退却时不失面子。

（6）让第三者证明自己的论点的正确性。第三者站在局外人立场上，说话客观，不容易刺激对方的自我意识。

第五节　学会做一个受欢迎的领导

一个使人受欢迎领导，才能更好地开展工作。所以领导要学会做一个受欢迎的领导。

1. 热情诚恳的待人

领导者在与人交往中，以热情的态度对待别人，就能激发对方与你交往的欲望，从而受到欢迎。要以诚恳的态度说服对方，唤起对方的友好情感，让人感觉你是一位亲切友好的人。做到端庄而不矜持冷漠，谦虚而不矫饰做作，上交不献媚，下交不轻慢。要有极大的耐心听取对方的意见和反映，要宽容，对别人的过错、无知，甚至无理能够忍让、接纳。

2. 发自内心的微笑

微笑是调节人际关系的兴奋剂。微笑是友好的标志，可以微笑感染对方，谁也不愿意看到一个愁眉苦脸的领导，相反，你真诚地微笑，你就可能感染他，使他调整态度，或者使他感到愉快；微笑可以激发热情，微笑可以增加创造力。微笑语言所表达的是：我喜欢你，很高兴见到你，使我快乐的是你。

戴尔·卡耐基在《人性的弱点》一书中告诫人们："抬起头，注视四周，向人们微笑，你就已经面向成功了。"日本"办公室生存"、"5S"，原则是：微笑、效率、诚挚、安全、敏感。

微笑具有无穷的魅力：微笑不花费一分钱，但却能给你带来巨大的好处；微笑会使对方富有，但不会使你变穷；它只要瞬间，但它留给人的记忆却是永恒；没有微笑，你就不会这样富有和强大；有了微笑，你就会富而不贫；微笑能给家庭带来幸福；能给生意带来好运，给你带来友谊；它会使疲倦者感到愉悦；使失意者感到欢乐；使悲哀者感到温暖；它是疾病的最好药方；微笑买不着、讨不来、借不到、偷不走；微笑是无价之宝；有人过于疲累，发不出微笑，把你的微笑献给他们，那正是他们的需要。领导者在工作中要微笑待人，而且应该是发自内心的微笑。

219

3. 记住别人的名字

在人际交往中，领导者能记住对方的名字，并在第二次相遇时，能礼貌地呼出对方的名字，那么会使对方感到他在你心目中有很高的地位，他会非常愉快；反之，如果见面已经几次了，你仍然记不住对方的名字，见面不打招呼，人家会说你"贵人多忘事"，而与你敬而远之。

记住别人的名字不仅是礼仪的需要，而且是开启友谊之门的钥匙，寻找合作伙伴的桥梁。它对于一个在人际交往中想取得成功的领导者来说是非常重要的。

4. 尊重和赞美他人

人的需要是人的积极性的基础，正是因为需要才导致人们产生各种各样的动机，赋予人们行为的动力，使人们满腔热忱地、顽强地去实现动机目标，满足自身的需要。也正因为如此，人们的生活才显得多姿多彩，社会才不断地进步。

马斯洛提出了需要层次理论，在5种需要中，尊重需要和自我实现的需要属于高级需要。尊重表现为两个方面：一是自己瞧得起自己，觉得自己某方面比较突出，或是从总的方面来看还相当不错，即自我尊重；二是别人看得起自己，对自己有礼貌、赞誉、服从等，即他人尊重。尊重需要一旦得到满足，个人精神面貌将发生重大变化，使人热情、自信，能体会出自己对社会、对他人的价值；相反，如果这一需要未被满足，个人就会产生自卑感，就会对生活失去热情和信心。

每个下级都希望自己受到领导的赞美，林肯总统总是那样"吝啬"于谴责他人，却慷慨于赞美他人，他是位仁慈宽厚的有德之士，受到世人的尊敬。领导者要多看别人的优点，善于利用可以赞美对方的任何机会，而且要表现得坦诚。

5. 进行良好的沟通

面对现代社会日益复杂的社会关系，领导希望建立良好的人际关系，上下级关系和谐，大家上下齐心、精诚团结，具有良好的外部环境及其组织形象。这些可能是与一系列相关的要素有关，但沟通是解决一切问题的基础。尽管沟通不是万能的，但没有沟通是万万不能的。每天工作中的许多事情都离不开沟通，沟通活动就是听、说、读、写，理论上没有什么困难。但是沟通能力大多数人并不高，有待提高。工作中经常出现相互不能理解的形象：下级抱怨上级家长作风，刚愎自用，太无能；上级领导也批评下级缺乏责任心，不安心工作，感觉部属太难管理；组织内部，人与人相互之间非常隔膜，内心封闭、压抑，下属与组织貌合神离，无法建立和睦的关系，必然会降低工作效率。这些问题的原因就是缺乏沟通。所以一个领导者必须学会高超的沟通技巧。一件事情的成败往往取决于一个人的沟通能力，有效的沟通技巧是领导必备的基本技能之一。

所谓的沟通，是人们通过语言和非语言传递信息、知识、思想、情感的交往活动，是人们互相交流思想、情感和信息的人际活动过程。也就是说，当一个人的某一语言、行为、动作姿态及其中所包括的意义，被交往的对象准确地理解和接收时，双方才能共享这一信息，这就是沟通。所以沟通乃是人与人之间的信息交流（包括消息交流、情感交流与思想交流）。

沟通包含两方面内涵，一是沟通是意义上的传递。如果信息和思想没有被传递到，则意味着沟通没有发生；二是要使沟通成功还要被理解。无论多么伟大的思想，如果不传递给他人，并且被他人理解，都毫无意义，犹如演讲者或者歌唱家没有听众，其沟通目的就无法实现，要使沟通成功，信息不仅要被传递，还要被理解。

信息传递过程中，因为受种种条件限制，发信者传出的信息量与收集者所获得的信息量往往不会完全相同、相等，希望信息不走样是不现实的，信息损失是正常的，在一般情况下，某些信息的损失不至于影响人们的相互了解。但是，如果双方缺乏共同的经验，造成一方传出的信息，被另一方做出错误的理解，出现信息传递的失真，则会给双方的关系带来消极的影响。因此，领导不能不对沟通因素予以足够的重视。

上下沟通畅通才能保证组织运行正常。领导工作涉及的种种职能的运作，基本上要依赖于上下级沟通来实现。一个团队要有效工作，一个组织要发展，内外部进行良好的沟通是十分重要的。由于沟通不良或困难，使领导者在工作中失去许多机会或造成许多误会，经常感觉到人际关系难以处理。沟通起着桥梁和纽带的作用，有效沟通能开启领导与其下属之间的心灵之窗，从而增强相互间的信任与忠诚，促使大家拧成一股绳，同心同德，协力工作。

领导要畅通无阻的沟通需要做到：（1）必须要明确沟通目的，制定有关的沟通政策，以及具体的细则规范沟通活动；（2）精减沟通环节，保证沟通顺利进行，要精兵简政，减少中间层；（3）充分授权，发挥下属的积极性，可提高有效的沟通。进行双向沟通，当双方存在共同经验范围越大，共同语言就越多，信息的分享程度就越高，融洽交流、相互理解的可能就越大，进而达成相互协调一致；（4）建立信息反馈系统，可对沟通信息效果进行判断和评价，及时发现问题，并得以修正，使沟通形成良好的循环系统；（5）经常举办头脑风暴会议，英特尔公司就是经常举办这样的会议，大家集思广益，畅所欲言，来寻找最佳解决问题的方案；（6）在沟通中想办法减少下属抵触和怨恨的情绪，避免冲突，为此要深入了解事实情况和当事人对问题的认识，掌握第一手资料，不要当众批评、指责人，要私下处罚；要客观公正，不意气用事。

领导者同下属进行有效沟通，需要提高沟通的有效性，首先，要研究下属的需要，知己知彼才能成功；其次，要能够调整自己的情绪，感知他人的情绪，并调节他人的情绪为有效沟通奠定基础。熟练沟通的技巧，灵活运用语言与非语言系统，并把尊重贯穿沟通的全过程，真诚地肯定他人的成绩并加以赞扬，理解容忍他人的缺点，善于观察判断他人的情绪变化。同时要成为一个好的沟通者，还要先成为一个好的倾听者，在下属汇报问题时要有耐心才有可能了解下属的真实思想。

6. 有礼得体的交往礼仪

领导者在与人交往中，有礼得体的举止是颇受欢迎的。因为礼仪是个人道德、文化素养、教养良知等精神内涵的外在表现。孔子曰："不学礼，无以立。"领导者只有具备良好的礼仪修养，才能够真正在人际交往中展现良好的个人形象，才能立足社会，成就事业。现代人际交往中的个人礼仪，要求有得体的仪表，适宜的举止谈吐。领导者只要在他人面前表现得真诚谦虚、彬彬有礼、举止大方、谈吐幽默文雅，无疑将会是一个他人喜欢的人，也是他人愿意帮助的人。

7. 做最受下级喜欢的领导

一个领导者只有做到受下级的喜欢，下级才能支持领导的工作。在实践中，人们认为最受下级喜欢的领导是：

——人品高尚、为人质朴的人；

——通情达理、和蔼可亲的人；

——表里如一、对人真诚的人；

——保守秘密、保护隐私的人；

——志同道合、具有共识的人；

——舍己为人、助人为乐的人；

——对上级领导敢于申明个人意见的人。

第十三章

领导公关：现代领导的重要标志

　　面对日益激烈的竞争，任何一个社会组织要想获得生存和发展，就必须开展有效的领导工作，必须平衡和协调好社会组织内、外部的各种关系，减少矛盾和摩擦，树立良好的组织形象、提高组织信誉，以获得社会公众的信任、支持和合作。随着经济社会的迅速发展，市场竞争从价格竞争逐渐演变到现在的形象竞争，树立和维护良好的组织形象，已成为现代领导的重要内容，这就要求现代领导者进行积极有效的公关活动，在公众面前塑造良好形象，提高自己的知名度和美誉度。善于公关是领导者适应现代社会发展的必然要求，是现代领导的重要标志。

第一节　领导公关概述

一、领导公关的含义

　　领导公关是公共关系的一个分支。研究领导公关必须首先了解公共关系的内涵。

1. 公共关系的定义

　　公共关系是社会组织为改善与公众之间的关系，采取传播管理的方式，通过人际沟通与大众传播，组织在公众中交流信息，协调关系，树立良好形象，从而有利于实现组织与公众共同利益的规范性活动。就是一个社会组织在运行中，为使自己与公众相互了解、相互合作，而进行的传播活动和采取的行为规范。

这个定义有四个要点：

（1）公共关系是一种社会组织（主体）与相关公众（客体）之间的关系。

（2）公共关系的主要方法是双向的信息交流。主体与客体之间联系的纽带是传播活动，公共关系主体通过多种传播媒介将信息传递给客体，并不断地从客体那里得到信息反馈，形成良性互动。

（3）公共关系具有管理职能，公共关系不仅是要塑造组织形象和文化，还要对组织形象和文化进行管理，除此之外还要向组织的决策者提供公共关系方面的信息和意见，作为组织决策依据。

（4）公共关系的目的，是通过传播在社会组织和社会公众之间建立良好互动，促进两者的相互了解和合作，树立良好的组织形象，最终实现组织与公众的共同利益。

抓住了这四点，也就是抓住了公共关系的本质。

2. 领导公关

领导公关可以看做是领导者的"公共关系"，可以把它作为领导科学或管理科学的外延或自然延伸。本章侧重从公共关系的角度来谈领导公关，因此可以认为，领导公关是领导者为了更好地履行其职能，开展领导活动，实现组织利益，运用传播手段与社会公众建立相互了解、相互适应的持久的联系，以期在公众中树立自己良好的形象，争取公众对自己工作的理解和支持的一系列活动。

领导公关含义包含了领导公关构成的三个基本要素：（1）领导公关的主体是作为社会组织的领导者；（2）领导公关的客体是公众。公众是领导公关工作的对象；（3）传播是领导公关的媒介。领导公关的传播是指领导利用各种媒介，与公众有计划、有目的地进行信息交流和共享。领导公关的三个构成要素是相互依存，缺一不可的。

领导公关活动有利于塑造领导的良好形象，增强领导与公众的了解与信任，密切领导与公众的关系，提高领导者的威信，有利于优化领导环境，提高领导效能。善于公关是领导者适应现代社会发展的必然要求，是现代领导的重要标志。

二、领导公关的功能

1. 收集和传递信息

在现代社会中，领导制定政策和实施计划的每一个阶段都离不开信息支持，只有全面、及时、准确的收集信息，才能对组织所处的环境变化做出准确判断和预测，对组织面临的问题和机会作出灵活反应，使工作取得成功。信息是预测和决策的基础，领导公关要取得成功需要收集多方面的信息，主要包括：一是体现领导者工作目标、发展方向、指导思想、方针、战略政策与决策措施、具体服务项目、已取得的成就和有关公众等方面的信息；二是领导形象方面的信息；三是环境方面的信息。除收集信息外，领导在公关活动中还必须及时向外传递信息，让公众了解并分享信息，从而更好地沟通领导者与公众的关系，针对收集来的信息做出科学分析和预测，为将来工作重点提供依据。

2. 协调沟通

（1）领导与上级的协调沟通。领导者在工作中要争取上级领导的支持，必须汇报的问题要及时汇报，需要反映的问题要按照程序，采取适当的方法来陈述自己的意见，表明自己的态度，注意搞好与上级领导的关系；（2）领导与同级的协调沟通。同级领导之间要协调一致，避免出现相互推诿、办事拖拉的现象，甚至出现这样那样的摩擦，造成领导之间的关系不协调。通过沟通渠道，加强联系，增进了解，加强团结，造成一种相互支持、相互信任、相互积极配合，相互谅解的团结合作气氛，使领导班子成为高效能的办事机构；（3）领导与下级的协调沟通。第一，领导要向下属宣传介绍领导的方针、政策，解释一切可能发生的误会，让下属理解领导的意图，了解组织取得的成就，对社会作出的贡献，从而使下属产生一定的成就感和荣誉感，以组织荣誉为重，配合领导做好本职工作。第二，领导要深入到下属倾听意见和要求，及时解决下属中存在的一些具体问题和困难，如录用、晋升、工资、奖金等，加强彼此间的联系和信任，融洽双方的关系。

3. 塑造形象

领导者的形象是第一位的，领导者所制定的方针、政策和决策，领导者的言谈举止、所作所为，包括外交活动等，都会在公众心目中留下深刻的印象，公众都会对其作出种种评价。领导通过公关活动引导公众理解并接受组织，同时领导者也要充分了解民忧，解决民怨，为民着想，为民办实事，以缩短领导与公众之间的心理距离，在公众中产生良好的印象，获得公众的了解与支持，进行社会交往和人际沟通，提高领导知名度和美誉度，从而塑造良好的领导形象。

4. 凝聚人心

领导公关的基本思想就是内求团结、外求发展。因此领导公关必须充分发挥其凝聚人心的功能。人的能动作用对社会活动来说始终存在着正反两方面的效能，从正面来说，正是人民群众的能动作用，才使社会始终保持着活力，推动着社会各项事业的发展，如果离开了人民群众的能动性，社会的发展就会停滞。但同时，也正因为人的能动性的存在，才使有些社会组织内耗不断，分离倾向严重，这就是人的能动性对社会组织的负向作用。领导公关凝聚功能，就在于它能使这种负向作用不断地向正向作用转化，从而使社会组织内部上下一心、团结一致。领导公关凝聚功能不同于行政命令，也不同于经济因素的激励，它通过信息交流来沟通与社会成员之间的心理情感，促进相互之间理解，增强向心力和凝聚力。

第二节　领导与公众关系的处理

现代领导公关的客体是公众。他们是领导公关的工作对象，是领导者在领导活动过程中，基于某种共同需要，通过一定的媒介和交往而涉及的上下、左右、内外、条块诸方面的个人、群体或组织的总和。领导处理好与公众的关系，对公关目标的实现、公关活动的成效有直接的影响。

一、领导与上级的公共关系

领导与上级的公共关系是领导对上级领导进行的沟通协调、塑造形象、融洽关系的活动。领导对上级的公关，有利于获得良好的工作环境，有利于展示才华、塑造形象，有利于领导者的身心健康，有利于发挥能动性，成为上级的联络员。

领导协调上级关系既要坚持原则，又要讲究方法艺术。（1）应以工作为重，不计较个人得失，服从不盲从，要从全局利益出发；（2）要主动接近，及时沟通。随时接受上级的责备，随时向上级请教；（3）准确定位，不"越位"。提出好的建议也要点到为止；（4）换位思考，理解体谅，保持"中立"；（5）同上级交往要把握时机；（6）办事牢靠，获得重视。想要与上级领导处理好关系，关键是要了解上级的心理特征，与上级交往同与其他人交往一样，都需要进行心理沟通。不熟悉上级的心理特征，就不能进行良好的情感交流，达不到情感的一致性，就免不了要发生心理碰撞，影响工作关系。

二、领导对同级的公共关系

同级关系是同一组织内的领导群体、领导班子成员之间或工作地位相同的领导者之间的平行关系。领导对同级的公关，有利于交流信息，联络感情，有利于相互激励，智能互补，产生合力。

领导者应正确处理同级关系，要做到：（1）建立健全制度，规范行为；（2）明确权力与责任，避免内耗；（3）相互积极配合、协作，争取双赢；（4）创造条件，引导竞争；（5）支持同级的事业，关心同级的前途，当同级做出了成绩，要真诚祝贺，而不能出于嫉妒，有意拆台，搞小动作；（6）生活上关心体贴，特别是同级有经济上的困难时，能慷慨相助；（7）谦虚待人，主动热情。善于团结那些和自己意见不同的人一道工作，不背后议论人，不意气用事。

三、领导对下级的公共关系

不同层次的领导都面临对下级的公关问题。领导对下级的公关，有利于提高自己的工作成就，有利于社会的安定团结，有利于满足下级的情感需要，有利于充分调动下级的工作积极性，实现既定的工作目标。

领导对下级的公关需要做到：（1）经常深入实际了解实情，解决问题；（2）知人善任，做到严格要求，宽以待人，言传身教；（3）以身作则，率先垂范，甘当公仆；（4）言行一致，表里如一，实说实干；（5）赏罚分明，一视同仁。对待下级，领导者要一碗水端平，有功必奖，有过必罚，公平待人才能服众；（6）做事果决，赢得信任；（7）善于倾听下级的意见；（8）为下级的个人发展创造机会，提供条件。

四、领导的涉外公共关系

领导的涉外公共关系，处理的是一个组织的领导活动，进入国际范围与其他国家的相应组织以及当地公众发生的非国家性关系。领导涉外公关处理得好，可以提升我国的国际威望，塑造涉外组织的良好形象，吸取更多的国际资本和先进的科学技术，从而促进我国的现代化建设。

领导涉外公关要做到：（1）充分了解并理解领导者公关所在国的广大公众，了解他们的需求、心理及风俗习惯等；（2）充分熟悉和掌握所在国的有关政策、法律、法令及其变化情况，以便依法行政，有利于本组织的生存和发展；（3）充分利用当地的新闻传媒、人才资源为本组织服务，提高本组织的知名度和美誉度，重视与当地知名人士的友好往来和联系，取得他们的支持；（4）充分重视所在国的信息研究，特别要注意竞争对手的信息和动态，以便正确地做出决策，使自身能在激烈的竞争中立于不败之地。

第三节 领导公关工作程序

领导公关的工作程序一般分为四个阶段，即公关信息调查、公关策划、公关组织实施、公关活动效果评估。这四个阶段既相互独立，又相互衔接，前后连贯构成一个整体。调查是策划的依据，没有策划就没有实施，没有实施也就无从评估，没有评估就无法掌握领导公关工作的成效和经验，也就无法进行下一步的领导公关工作。

一、公关信息调查

公关信息调查是领导公关活动的基础和必要条件，公关信息调查能使领导及时了解目前所面临的现状及目标公众的态度，掌握社会发展趋势，使领导准确定位公关目标，从而提高领导公关活动的成功率，塑造良好的领导形象。公关信息调查的内容主要有：

第一，公众舆论调查。主要调查公众的态度与印象，以达到弄清公众对领导的需求、希望，以及公众的心理活动特点等目的。调查不仅包括组织内部还包括外部公众舆论调查。能够及时准确地把握公众意见及公众的变化动向，对开展领导公共关系活动具有重要意义。

第二，社会环境调查。调查的主要内容有：经济环境、政治法律环境、文化环境和国际环境。进行社会环境调查，是为了使领导和社会组织适应外部环境的变化，以求得社会组织的生存与发展。

第三，领导形象调查。领导形象调查包括：（1）进行领导形象地位调查。领导形象地位可通过知名度、美誉度两个基本指标体现，采用综合分析公众评价意见的方法进行确定；（2）进行领导形象要素的调查。领导形象地位调查概括了公众对领导的总评价，明确了领导的形象地位。但为什么会形成这种地位？具体问题是什么？需要进一步了解形象的成因，需进行领导形象要素调查，主要采用形象要素分析法、形象差距比较分析法进行。通过调查，找出差距，发现问题，从而解决问题。

第四，领导公关活动条件调查。是在开展领导公关活动前，对开展活动的主、客观条件进行调查。主要包括领导公关资源调查和领导公关活动环境调查两个方面。

公关信息调查的步骤：（1）确定调查任务；（2）制定调查方案；（3）收集调查资料；（4）整理调查资料；（5）形成调查结果。

二、公关策划

公关策划，是根据领导形象的现状和公关目标的要求，在调查研究的基础上，分析现有条件，设计出最佳行动方案的过程。公关策划为公关的实施、评估提供依据。因此，公关策划直接关系着领导公关活动的效果，是公关工作过程的核心，是领导公关成败的关键。公关策划有助于明确目标，使活动有秩序、有步骤地开展，有利于公关活动获得组织内部各部门的支持与协作，让每个参与者深刻了解组织的原则目标、资源配置、工作方式，做到胸有成竹。

公共关系策划的基本程序可以划分为两个阶段、八个步骤：（1）准备阶段。包括：分析现状、确定领导公关活动目标；（2）策划阶段。包括：设计公关主题、选择目标公众、选择媒介、拟定行动方案、预算经费、审定行动方案。

三、公关组织实施

（一）实施阶段的任务

实施阶段主要有三大任务：（1）按照公关策划方案规定的标准和方法，有序进行现实的公关活动；（2）按预定方案，向公众传播特定信息，引起目标公众的关注，形成公关活动所期望的态度与行动；（3）解决公关存在的具体问题，实现公关工作的既定目标。

公关组织实施要将原则性与灵活性相结合，将创新性与效益性相结合。

（二）实施的内容

1. 选择传播渠道

领导公关活动的目的，都是为了实现组织与目标公众的沟通。有效的沟通需要最佳的传播渠道。

2. 选择公共关系活动（方式）模式

建设型公关。当领导创业开始时，为提高知名度而开展的公关活动。

宣传型公关。运用印刷媒介、电子媒介，传播信息、扩大领导的影响力。其特点是：领导在公关中起主导作用，传播范围比较广，有较强的时效性，有利于提高组织知名度。

交际型公关。运用各种人际交往的方法和沟通艺术，协调领导与公众的关系。其特点是：交际型公关直接面对公众进行沟通，方式灵活、人情味浓，有利于加强与公众之间的感情。

服务型公关。以优质的服务行为吸引公众、感化人心、争取合作。其特点是，实在实惠，特别有利于提高美誉度。

征询型公关。采用信息收集等手段，深入民心，分析组织内外部环境，了解舆论动向，并对所获信息加以分析，为决策提供依据。其特点是：以信息输入为主，为决策提供参考。

防御型公关。当社会组织出现潜在的公关危机时，领导要及时调整政策，改变行为，以适应环境，防患于未然。

进攻型公关。当社会组织与环境发生正面冲突时，为了转危为安，领导要利用和通过进攻式的公关活动去开辟新的局面。

矫正型公关。当领导和组织形象受到损害，与公众关系失调时，可以开展矫正型公关活动。（1）应立即采取多种有效措施，挽回影响；（2）做好善后处理工作，使受损公众得到物质上和心理上的补偿；（3）利用新闻媒介检讨自身，并宣布改进措施。

维系型公关。当社会组织具有较好的知名度和美誉度，处于稳定发展时期，也要通过多种活动，加深领导和组织与公众的联系，要始终坚持有利于提高知名度、美誉度的日常公关活动。做到声誉不衰，关系不断。

社会活动型公关。通过赞助公益、环保、文化等社会事业，扩大社会影响。其特点是：社会参与面广、社会影响力强，能同时提高知名度、美誉度。

公关活动（方式）模式的新发展还有文化型公共关系、网络型公共关系。

公关活动方式的设计多种多样，没有固定的、统一不变的模式。但在设计、选择活动方式时，应根据活动目标和当时组织内外部情况的需要来加以合理的选择，使之从不同层次、不同侧面，充分地发挥作用，实现活动目标。

3. 实施阶段的协调

实施阶段是一个相对复杂的过程，需要协调好各种因素之间的关系，做好各个环节的工作。

四、公关活动效果评估

领导公关活动效果评估是对公共关系工作程序的各个阶段，以及公共关系实施总体效果的评估。领导公关效果评估是改进工作的重要环节，也是开展后续工作的必要前提。

1. 评估的内容

评估的内容包括：一是对公关目标的评估；二是对公众反应的评估；三是对公关活动效益的评估；四是公关活动的评估报告。

2. 评估的步骤

评估的步骤是：第一，制定评估方案；第二，评估实施；第三，评估总结；第四，把分析结果用于决策。

第四节　领导公关文书的写作要求

领导公关活动离不开各种公关文书，领导公关文书是领导与公众进行信息交流的一种重要手段。

领导公关文书是指领导在公共事务活动中，表达意图、陈述意见、记载事务的书面材料，是上传下达的指挥工具，也是沟通左右的联络工具。因此，领导者要善于运用公关文书，努力提高公关文书的写作技巧，更好地发挥公关文书在领导活动中的重要作用。

一、公文的写作要求

公文是用于处理公共事务的文书。分为两大类：（1）法定公文。指国务院办公厅在《国家行政机关公文处理办法》中规定的 10 类 15 种文体，包括：命令、指令；决定、决议；指示；布告、公告、通知；通告；通报；请示、报告；批复；函；会议纪要；（2）准公文。泛指除法定公文之外的其他用于处理公共事务的文书，包括讲话稿、方案、说明、建议、计划、总结、议案、调查报告、简报等文种。公关工作中撰写的公文，主要指准公文部分。

1. 公文的特点

公文的特点是：（1）有稳定的格式和文种；（2）有法定的作用和权威性。公文大多以组织的名义发送，并加盖印章，以表示法定性；（3）有特定的读者和时效作用；（4）公文表述方式直接，以叙述说明方式为主。公文一般就事论事，直书不曲，很少用修辞手法，很少用抒情、描写等表达方式。

2. 公文必须具备的要项

公文必须具备的要项包括：（1）文号。是公文的特定记号。具有规定性，内容重要的文书，必须按照本组织的规定列出文号。一般格式

233

是：××年××字××号；（2）发文日期；（3）受文者；（4）发文者，并加盖公章；（5）题目。如果公文较短，也可不标题目。

3. 公文的内容组成

公文的内容组成包括：（1）事由。用简明扼要的词句把公文的主要内容陈述出来，使人一开始就能明了全文主旨；（2）引据。是发出公文的根据，应注意引据与公文内容的统一；（3）申述。根据前面的引据，叙述意见或理由；（4）归结。针对文件中所提意见或办法，表明最后处置态度。这是引文的最终目的，必须写得简练明确，不可模棱两可。

4. 公文书写要求

公文书写要求准确、简洁、规范。公文要交代清楚事实、时间、地点、原因、结果等要素，以免多次补充行文。为把文件写得简短有力，可把一些次要的枝节写成附记置于文后。如果正文还有附件，应在正文中或正文后注明，以免发文时遗漏，并提醒受文者注意，附件上如有号码，一般应与正文号相同，以便核对。

二、新闻类稿件的写作要求

借助新闻媒介可以扩大宣传范围，提高领导的知名度，加速领导与公众之间的信息沟通，争取公众的理解、信任和支持，从而塑造领导的良好形象。

新闻稿的特点：（1）篇幅短小；（2）讲究时效；（3）内容真实。概括地说，要快、要短、要实。

第一，选择材料。选择最具新闻价值，并最有助于达到公关目的的材料。同时，还要对已选择好的新闻媒介、目标公众的情况，有针对性进行选材。

第二，写作形式。必须符合新闻体裁，要求用词简洁，力求准确无误，不能含糊其辞，还必须通俗易懂。

第三，文章布局。一般采用倒金字塔形式，即事件高潮应安排在文章的开头，所有的重点内容都要在文章的第一段出现，便于读者阅读。其他形式还有自由式、回答式和提要式等。

第四，新闻报道的结构大致如下：

标题。是对文章内涵的高度概括和浓缩。标题有两种形式：一是单行标题；二是多行标题，是除了正题之外，另有引题或副题，也可以三者都写。

导语。是文章的第一个自然段或第一句话。以极简要的文字介绍文章内容，揭示新闻主体。导语有四种常见类型：（1）叙述式导语。是用叙述的语言把文章的主要内容表达出来；（2）提问式导语。是先提出某个尖锐的受众所关心的问题，引起受众的思考和兴趣，然后再加以回答；（3）描写式导语。以描写开头，对新闻所处的特定环境，或从现场情景、气氛写起，或者选取报道中某个有意义的侧面，进行富有特色的描写；（4）结论式导语。是把事情的结论写在开头，然后再做具体阐述。

正文。是文章的主体，是所要报道内容的详细叙述。在主体中必须包括六个要素：何人、何事、何时、何地、何故、怎么发生。常用三种方法来安排材料：（1）按新闻事件发生、发展的顺序表达；（2）并列顺序。有的事件较为复杂头绪较多，需要分别叙述；（3）逻辑顺序。按事物的内在联系以及逻辑层次安排正文的一种方法。

结尾。通常是文章的最后一段，是整篇文章的收笔之处，可采用小结式、启发式、评论式、展望式等多种形式。

第五，写作用词技巧。新闻文章的写作用词，必须准确简练、点到即止，让文章产生言尽而意未尽的效果；必须大众化，尽量少用行话和技术性术语；必须生动多变，尽量减少重复用词。具体应注意以下各点：（1）避免使用华丽高级的形容词；（2）避免使用笼统的词汇；（3）使用判断词，如"是"、"不是"；（4）每一段最好使用多于一个的专有名词；（5）使用人称代词；（6）少写长而复杂的句子。

第五节　领导公关演讲的表达技巧

演讲又称演说，领导公关演讲，是指领导者通过演讲，发表自己的观点，抒发自己的情怀，表达自己的意志，唤起民众，指导工作。西方有人将演讲、原子弹、金钱，称为三大武器。因此，领导者需要掌握、运用演讲技巧。

一、领导公关演讲的要素

1. 丰富、翔实的内容

这是成功演讲的决定因素，主要体现在三个方面：（1）知识性强。只有具有丰富知识内容的演讲才能获得公众的欢迎；（2）主题鲜明，思想新颖。一是中心思想明确，是演讲的生命。演讲赞成什么、反对什么，都应明白清楚、旗帜鲜明，从而使公众得到深刻的印象。二是演讲中的思想观点，要新鲜、不陈旧，富有时代感，要讲听众普遍关心、迫切要解决的问题。只有这样的演讲，才能产生巨大的说服力；（3）趣味性、哲理性。一是趣味性。演讲要恰当使用一些诙谐、幽默、妙趣横生的语言，营造轻松愉快的氛围，让听众更容易接受讲话内容；二是哲理性。演讲者给听众以人生哲理的启示。如果没有新的、富有趣味性、哲理性的内容，就会使听众感到失望，并产生一种厌烦心理。

2. 准确、生动的语言

语言是演讲的主要工具，因此，准确生动的语言，对于演讲的成败至关重要。一般要做到：（1）准确。有两层含义：一是"音准"，让听众听清、听懂；二是"意准"，准确表达自己的意思，不含糊、似是而非，也不能模棱两可，而使听众产生异议；（2）严密。语言要有严密的逻辑性，态度鲜明；（3）语言生动；（4）简练。忌啰唆、重复、乏味。

3. 协调、大方的动作

演讲中的动作又称态势语言或身体语言，它是演讲中不可缺少的直观性要素。它不仅可以积极补充、强化口语表达的理性内容、感情色彩，还可以能动地起到口语化表达所不能起到的显现视觉形象的生动、鲜明、具体的直观作用。演讲中的动作主要有手势、眼神、姿势。演讲中恰当的动作要注意：（1）动作要有用，无用的动作必须避免；（2）动作要适度；（3）动作要自然。

4. 真诚、强烈的感情

充满真诚、强烈情感的演讲可以感染听众，使听众产生同样的情感，从而达到演讲者与听众情感上的共鸣，进而左右听众的观念乃至行为。晓之以理，动之以情，道理讲清，听众自明。但仅讲道理，还远远不够，重要的在于调动听众的情感。

二、领导公关演讲的表达技巧

1. 开场白的技巧

良好的开头是成功的一半，开头在演讲中，具有第一印象的效应。开场白没有固定格式，应视演讲的内容、对象、场景而变。常用的开场白有以下几种：

（1）悬念式开场。常以一句话、一个问题、一个意想不到的事实为开端，制造悬念，引发听众的好奇心。

（2）幽默式开场。以幽默开端，往往妙趣横生，让听众在轻松愉快的氛围中开始接受讲话的内容。

（3）提问式开场。演讲者不是先点明主题，而是先设置一个悬念，引起听众的思索，以激发听众探根求源的欲望，以达到牢牢抓住听众的目的。

（4）赞扬式开场。赞扬听众开场，使听众高兴，以活跃气氛，缩短双方的心理距离。

237

2. 结束语的技巧

演讲的结束语，是演讲走向成功的最后一步，是演讲给听众留下的"最后印象"。拿破仑有句名言："兵家成败决定于最后五分钟。"演讲也是如此，相比正文来说，结束语更能被听众注意，因此，恰当的结束语能使演讲更容易获得成功。如何在最佳时刻，给听众留下深刻的"最后印象"呢？最恰当的做法是在达到高潮时果断"刹车"，以此来强化演讲带给听众的印象，可达到回味无穷的效果。演讲结束语的最佳方式有：

（1）呼吁式结束语。演讲者多采用口号、短句等富有煽动性的语言作为结束语，在情感和理智上引导听众，呼吁听众跟随自己的脚步去实现某一目标。

（2）借用式结束语。演讲者采用名人名言、诗句等形式作为结尾，可把演讲推向高潮，为演讲者的思想提供最有力的证明。由于听众对权威的崇拜，而对演讲者的结束语相信不疑。

（3）对比式结束语。可使听众从对比中明辨是非，更有说服力。

（4）幽默式结束语。演讲者以幽默、诙谐的说法来结束演讲。能为演讲添加欢声笑语，使演讲更加富有趣味，给听众留下一个愉快的回忆。

（5）总结全篇式结束语。是用概括性的语言强调全篇的主要内容和中心思想。

（6）重点式结束语。演讲者往往会在演讲结尾时，重申演讲的中心内容，使听众记忆深刻。

（7）赞颂式结束语。用赞颂的话语结束演讲，是沟通听众情感的行之有效的方法，因为，人们一般都喜欢赞颂的话。通过赞颂的话，可以使会场的活跃气氛达到一个新的高潮。

3. 演讲的节奏

演讲也是一门艺术，良好成功的演讲会给人以节奏美的享受。因此，在演讲中要掌握好节奏感，以增强演讲的感染力。演讲的节奏有四种：

（1）时间节奏。演讲时间长短要适当，时间分配要合理科学。

（2）内容节奏。对演讲的内容要合理布局、繁简分明、疏密得当。

（3）语言节奏。演讲过程中要注意语音的强弱、语调的高低、语速的缓急快慢、抑扬顿挫变化，快慢结合、起伏自如，这样才能使听众赏心悦耳，得到精神享受。由于听众注意力每隔 5～7 分钟便会有所松弛，出现兴奋性抑制，因此，要注意张弛有度，变化节奏。

（4）动作节奏。指演讲时要注意肢体动作，必要时用，不必要时少用或不用。

第六节　领导公关谈判的程序与策略

通常来说，谈判是指谈判双方就共同关心的问题交换意见，就双方的矛盾点进行磋商，寻求解决方法并达成最终协议的过程。这里所说的谈判是指领导者在公共关系活动中一般常见的经济、社会事务方面的谈判。谈判成功的一般标准：一是每一方都是胜利者；二是各方的需求都得到满足或基本满足；三是谈判结局符合谈判者的整体利益和长远利益；四是符合现代社会效率观念的要求。

239

一、领导谈判的一般程序

1. 导入阶段

此阶段主要让参与谈判人员通过介绍与对方认识。主要是为了相互了解参与谈判人的情况。通过双方认识，创造一个轻松愉快的谈判气氛，有助于谈判顺利进行。此阶段时间宜短，可先说一些诙谐、幽默、轻松的话题导入。

2. 概说阶段

正式谈判自此开始。这一阶段的目的是让对方了解自己的目标、想法、意图。在陈述时，一定要注意尺度，注意保密，分清哪些事项是可以让对方知道的，哪些不能让对方知道。同时，还要注意从对方的陈述中，获得更多与谈判有关的内容。概说成功与否十分重要，若概说不能得到对方首肯，谈判难免从一开始便陷入僵局，因此，必须格外谨慎。概说内容应注意：（1）简短、把握重点；（2）谈判语言和态度，尽量不要过急，更不应引起对方的焦虑、不满和气愤；（3）概说阶段的时间不宜过长。

3. 明示阶段

明示是指双方公开提出自己的不同意见、观点和要求，并努力求得解决。一般而言，此阶段会出现四种主要问题：自己所求、对方所求、双方共同所求、外表看不出内蕴要求。为了达成协议，双方应心平气和地讨论下去。追求自己的需要，是谈判的立场原则，然而为了达到自己需求的目的，还应满足对方的适当要求，这是此阶段谈判能否成功的关键。

4. 交锋阶段

这是谈判的关键。谈判双方的目的都是为了获得自己所需的利益，谈判双方对立状态在这个阶段会明显展开。由于双方都想占有优势，自然争论激烈，气氛紧张，对立是谈判的命脉。在交锋中，谈判者既要有坚定的立场，还必须有充分的心理准备，随时机智地回答对方的质询。在交锋阶段，双方都要举事明理，希望对方了解接受自己的意见。

5. 妥协阶段

交锋的结束便是寻求妥协途径的时刻。妥协是谈判不可缺少的部分，交锋阶段不可能永远持续下去。谁应该先向对方妥协，有时是很棘手的问题。如果对于谈判情况很了解，对于可能妥协的范围、程度心中有数，对对方要妥协的程度有一定的估计，就可能妥协得恰如其分，并在某些方面得到妥协的补偿。

6. 协议阶段

协议阶段是经过交锋和妥协，双方认为已基本达到自己的理想便表示拍板同意，然后由双方代表在协议书上签名，握手互贺，谈判即告结束。

在协议阶段，谈判人员要特别注意：（1）拍板定案时，要将协议的主要条款陈述一遍，以防有误；（2）谈判协议书文字表达要准确，内容要全面，不能产生歧义和遗漏；（3）谈判者应熟悉谈判协议的条文，严格履行协议；（4）握手言和，再创亲切、和谐、协调的情感气氛。

二、领导谈判的策略

在领导谈判中常用的策略有：

1. 声东击西策略

在对己方有利的谈判可采取声东击西策略，即在谈判过程中，有意识地把会谈的议题引到对我方并不重要的问题上，借以分散对方的注意力，以求达到己方的战略目的。这种策略的有效之处在于：（1）为以后的真正会谈铺平道路；（2）可以作为一种障眼法，转移对方的视线。把重点的议题搁置起来，己方可以抽出时间做更深入的了解，为正确决策提供更多的资料；（3）可以作为缓兵之计，延缓对方所要采取的行动。

2. 润滑策略

对于"合作型"的谈判可采取此策略。一般做法是通过馈赠礼品，增进了解，加深友谊，促进谈判的进展。馈赠礼品应注意：（1）礼品的选择，要了解对方的兴趣、爱好和风俗习惯，选择有使用价值的礼物，礼品价值不要过重，以免被认为是贿赂的行为，选择的礼品应该适时、适地、适俗；（2）要注意送礼的地点、场合，一般第一次见面不要送礼，对方会认为是行贿而不予接受，第一次见面后，双方有了交往，第二次再送，以表示友好，联络感情；（3）礼品一定要有精美的包装。

241

3. 疲劳战术

对于"不合作型"的谈判可采用此策略。如在谈判中，遇到锋芒毕露、咄咄逼人的谈判对手，采用这种策略最为有效。这类谈判对手开始时往往居高临下、盛气凌人，我方则采取疲劳战术，与其周旋，磨其锐气。几个回合后，对手则感到筋疲力尽，头昏脑涨、这时再反守为攻，亮出我方的观点，陈述具体理由，敦促对手接受我方的各项条件。实施疲劳战术，切忌以硬对硬，这样容易激起对方的对立情绪，使谈判陷入僵局。

4. 先苦后甜策略

谈判是一个讨价还价的过程。领导者参与谈判，既要了解己方所要获得的最低限度利益，又要搞清对方的底限，但在开盘时条件要开得高一点，然后逐步让步。运用这一策略时，开始把条件提得很苛刻，但不要说得太死，要留有余地，让对方发生兴趣，有吸引力。然后在谈判过程中稍作让步对方则感觉到这让步来之不易。运用这一策略时要注意，开始价码不能太高，过分损害对方利益，会让对方感到你无诚意，从而中断谈判。

5. 最后期限策略

所谓最后期限是指谈判一方提出对谈判时间的规定。谈判中可以用婉转的方法适时提出这个问题，如提示性地告诉对方说："对不起，我因有别的事，明天要走。"如果对方有诚意，则会抓紧时间，加快达成协议。事实也证明，大多数谈判，特别是双方争执不下的谈判，都是到了最后期限或临近最后期限才达成协议。因为在期限到来的时间，人们迫于某种压力，会迫不得已地改变自己原先的主张，尽快求得问题的解决。

6. 不开先例策略

在谈判中难以满足对方所提出的要求时可采取这一策略。可向对方解释，如答应其要求，对我方来说就等于开了一个先例，对今后遇到类似问题时，也要提供同样的优惠，这是我方所负担不起的。

关键在于对方通常无法获得必要的情报和信息，来证明我方所宣称的那些是否属实。因此，有些谈判中，做出让步的一方往往宣称，这是第一次破例，过去谁都未享受过这种优惠，并请保密，这样让对方感觉到让步来之不易，从而融洽了谈判的气氛。

7. 软硬兼施策略

所谓软硬兼施是指在谈判过程中，谈判班子中，一些人扮演"强硬派"，另一些人扮演"柔软派"，即一个主张必须坚定不移地捍卫交易的最初条件，另一个则主张适当地做出让步，软硬兼施，相互配合，这样既加强了讨价还价的能力，又让对方找不出漏洞，从而促成了谈判目标的实现。

第七节　领导公关礼仪

礼仪，从概念上讲是表示敬重的统称，是在人际交往、社会交往和国际交往中用于表示尊重、友善和友好的言语和动作，是在长期的社会生活实践中，由风俗习惯而形成的为大家共同遵守的一系列行为道德、社会规范和惯用形式。礼仪是塑造良好的领导者形象的重要工具，在公共关系活动中，领导者只有具备良好地礼仪修养，才能够真正展现出良好的个人形象。现代社会是越来越开放的社会，领导的交往日益频繁，在交往中都有一定的礼节和需要注意的地方，如果忽略了这些细节，可能会使交往产生误解，甚至影响人们之间的相互关系。所以，了解、掌握正确的礼仪是现代领导者应该具备的基本素质。

243

一、日常交往中的礼节

（一）称呼礼节

一般对长辈、受人尊敬的人称"您"、"您老"、"您老人家"等。

也习惯于职业称呼。最为普通的称呼：对男子一般称"先生"，有职衔者称职衔。国内对各种人员均可称同志。一般对已结婚女子称"夫人"，对未婚女子称"小姐"，对不了解婚姻情况的女子称"女士"。对地位高的官方人士，一般为部长以上的高级官员，按国家情况，称为"阁下"、"先生"或称职衔。

（二）介绍礼节

1. 自我介绍

介绍时，先问候，再简洁明了地介绍自己的姓名、工作单位和其他情况，并且注意对方的反应，若对方并无深谈之意，便要就此打住。

2. 中间人介绍

应把身份低者介绍给身份高者；把年轻者介绍给年长者；把自己组织的人介绍给对方组织的人；把男性介绍给女性；把未婚者向已婚者介绍；把自己关系密切者介绍给生疏者；把宾客介绍给主人。如果是业务交往介绍，必须提到组织名称、个人职衔等。被介绍者在被介绍后，应双手递上自己的名片。在介绍过程中，先提某人的名字是对此人的一种敬意，这是世界各国普遍应用的通则。另外当介绍完毕与对方握手时，可问候"您好，认识你很高兴"等。

递接名片也要注意以下几点：（1）要把自己的名片放在易于拿出的地方；（2）出示名片时，眼光要正视对方，用双手或右手递交，并把文字方向向着对方，同时说些"请多关照"、"请多指教"这类的寒暄语，此时，切忌目光游移，漫不经心；（3）出示名片应选择时机，如彼此交谈较为融洽时，介绍见面后或握手告辞时，出示名片表示愿意继续交往；（4）接受名片时，看一下再郑重地放在自己的口袋、名片夹或其他稳妥的地方，使对方感到你对他感兴趣。切忌接过名片看也不看，随意地扔到桌子上或其他地方，这样做会伤害对方的自尊，从而影响彼此的交往。接到名片后，可马上回送一张。在介绍过程中，除年长者和女士外，被介绍者一般应起立；在宴会桌、谈判桌上，一般不要起立，只点头微笑示意即可。

（三）握手礼节

第一，应站立相互握手，除老弱者或身有残疾者，否则不能坐着握手。

第二，一般出右手，掌心向左平伸，上体微倾，含笑目视对方，与之寒暄。握手时应脱去手套（妇女有时可以不脱）。

第三，握手有先后顺序，应由主人、年长者、身份高者、妇女先伸手；客人、年轻者、身份低者见面先问候，待对方伸手再握；多人同时握手不要交叉，待别人握完再伸手。但在离别时，如会见结束，作为主人则禁忌主动握手，这等于催促客人赶快离开。所以，离别时，先伸手握别的应是客方，其意在于表达"再见"或感谢之情。握手时要注意力度、时间。与感情深者握手的力量和时间要重或长，以示亲热。对政党关系应适度掌握，不可过分，以免令人难堪。与女士握手应轻握一下对方的手指部分即可。

（四）约会礼节

第一，约见不熟悉的人时，应事先预约。若应约前往，可将自己的名片等交给对方的秘书，等候约见。

第二，约见别人时，应充分尊重别人的意见和选择，不将自己的意志强加于人。

第三，约定会见后，尽量不要失约；如实在不得取消约会，应及时通知对方。

第四，赴约，应准时到达。

（五）拜访礼节

领导者因为工作需要，有时也要到办公室或住所拜访他人，因此需要注意拜访礼节。

第一，一般要事先约定时间，不要贸然前往，并准时到达。不能赴约，应事先通知，并致歉意。

第二，拜访时间，最好安排在节假日的下午或晚饭后，尽量避开对方吃饭和午休时间。拜访时间以 1 小时左右为宜。

第三，注意仪表、仪容。要整洁、自然、大方，这是对主人的尊重。

第四，登门拜访时，应按门铃或敲门，远离大门站立等候。进门后主动向主人说明来意，主动问候，对主人的热情接待应表示感谢。拜访要掌握时间，突出说话的中心议题，注意聆听主人介绍，提问注意分寸，不要使对方感到为难。掌握谈话进程，选择适当时机结束拜访。

第五，拜访结束时，应向主人致谢，并可邀请对方到自己处做客。主人相送，应劝其留步，并回首致意，不可匆忙告别。

（六）馈赠礼节

第一，选择有一定纪念意义、民族特色或有艺术价值的小艺术品、食品、日用品等礼品，重在有特色。

第二，要考虑受礼者的国别、民族、习俗和个人爱好，还要考虑具体情况、具体场合的需要。

第三，赠送的礼品即使已有包装，也应另加礼品纸包好，用彩带打上花结，以示庄重、虔诚。

第四，礼品一般应当面赠送，但有些礼品，如贺婚礼品等应预先送去或派人送去。礼品应附上名片或写上贺词的信封。

（七）服饰方面的礼节

在正式社交场合要特别注意自己的衣着和服饰。国外关于衣着穿戴有所谓的"TPO"原则。T——时间；P——地点、环境；O——目的。就是说人的衣着穿戴，必须与时间、地点、目的相适应。俗话说："视其装而知其人"。因此，着装打扮将直接关系到领导的社交形象。接待时，无论是按统一着装，还是自由着装，都要保持整洁、经常洗熨，按正确方法穿用。衣扣、裤扣要扣整齐，衣袋内不要存放太多的东西，衬衣、袖口、衬领要干净，下摆扎进裤内，内衣、内裤不能外露。

服饰其他细节要求：（1）西装上衣应长过臀部，袖子刚过腕部，领子紧贴后颈部，衬衫衣领稍露出外衣领，衬衫袖口长出一些。西服裙要长至膝盖，一般裙子长至膝；（2）女子穿裙子时，一定要穿长筒丝袜，并且长丝袜一定不能走丝、破洞；（3）除了西装上衣左口袋放一装饰手帕外，所有外部口袋，包括裤子的后口袋，都不宜放任何东西。皮夹、笔等均宜放入外衣里侧口袋里；（4）室内不能穿大衣、风衣；（5）正式场合男子要穿系带皮鞋；（6）运动鞋、布鞋不能与西装搭配；（7）注意服装的色彩搭配。一般说来，黑、白、灰是配色中的最安全色，它们最容易与其他色彩搭配，并取得良好效果。

二、重要社交场合的礼仪

（一）迎宾礼仪

第一，根据来宾的来访目的、身份、双方或两国关系情况，决定迎接规格、派对等，对口的人员前往迎接。如身份相应的主人因故无法前往，被委托的代表应礼貌地作出解释。

第二，根据来宾抵达时间，应提前 15 分钟前往迎候。

第三，选用鲜艳的花束、花环，在主人与客人握手问候后，由儿童或女青年献给客人。

第四，通常由礼宾人员或迎接人员身份最高者介绍主方人员，主宾介绍客方人员。

第五，陪车时，应请客人坐在主人右侧，译员做在司机旁边。

（二）送客礼仪

第一，当客人起身告辞时，主人应立即起身为客人开门，让客人先出，主人随其后，热情谈笑，相伴而行。直到双方劝阻再三，方驻足与客人握别，并邀其方便时再来。

第二，与客人握别后，主人应含笑目送客人远去。客人回首时，应再三挥手回礼。切不可客人一出门，即返身回屋。

（三）宴会礼仪

第一，接到邀请后，应尽快答复出席与否。

第二，出席宴会应打扮整齐，容光焕发；按时出席；抵达后先向主人问候，再向其他客人问好。

第三，按主人的安排入座。

第四，用餐时，将大餐巾折起，折口向外，平铺腿上，小餐巾打开直接放在腿上；中途离座要将餐巾放在坐椅；取菜一次不宜过多；吃东西不要发出声音，汤、菜太热不可用嘴吹；骨、刺等物应以餐巾掩口，取出放入菜盘内。

第五，在餐桌上可自由交谈，但不可嘴含食物与人交谈。

第六，主人与主宾碰杯，众人亦应举杯示意，不要交叉碰杯；主、宾致辞时，应停止活动，注意倾听。

第七，入席和散席，均以主人起座和招呼为准；告别时，则由男宾先向主人告别，女宾与女主人告别，然后交叉告别，再与其他成员告别。

第十四章

危机管理：领导者能力的重要检验

当今是信息科技经济快速发展、机遇和风险同时存在的特殊时期。随着改革开放的深入发展，中国经济社会发展触及社会的种种隐藏矛盾，社会产生了很多不安定因素，加之经济全球化的影响，各样的危机时有发生，成为政治、经济稳定发展的制约因素，危机管理成为社会面临的重要课题，也是对领导者能力的重要检验，危机管理是领导工作中一项重要内容。在这样一个大环境中，社会组织如果不能及时就其面临的危机与公众进行沟通，并有效处理，将对组织产生毁灭性的打击。因此，迫切需要社会组织领导加强有效的危机管理。

第一节　危机管理概述

一、危机的含义、特点

1. 危机的含义

危机是指危及组织利益、形象、生存的突发性或灾难性事故与事件，在蕴含危险的同时又有机遇。

2. 危机的特点

危机的特点是对危机出现的不同状态、不同表现以及危机所带来的不同影响的总结和概括。了解危机特点，有助于领导采取有效的措施，有步骤、有条理地预防、应对处理危机。

（1）突发性。

任何危机都是在人们毫无准备的情况下突然发生的，它的发生会让人感到非常的意外，继而使人们陷入恐慌中，使社会组织活动处于混乱和危险的状态中。因为危机是无法避免的，在任何情况下都有可能发生，而且危机一般都持续很长的一段时间，危机所产生的影响也是无法预测的。这就要求领导必须及时迅速地对危机做出反应，尽快采取措施。

（2）潜伏性。

危机常常包含许多潜伏的因素，具有不可预测性。因为危机是任何时候都有可能发生的，并且危机传播的程度、社会组织面临的状况、危机持续的时间、危机产生的影响及后果，这些都是事先难以预料的。有时虽然危机处理了，但是潜伏的危机有可能还会在一定的环境中爆发。

（3）紧急性。

危机一旦发生，就会以很快的速度扩张，快速的蔓延，社会各界都会密切的关注，特别是记者和媒体对此会追踪报道。危机发生后，领导及有关人员若不及时采取措施，危机就会急剧恶化，各种舆论就会快速传播。这种局面不但给社会组织带来巨大的经济损失和精神损失，而且还会损坏组织的良好形象，甚至会将组织推向生存危机中。因此，危机发生时，社会组织坚持及时性原则，高层领导者要当机立断，迅速反应，突出危机管理的时效性。

（4）严重破坏性。

危机不是一般的矛盾或问题，涉及面广，影响巨大，危害性强，任何组织领导危机处理不好，就会使组织形象毁于一旦，甚至危及组织的生存。另外，从社会角度来看，危机事件的发生也会给社会公众带来直接的物质和精神损失，甚至会危及到他们的生命健康。所以领导必须采取措施，全力做好危机防范和处理。但是危机的发生，也正好暴露了组织领导目前存在的问题或潜伏的问题，同时也是给领导提供一个检查和应对风险的机会，危机的恰当处理也会给社会组织带来新的发展机遇。

（6）关联性。

危机的发生不是孤立的常常带有关联性。一个国家或地区、某个组织或局部发生危机，有时会影响一片，以致涉及许多方面，受到不同程度的株连。如企业危机的发生，可能会降低企业的市场占有率，损坏企业的良好形象，严重影响其产业的发展，不但使企业经济损失巨大，甚至会损坏公众的身心健康和财产安全，也可能同时带来许多方面的危害。

（7）注目性。

危机一旦发生，就会引起媒体和公众的注目，社会组织可能会"四面楚歌"，成为新闻记者、政府官员、顾客公众关注和社会舆论追踪的热点和焦点。随着信息科学技术的快速发展，互联网将人们之间的距离拉得越来越近，信息又具有公开性、共享性、快速传播性等特点，危机事件发生时，不但会引起国内媒体和公众的注目，甚至有时还会引起世界各国的关切和注意。

（8）复杂性。

突发性危机事件产生的原因是多方面的，又涉及面广。危机发生时，主要领导和相关责任人要进行检测、预警、决策、处理、控制、善后、恢复管理和危机沟通，协调与危机有关的媒体、公众、政府、社会组织等各类关系，等等，各项工作都是非常复杂的，稍有疏忽都可能导致新的或更多的难以收拾的问题出现。

（9）风险性。

危机发生的多样性和不可预知性，关系影响重大，需要紧急处理，在信息不完全有限的条件下，采用反常规的决策方式，危机决策又不可逆转，使非程序化的危机决策具有很大的风险性，危机一旦处理不当，就会使社会组织损失巨大，甚至倒闭，遭受灭顶之灾。

二、危机的种类

1. 组织的行为不当引起的危机

这是由于组织不讲信誉，危害公众利益，由于领导决策失误、管理不当等造成的危机。如投资不当，影响正常经营；不履行合同等；产品质量低劣；内部关系紧张引起的纠纷等。

2. 突发事件引起的危机

突发事件引起的危机是难以预见的自然灾害或社会性灾难而造成的危机。如地震、爆炸、中毒等。

3. 失实报道引起的危机

这由于社会组织对自己的宣传掺水太多，缺乏分寸，致使报道失实，在公众中形成"名不符实，掺假浮夸"的印象，使其形象严重受到损害。

三、危机管理的含义

危机管理最早起源于企业管理，是指企业通过危机监测、危机预警、危机决策和危机处理，达到避免、减少危机产生的危害，总结危机发生、发展的规律，对危机处理科学化、系统化的一种新型管理体系。

随着经济社会的不断发展，社会矛盾和各种不确定因素所引发的危机事件不断发生，危害也越来越大，社会民众对政府应对危机事件的能力的要求越来越高，危机管理的概念也因此产生，然而到目前为止，尚没有一个比较规范的被学术界普遍认同的概念。

在某种意义上，任何防止危机发生的措施，任何消除危机产生的风险的努力，都是危机管理。危机的影响具有一定的社会性，而解决危机的实质，则是非程序化决策问题。

四、危机管理的意义

人类社会以及人类社会和自然之间构成了一个日益复杂的系统，随着这一系统复杂程度越来越高，重大危机发生的多样性和不可预知性必然增加。可以预料，人类社会在未来的发展道路上还会遭遇各种各样的新型危机。

随着世界经济一体化，以及我国经济社会的迅速发展，市场竞争日益加剧，既带来了发展机遇，也带来了严峻的挑战和危机，我国正处于经济转轨和社会转型的关键时期，改革开放触及到深层次的体制问题，社会矛盾和问题不断暴露出来，由各种不确定性因素引发危机事件的概率大大增加，突发性危机随时可能发生，迫切需要各级组织领导进行及时有效的危机管理。

危机的出现给社会经济造成了巨大的损失，对社会组织自身十分不利，影响重大，而又涉及面广，严重影响了组织领导的正常工作，使形象受到严重损害，阻碍社会组织的持续和长远发展，甚至危机到社会组织的生存。因此，任何领导都应对此有足够的认识，高度重视，并加以认真防范和妥善处理，加强危机管理。

第一，进行危机管理，有助于领导和下属树立危机理念、增强危机意识。通过危机管理，可以使社会组织成员充分认识到危机的特点、作用方式和危害程度，树立危机意识，预防危机出现。在危机出现时，能够及时、理性、有效处理，从而推动组织又好又快发展。

第二，进行危机管理，有助于建立健全危机管理机制。危机管理涉及的方面很多，具有系统性的特点。要做好危机管理，首先要建立健全有效的危机管理机制，这样才能有效预防危机出现，在危机出现时及时做出有效应对。

第三，进行危机管理，有助于领导在危机发生后，引导组织采取正确有效的措施应对和处理危机，从而减少组织和社会的经济损失，降低危机带来的危害；有助于领导利用多种手段与媒体、公众沟通，利用媒体和公众传播有利于组织的信息，能够更好地控制舆论，消除媒体和公众对社会组织的质疑，从而创造有利于社会组织发展的社会环境；有助于重塑组织领导的良好形象。

第四，进行危机管理，有助于提高领导的能力。危机管理是对领导能力的考验，领导如何妥善处理这些危机，将直接影响到社会组织的生存，影响到政治经济社会的稳定发展。成功的危机管理不但能够减轻危机、避免危机，甚至能够利用危机，使公众在危机过后对领导有更深的理解、更大的认同，由此得以树立更为良好的领导形象，进而更加巩固自身的地位。

第五，进行危机管理，有助于增强领导与公众之间，组织与组织之间的交流合作。通过交流合作共同探索发展道路，提高领导和社会组织应对危机的能力。一个组织的发展并不是孤立的，社会组织、政府管理和政策环境、媒体公众等各个方面都影响着本组织的发展，危机也会影响到社会各个方面。现代社会是开放的、多元的、复杂的，因此进行危机管理，为提高领导应对危机的能力，为社会组织创造良好的发展环境，需要领导与社会各界加强合作，共同应对危机。

第二节　危机管理应遵循的基本原则

现代领导在危机管理实践中，应该遵循的基本原则有：

1. 公众利益第一原则

危机的发生，公众的利益必然要受到侵犯。因此，领导要将公众利益摆在首位，立即采取善后措施，尽量减少公众的损失，主动提出合理的赔偿方案，采取积极有效的措施从心理上予以抚慰修复，给予物质上的补救，健全心理危机救助机制。当公众发生躁动不安局面时，因势利导，排解纠纷或矛盾，平息争端，公正处理。真诚接受公众批评，公开致歉，迅速获得公众的谅解和宽容。

2. 人道主义原则

危机发生后，会造成生命、财产的重大损失，此时领导必须坚持人道主义原则。以人为本，无论如何要把抢救、保护人的生命健康放在第一位，积极利用各种资源，通过各种渠道营救受害者，哪怕这样做会给组织带来较大的经济损失，也要实施人道主义，这是危机管理非常重要的一条原则。

3. 及时性原则

第一，危机处理要及时。危机往往会以迅雷不及掩耳的速度发生时，领导应该抓住有限的时间，及时迅速地对危机做出反应，快速决策，立即行动，有效地控制事态，化解危机；第二，及时向公众及新闻界披露真情，勇于承担责任。通过各种传播媒介和传播渠道，准确地及时地将有关情况公布于众，向公众真心诚意的道歉，让公众了解真实情况，迅速赢得公众的谅解和支持。领导勇于承担责任的勇气，会给公众和媒体留下很好的影响，也会间接地进行社会组织传播，增强领导和组织的影响力；第三，及时向政府及有关职能部门反映情况，获得他们的支持与援助。

4. 准确性原则

危机发生后，尤其是在发生的初期，因受各种因素的影响，传播的信息很容易失真。危机处理除了要及时传递有关信息外，还要保证传递的信息十分准确，特别要注意不隐瞒或省略某些关键细节，要实事求是地公布真相，隐瞒真相会错过化解危机的机会。领导应该积极主动地与新闻媒介联系，提供媒体所需要的信息，尽快与公众沟通，促使双方互相理解，消除质疑和猜测，保证信息能够准确的传播。

5. 全面性原则

危机的发生是由社会组织内部和外部各种不同原因综合引起的，危机也往往会涉及或影响社会组织和社会诸多方面的发展。因此，领导在处理危机时，应冷静、沉着，认真分析、综合考虑各个方面因素，要全面考虑，既要考虑内部、外部的公众，又要兼顾现在及潜在的将来的影响等，全面合理规划处理危机。

6. 灵活性原则

在处理危机时，识别不同类型和特征的危机，要随着客观环境的变化，而有针对性地提出相应有效的措施和方法，具有随机处置力。突发性危机产生的原因是多方面的，这就要求领导应对突发性危机时，要把原则性和灵活性结合起来，既要坚持原则，又要善于依据突发性危机的特殊情况灵活处理，以控制事态发展为目标，及时化解危机。

7. 维护声誉原则

维护声誉是危机处理的出发点和归宿点。尽力减少危机给组织带来的损失和危害，特别是要争取公众的谅解和信任，兑现对公众的许诺，要有良好负责的态度，能够快速果断处置，有效地控制事态，化解危机，以实际行动维护社会组织声誉，提高组织和领导的良好形象。

8. 积极合作原则

危机的发生和影响涉及社会的各个方面，各个组织是社会系统组成中的一部分。当危机发生时，凭某一组织一己之力不能快速有效地处理好危机，因此，要积极与政府、社会组织、公众等取得合作，联手应付危机，将损失减少到最低程度，在众人拾柴火焰高的同时，增强公信力和影响力。

第三节　危机处理的基本程序和技巧

一、危机处理的基本程序

不同的社会组织所处的社会环境和所面对的公众都有可能不同，因而遭遇的各种类型的危机具有不同的性质、表现形式和处理方法，但是在处理的基本程序上却是有规律可循。因此，领导危机管理要从社会组织所面临的实际社会环境出发，按照危机的不同特点，在坚持危机管理的基本原则的基础上，以基本程序为参照，探索出本组织危机处理的程序。从而使领导有步骤、有秩序的和有效率的带领全体人员采取正确的措施处理危机。危机处理具有以下基本程序。

第一，成立机构，领导挂帅。社会组织要及时建立应对危机的强有力的组织机构，社会组织高层领导挂帅，必须亲自指挥组织危机管理活动。这是高效率的、井然有序的处理危机的前提保证。

第二，领导深入现场，专业人员收集信息调查取证。社会组织的高层领导要亲自到现场，直接指挥抢救和调度工作，并且指派专业人员调查危机发生的原因，提取有用的证据，收集与危机有关的信息。相关负责人要提供与危机相关的准确资料，准备危机处理需要的资源。领导要迅速地更多地获得全面真实的信息，以便了解危机发生的事实真相以及危机波及的程度。

第三，领导认真分析情况，进行危机决策。危机决策是危机管理的核心。领导在调查分析研究的基础上，明确客观现实情况，制定正确的危机决策。弄清危机产生的原因、危机的危害程度，推断危机可能造成的后果。在有限的时间、资源等约束条件下，进行危机决策，有计划地制定需要采取的对策与措施，确定应对危机的具体行动方案，快速决策，当机立断，并立即行动。

第四，控制局面，降低损失。及时、有效地将危机决策实施到实际中化解危机。在处理危机中，关键的是速度，要快速反应，果断处置，控制阻止危机的蔓延和事态的进一步恶化，并消除危机，降低损失，避免和减少危机的危害，将危机转化为机会。

第五，发布新闻，准确及时。要协助新闻媒介尽快介入，积极与媒体沟通，及时公布信息，向新闻界发布真实准确的信息。同时恳切请求新闻媒介的密切配合，防止有误、有害的信息传播和扩散。进行媒体管理，指定专门的新闻发言人，使信息传递的口径一致，以适当的方式对外公布信息，如果危机程度严重，要成立临时的新闻发布机构，举行新闻发布活动。通过各种渠道进行传播，将危机处理的措施和落实情况及时通报各种媒介和公众，澄清事实真相，履行承诺，承担相关责任，重塑组织和领导者的形象。

第六，组织协调力量，恰当处置。正确处理各方面关系，进行协调合作，同心协力，共度危机，组织协调各方面的人力、物力、财力，使各种资源得以充分发挥，把原则性和灵活性结合起来恰当处置，诚信处理，扭转局势。

第七，多方沟通，争取支持。进行沟通管理，多方沟通，争取组织内、外部公众的援助和支持。开展领导与公众之间的互动与交流，相互积极配合，发挥媒体在危机沟通中的作用。将情况及时通报给政府及有关职能部门，进行沟通，争取得到他们的协助、支持，转危为安。

第八，检查工作，总结经验教训，进行危机恢复管理。对危机处理的结果全面调查评估，并向公众和新闻媒介公布。检查工作，总结经验，吸取教训，为以后的危机管理提供经验积累和方案支持。进行全员危机教育，增强全员危机意识，制定有针对性地恢复计划，改善管理，制止危机给社会组织造成的不良影响，发挥危机的积极正面的社会功能，利用和抓住危机带来的机遇，采取有效的恢复管理措施，完善危机管理计划，加强危机管理，尽快恢复领导和社会组织形象，在危机中不断发展。

二、危机处理的技巧

1. 积极预防

危机虽然"防不胜防"，但是，除了一些自然灾害之外，大多数危机都有一个由量变到质变、由隐患到产生危机的演变过程。因此，要积极预防，完善制度，时刻警惕破坏性因素，使社会组织远离危机。一旦出现危机的"苗头"，要以消除"苗头"、把隐患消灭在萌芽状态为首选之责。

2. 处理从快

危机事件出现后，社会组织就会受到各方面的指责，这就是社会组织的"危险期"。因此要在各类公众对组织产生敌意或转变态度之前，快速采取有效措施，化解危机，迅速赢得公众的谅解，重新获得公众的信任，顺利度过危难，获得新的生存机遇和发展机会。

处理从快，这个"快"，主要包括以下要求。

（1）发现危机问题快。预警系统比较完善，能迅速监测和发现危机。

（2）调查危机事件快。迅速了解危机事件的全貌，如造成危机的原因是什么、导火线是什么、性质是什么，受害公众的情况，事件发展趋势，解决危机的机会等；掌握事件的社会影响、危害程度等。

（3）控制事态发展快。及时抑制消极因素，培养积极因素，迅速改变社会组织的处境。时间本身就是一种消除危机的措施，容不得任何环节上的丝毫脱节。要争分夺秒，善于快速决战。也就是说，要迅速决策，迅速定出工作计划和实施方案，迅速开展各项工作，争取时间上的主动，迅速找到受危害的公众、逆意公众，采取有效措施来稳定他们的情绪，以扼制危机事件对公众的负面影响。

（4）情况反映快。危机往往牵涉到社会组织的方方面面，尤其是职能部门，而危机的处理要依靠职能部门。所以，应迅速把各方面的情况通报给有关职能部门，争取职能部门的协助、支持，以全力消除危机事件的影响。

3. 适度宣传

在危机事件出现后，社会组织对外宣传是十分必要的。因为，危机事件如果持续时间比较长，往往由于缺乏可靠的、正式的信息，而导致公众的担忧、恐惧、猜测，容易引起许多误解和谣传。一旦误解、谣传泛滥，就会给组织带来这样或那样的损失。

4. 正视危机

如果因社会组织自身的过错而导致危机，就要及时修正错误、争取公众宽容和谅解。当然，社会组织的过错也有无意、有意之分。相比之下，公众对无意的过错更容易宽容。但是，问题在于危机出现后的一段时间内，公众并不了解这种过错究竟是出于有意还是无意。这时公众常常会对社会组织非常厌恶。在这种情况下，组织必须尽快找出导致危机的真正原因，迅速纠正过失，主动与当事人沟通，承担自己应该承担的责任，争取公众的理解，加强双方的信任关系等。

259

第四节　领导者应具备的危机管理能力

危机对于社会组织来说，可能是灾难，也可能是转机。危机的到来，破坏了社会组织系统的稳定与常态，迫使其重新进行抉择，挽回损失，树立新形象。危机更是对领导者能力的一次全面检验，危机通常淘汰了弱小者，预留下生存力更强的团队，所有这些结果，很大程度是由团队的领导者在生死存亡关头，处理危机的领导能力所决定。领导的危机管理能力是一个由相互联系相互作用的各个分力构成的合力，这要求领导者要具有多方面的危机管理能力。

1. 危机预测预防的能力

领导者在应对危机的措施中，至关重要的是应该在危机产生之前，预测危机，防患于未然。这就要求领导者具有危机预测预防的能力。

首先，领导者能够随时预测出现危机的可能，需要建立一套完善而有效的危机预警系统，进行组织结构的合理优化以及有效地防控监督。

其次，做好危机处理的各项预案准备，以免危机到来时措手不及，领导可挑选各方面的专家，组成危机管理团队，制定危机管理计划，进行日常的危机管理工作。

再次，在日常管理过程中对全员进行危机管理培训和模拟演习，掌握一定的危机处理方法，提前做好防范措施，积极预防，时刻警惕，把隐患消灭在萌芽状态为领导首选之责。

2. 快速反应，果断处置，控制事态的能力

危机突发时，领导只有快速反应，果断处置，才能有效地控制事态，化解危机。

（1）领导者要立即作出快速反应，发现危机问题快，具有洞察力，能用战略眼光，为组织找准方向。

（2）领导能够快速地更多地获得全面真实的信息，以便了解危机波及的程度，更好地处理危机。

（3）领导能够果断处置，控制事态发展。决策的第一目标是控制危机的蔓延和事态的进一步恶化，要善于驾驭危机，快速成立危机处理小组，统筹危机事宜，及时控制局势，要隔离危机，找准对象、集中所有资源、化危机为机遇，否则会扩大突发危机的范围，甚至可能失去对全局的控制。

（4）立即向公众通报当前情况和处理进展，并向公众承诺迅速解决危机，诚信处理。迅速与相关部门取得沟通，随时跟踪舆论导向。对政府积极配合，查清真相，取得政府部门的支持；对公众，澄清事故真相，履行承诺，承担相关责任；要在危机发生后赶在媒体种种猜测之前，与媒体密切沟通，及时公布，使信息发布真实准确。

（5）领导者必须具备良好的信息沟通处理能力，能够主动与新闻

媒体、上下级领导和各类公众进行良好的信息沟通，安抚社会公众的恐慌情绪。

在处理危机时，合理地运用沟通管理、媒体管理、形象管理等方法，以收到事半功倍的效果，以最小的损失将危机消除。

3. 敢于负责，临危不惧的能力

危机发生时，领导既要有胆有识，又要有高度负责的责任感，必须尽快找出导致危机的真正原因，迅速纠正过失，主动与当事人沟通，勇于承认并承担自己的责任，争取公众的理解，加强双方的信任关系，掌握主动权；危机决策和处理结果的得出是有风险的，这就要求领导者面对危机时，不计较个人得失，敢于面对风险、承担风险，果断决策。在面对危机时，领导者要能冷静面对，临危不惧，把握大局，从宏观、战略的角度看待问题，从容指挥，对人力、物力和财力合理分配和调度，做出正确决策。这是新时代要求领导者必须具备的能力。领导表现出的高度负责的态度和灵活果断的事故处理能力，是挽回形象，扭转局势，是使公众和社会对组织重拾信心，化信任危机为发展机遇的关键所在。

汶川大地震中，原国务院总理温家宝在第一时间亲赴灾区指挥救灾，用他的实际行动，向我们展示了什么是危机领导力，总理和大家在一起，极大地鼓舞了广大受灾地区民众的士气和勇气。总理用他三天三夜的辛劳表现，凝聚了更广泛的人心，为整个抗震救灾的工作高效展开和顺利推进，奠定了坚实的信心基础。

领导者面对危机事件，绝对不能逃避、推卸责任，领导者应该勇于面对突发事件，把突如其来的危机视为是创造展现形象的契机。美国"9·11"事件后，小布什总统拿着扩音器，站在世贸大厦的废墟上，向全体国民发表演说，使他的支持力在短时间内达到他8年任期以来的最高峰，同时也更好地抚平了国民的伤痛。

4. 打破常规，勇于危机决策的能力

突发事件的危机决策涉及的未知、不确定的因素多，决策环境复杂，瞬息万变，是一种典型的非结构化的非程序化决策。危机决策具有时效性的特点，同时信息获取往往是不足的，领导决策必须形成一致意

见，否则将会产生严重后果。这就要求具有打破常规，勇于危机决策的能力，在有限的时间、资源等约束条件下，确定应对危机的具体行动方案，对危机处理的决策需要灵活，把原则性和灵活性结合起来，既要坚持原则，又要善于依据突发性危机事件的特殊情况灵活处理，要改变正常情况下的行为模式，在分析和处理非程序化决策要敢于创新。由领导者最大限度地集中决策使用资源，尽量简化决策步骤，抓住关键步骤和步骤中的关键环节，因势而定，依靠自己的决策经验、洞察力和直觉或采纳某些建议，迅速果断地作出决策并使之付诸实施，保持情绪稳定，思路清晰，判断准确，以控制事态发展为目标，及时化解危机。

5. 组织协调能力

各个部门之间的密切配合和协同运作，是确保危机处理行动高效、工作成功的前提条件。所以领导在应对危机时，必须具备较高的组织协调能力，协调各个危机管理部门，正确处理各方面关系，组织协调各方面的力量，形成应对突发性危机事件合力的能力。把个体的、分散的应对危机的人力、物力整合起来，保障公众在短时间内对某些特殊物质的需求。科学地对社会人力、物力、财力进行组织协调，在最短时间内实现社会资源的优化组合、合理配置，使人力、物力、财力资源得以充分发挥，从而发挥出整体的最大优势，使各项措施环环相扣、高效有序地进行，快速、高效地实现危机管理目标。

6. 完成使命，忍辱负重的能力

在危机爆发时，领导者成为各种矛盾的焦点，一时新闻曝光、政府批评、公众意见纷纷，各种"风雨俱来"，领导者承受着巨大的压力。这时领导者要有使命感，认识到工作的重要性，能超负荷工作，完成使命，能忍辱负重，以坚强的毅力克服各种困难。有时会遇到群众聚众闹事事件，有些群众会有过激行为。在面对这种情况时，领导者要沉着面对，以平和的态度，耐心回答群众的问题，解决群众困难。领导者要掌握临危处置艺术，排解问题、化解矛盾，避免事态激化。

7. 做好善后，危机恢复管理能力

危机一旦被控制，进入危机衰退，迅速挽回危机所造成的损失就上升为危机管理的首要工作。可是有些领导轻视危机恢复，只重视短期应对，危机恢复意识薄弱，重物质补偿，轻心理修复，心理危机救助机制不健全，重政府，轻社会，忽视非政府组织的参与价值。这些轻视危机恢复的现象，使组织不能尽快摆脱危机造成的困境，恢复正常状态。因此，领导一定要具有做好善后工作，危机恢复管理能力。

在危机衰退期，要采取后续行动巩固扩大前期工作效果，把危机变成改进工作和提高危机管理水平的契机，努力恢复和提升领导和社会组织的形象。要认真处理，做好善后工作，要安慰好危机事件中的群众，进行危机检查评估，总结危机管理工作经验，汲取教训，为以后的危机管理提供经验积累和方案支持，做到危机处理工作规范化、法制化，避免重蹈历史覆辙。抓住危机带来的机遇，利用危机来推动改革，找到能使反弹比危机前更好的方法，化危机为转机。

第五节　完善危机管理的措施

无论是从历史上，还是从现实的情况来看，我国都是一个各种灾害等危机多发的国家，各种各样的危机给社会造成了巨大的损失，各级领导和社会经受住了各种各样灾难和危机的考验，并且在危机管理中积累了丰富的经验。然而，我国的危机管理现状与公众的期望、与国际水平相比还有较大差距。危机管理主要存在着以下问题：危机意识不强；危机预警系统不完善；危机决策机构存在缺陷，危机决策的公开性较差，特别是危机决策机制方面还很不完善；危机管理人员素质不高；以及应急法制尚不健全等方面。

危机既有造成危害和损害的消极功能的同时，危机又具有积极的正面的社会功能。因此，领导要高度重视危机管理，从危机管理的现状出发，构建现代化的危机管理体系，全面提升领导和社会的危机管理水平，是我国全面实现现代化的基本保障。

一、树立全员危机管理理念，增强全员危机意识

在全球化竞争面前，只有树立牢固的危机意识，才能走可持续发展之路。事实表明，没有危机隐患的社会组织是不存在的，但危机往往事先难以预料，任何人员都不能掉以轻心，任何的疏忽都将导致不可估量的损失。因此，危机管理不仅是领导和某个部门的职能，而是全员都要参与的事情，要树立科学的全员危机管理理念，增强全员危机意识、超前意识、防患于未然的意识，树立优化自身行为、提高自身能力、预防各种危机的思想。在日常管理中加强危机防范，把消除隐患作为危机管理的首要职责，这样就会大大减少危机事件发生的可能。即使在危机发生的非常时刻，大家也会自觉遵守危机管理制度，能够利用非常手段，避免危机给社会组织带来更大损失。所以，实施危机管理的前提就是，树立全员危机管理理念，全员时刻保持危机意识。

二、建立健全危机预警系统

有效的危机预警系统，能够防患于未然，从而减少危机造成的损失。所以应将危机预警作为领导危机管理的一项重要职能，切实抓紧抓好。

危机预警是一项复杂的系统工程，涉及管理的各个环节、各工作岗位、各部门以及每个员工，甚至涉及设备、环境、管理方式和管理职能。危机预警系统主要包括以下几个方面。

1. 建立健全危机管理控制指挥中心

危机管理控制指挥中心的职能包括两方面：一是对潜在危机做出合理预测；二是在危机出现时，能及时做出决策，制订计划，在危机处理过程中进行指挥调度。危机管理控制指挥中心是危机管理的核心内容，建立健全危机管理控制指挥中心具有重大意义。

2. 建立健全危机风险评估机制

首先，要针对可能遇到的危机做出合理评估，分析其可能的数量、种类、特点、性质和规律，针对其危害不同，划分为不同等级；其次，针对不同类型、危害等级的危机，制定具体的处理计划和步骤，使危机发生时，可根据情况及时进行处理；第三，建立健全信息收集、检测系统，以及时获得信息，实现对危机的监控；第四，建立健全危机管理综合信息咨询机构。在危机管理的系统中，要具有一个覆盖全面、反应灵敏、检索方便、咨询及时的危机信息咨询机构，可以随时提供各种危机相关的信息。危机管理综合信息咨询机构的建立和完善，将有助于对危机的研究、防范和救治。对危机后的恢复、评估，及时向决策机构提供有关预防、处理危机的政策咨询等都有重要的意义。

3. 编制危机应急预案

危机应急预案是为了应对危机的发生而事先制订的处置方案，它是危机决策的重要反应。预案是实现危机决策智能化、科学化和规范化的基础。应当进一步加强和规范危机应急预案管理，提高预案的灵活性和可操作性。

要建立健全危机管理信息系统、危机计划系统、危机训练系统、危机应急系统。

三、建立健全危机决策组织机构

进行危机决策是危机管理的核心。要建立常设的制度化的网络状的危机决策组织机构，建立健全由领导、专家和群众相结合的民主决策机制，完善重大危机决策的规则和程序，强化领导处理危机的能力，保证领导政令畅通和指挥有力，协调有方，实行严格的危机决策和指挥责任制，减少危机带来的损失及负面影响。

要及时发挥领导协调、整合资源的作用。危机出现时，领导者要能科学地对社会人力、物力、财力进行组织协调，在最短时间内实现社会资源的优化组合、合理配置和有效利用。

四、建立健全信息公开机制

有专家提出，"有时候，灾难所引发的恐慌会比灾难本身更具有破坏性。灾难仅仅是侵害了人的肉体，在一定范围内有杀伤力；恐慌则摧毁人的意志，能够导致整个社会混乱。"所以，要建立健全信息公开机制，从舆论上，要先控制危机事件的恶化。在第一时间有效进行信息的发布、引导，澄清事实，满足公众的知情权，公众第一时间获取有效信息，不但不会阻碍危机的解决，反而能够安定人心、稳定社会局面，有利于危机的控制与解决；既可以避免信息传递失真，谣言扩散，又可以提高领导的公信力。

1. 建立健全公开顺畅权威的沟通渠道，满足公众的知情权

危机发生时，封锁消息反而会为流言的传播创造条件，杜绝谣言的产生、避免发生群体性的恐慌，唯一的办法就是实行信息公开，建立公开、顺畅、权威的沟通渠道，及时、全面、准确地发布、引导与危机有关的各种信息，让公众了解领导所采取的举措、现在危机处理状况以及最新的危机演变等真实情况，以便争取公众的谅解和支持。

2. 充分发挥现代网络的信息传递功能

现代网络则正好具备了强大的信息传递功能，具有覆盖面广、快捷、高度开放、双向互动和低成本方便的特点。因此，应该发挥网络的作用。通过网络信息系统，使决策部门和公众都能够同步得到原始信息、获得更多的信息评价、进行多渠道的信息对比，为危机处理提供有利条件。要进行网上舆论引导，积极与公众进行双向交流沟通，加强网站的建设，丰富并畅通信息发布渠道。

3. 充分发挥新闻媒体的作用

应改变某些传统管制方法，允许有关新闻媒体进行新闻采访、报道及评论，并全面开放；通过新闻媒体正确的引导社会舆论，把握正确的舆论导向，支持传媒发挥其功能，而不是限制。封锁消息只会令传言、

谣言蔓延得更快；通过各种媒体宣传有关危机事件方面的知识，让公众能够迅速掌握、了解真实情况，提高公众对危机的心理承受力，增强对领导控制危机的信心，防止出现因为信息闭塞而导致危机的失控和无谓的恐慌。

要与媒体建立长期的良好的关系，这对于社会组织在危机发生时，能否引导舆论导向、进行公正客观地报道至关重要。因此，平时就多请他们来参观访问，主动向媒体提供有新闻价值的真实的材料，积极地配合媒体的工作，正确处理和摆正与传播媒介人员的关系，熟悉传播媒介的组织机构和办事程序，满足传播媒介人员的工作需要，与传播媒介人员广交好友，随时注意及时妥善解决双方矛盾，使双方建立良好的信任关系。

五、加强危机管理法制建设

危机管理工作应当以一定的法律法规为依据，建立健全各项规章制度，切实做到有法可依。这样，当危机突然发生的时候，有法可依，严格执法，按照法律法规及时妥善地采取相关措施处理危机，使危害降至最低。然而，尽管我国已经出台了一些法律法规，但是，这些法律基本上都属于单行法，系统性的综合法规却很少，需要健全法律法规体系。

危机管理法制建设是一个宏大的社会系统工程，涉及诸多要素和环节。其基本要素包括：（1）完善的危机管理法律规范和应急预案；（2）依法设立的危机管理机构及其权限与职责；（3）紧急情况下国家权力之间、国家权力与公民权利之间、公民权利之间关系的法律调整机制；（4）紧急情况下行政授权、委托的特殊要求；（5）紧急情况下的行政程序和司法程序；（6）对紧急情况下违法犯罪行为的法律约束和制裁机制；（7）与危机管理相关的各种纠纷解决、赔偿、补偿等权利救济机制。

从危机管理法制的制度运作角度看，其主要的制度环节有：（1）立法，包括宪法、法律、行政法规、地方性法规、规章等各层次法律规范的制定和法律原则的确立；（2）执法，包括具有特殊要求的执法机构、公务人员、方法手段、紧急程序、特别经费、技术设备、配套条件等的逐步完备；（3）守法，包括各种组织、个人如何自觉遵守危机管理法律规范；（4）司法，包括对于紧急状态下违法犯罪行为的严格追究、对于行政纠纷的紧急审理和裁判、对于受损权益予以赔偿、补偿的实体和程序法律救济制度；（5）法制宣传教育，针对全体公民进行危机管理法制的基本知识教育；（6）监督，要对执法机构的权威性进行审查，具体审查执法机构的组织职能、运作方式、管理法律权威性。

加强危机管理法制建设，健全法律法规体系，是把危机管理真正纳入法治轨道、从战略的角度提高领导危机管理能力的前提。要使法律法规符合现实需要和与时俱进，建立和完善相应的法律法规制度，明确领导在危机管理中的权、责、利，依法行政，以保证管理活动的有效性，使整个危机管理工作都处于法律的框架中，依法指挥、协调、运作和管理。

六、建立健全后勤保障机制

要更好地实现危机管理，还必须建立相应的后勤保障机制，保障在短时间内对某些特殊物质的需求。在危机管理中，要加强危机的资源管理工作。要有财力保障，进行多元化融资和有效的经济激励，通过与社会个体和商业保险公司等共同承担风险，增强预防及减除危机风险的能力，提高危机管理水平。建立突发事件专项资金制度，建立中长期的突发事件应急准备基金，政府通过转移支付、提供低息贷款、信用担保及税收优惠等手段予以补偿。

七、加强危机教育培训，提高全员危机应对能力

首先，加强危机训练与危机知识的普及，提高领导和民众的危机意识。由于缺乏危机意识，当危机来临时，人们常常毫无准备，手足无措，立即陷入恐慌之中，给处理危机带来极大困难。缺少危机教育，就会缺乏危机意识，进而缺乏应对能力。在危机预防管理中必须做到以下几点：（1）经常进行危机训练，提高组织成员的危机意识，增强面对危机的心理素质和应对危机的能力；（2）在日常工作生活中，要注意

危机知识的普及，让组织成员掌握合理应对危机的方法措施，对自己承担的任务和职责有更明确的认识。只有平时做好训练，提高领导者和民众的危机意识和应对能力，才能在危机出现时从容应对；其次，危机预防不仅仅是危机本身的预防，还包括心理危机的预防。加强对危机意识的教育，培育健康的心态，提高心理承受力，建立健全社会心理咨询和精神援助系统，是危机预防管理的一项艰巨任务。

八、积极获得政府支持，发挥社会力量

任何社会组织的生存和发展都离不开社会各个方面的支持和帮助，同样危机处理凭借本组织的一己之力是很难达到理想的状态。危机具有复杂性和关联性，一场危机会影响到政府、社会的各个方面，只有积极获得政府支持，有效地组织社会力量，让社会公众积极参与，才能更快更好地战胜危机。危机发生后，领导要有开放的视野、开放的思路和开放的措施，积极与社会各界联系沟通，获得政府的支持，取得社会组织和公众的合作，共同应对危机。拓宽社会公众参与渠道，充分合理有效地利用整合社会资源，发挥社会的力量，共同努力，快速有效地解决危机。从而使损失降到最低，取得更好的经济和社会效益。

我国对危机管理的研究起步较晚，发展也不全面。因此，要积极学习和借鉴国外危机管理的经验，增强应对危机的能力，提高危机管理的水平。

参考文献

［1］邱霈恩．领导学［M］．第三版．北京：中国人民大学出版社，2011.

［2］贺善侃．领导科学和现代行政［M］．第二版．上海：上海大学出版社，2011.

［3］谢朝柱，谢立红，谢林．现代领导智慧［M］．长沙：湖南大学出版社，2003.

［4］彭向刚．领导科学［M］．长春：吉林大学出版社，2002.

［5］陈荣秋．领导学理论与实践［M］．北京：北京大学出版社，2007。

［6］詹姆斯·M·库泽斯，巴里·Z·波斯纳．领导力：如何在组织中成就卓越［M］．北京：电子工业出版社，2013.

［7］李泽尧．领导力——带团队的基本套路［M］．广州：广东经济出版社，2012.

［8］丁栋虹．领导力［M］．北京：清华大学出版社，2012.

［9］戴天宇．超越执行力［M］．北京：清华大学出版社，2010.

［10］詹姆斯·库泽斯，巴里·波斯纳．领导力［M］．北京：电子工业出版社，2010.

［11］约翰·麦克斯维尔．领导力21法则［M］．北京：中国青年出版社，2010.

［12］吉姆·科林斯，杰里·波勒斯．基业长青［M］．北京：中信出版社，2009.

［13］兰图．提升领导力的68个关键［M］．北京：当代世界出版社，2009.

［14］安德鲁·卡耐基，亨利·福特．领导精神［M］．西安：陕

西师范大学出版社，2008.

　　[15] 安德鲁·J·杜柏林. 领导力 [M]. 北京：中国市场出版社，2006.

　　[16] 叶素文. 提升企业领导力的有效途径与方法 [J]. 商场现代化，2006（12）.

　　[17] 杜伯林. 领导力：研究·实践·技巧 [M]. 北京：中国物价出版社，2006.

　　[18] 彭亮. 现代企业领导力初探 [J]. 中国信息科技，2005（16）.

　　[19] 彭剑锋. 培育领导力与领导团队 [J]. 中国电力企业管理，2005（5）.

　　[20] 史蒂芬·迪夫. 领导力 [M]. 延吉：延边人民出版社，2003.

　　[21] 张国庆. 现代公共政策导论 [M]. 北京：北京大学出版社，1997.

　　[22] 陈荣秋. 领导学理论与实践 [M]. 北京：北京大学出版社，2007.

　　[23] 蒲建彬. 中庸思想在领导决策中的运用 [J]. 理论探讨，2007（2）.

　　[24] 陈维政，余凯成，程文文. 人力资源管理 [M]. 第二版. 北京：高等教育出版社，2008.

　　[25] 周三多，陈传明，鲁明泓. 管理学——原理与方法 [M]. 第五版. 上海：复旦大学出版社，2010.

　　[26] 邹小玲. 浅析企业中的领导艺术 [J]. 管理纵横，2007（1）.

　　[27] 丁恒龙. 现代领导公关艺术 [M]. 北京：中共中央党校出版社，2003.

　　[28] 朱成全. 企业文化概论 [M]. 大连：东北财经大学出版社，2010.

　　[29] 保罗·麦耶斯. 知识管理与组织设计 [M]. 珠海：珠海出版社，1998.

　　[30] 郭华. 中西领导文化的比较与启迪 [J]. 东南学术，2009（5）.

271

［31］黄荣生．公共关系学［M］．大连：东北财经大学出版社，2000.

［32］黄昌年，赵步阳．公共关系学［M］．第二版．上海：上海交通大学出版社，2003.

［33］谢玉华．公共部门公共关系［M］．长沙：湖南人民出版社，2003.

［34］张迺英．公共关系学［M］．第二版．上海：同济大学出版社，2011.

［35］李成言．现代行政领导学［M］．北京：北京大学出版社，2002.

［36］安弗妮莎·纳哈雯蒂．［M］．北京：北京大学出版社，2003.

［37］陈静．浅谈公共关系在企业管理中的作用［J］．科技信息，2007（2）．

［38］孙宝水．公共关系基础［M］．北京：高等教育出版社，2002.

［39］孟超．企业公共关系管理［J］．管理纵横，2009（2）．

［40］畅铁明．企业危机管理［M］．北京：科学出版社，2004.

［41］曹刚．企业公共关系危机管理研究［J］．管理创新，2008（6）．

［42］蒋楠．公共关系原理与实务［M］．北京：人民教育出版社，2006.

［43］杨东．企业化解公共关系危机的探讨［J］．经管空间，2011（6）．

［44］薛澜，张强，钟开斌．危机管理［M］．北京：清华大学出版社，2003.

［45］平川．危机管理　政府、企业、个人立于不败之地的关键［M］．北京：当代世界出版社，2005.

［46］罗伯特·希斯．危机管理［M］．北京：中信出版社，2001.

［47］朱光磊．当代中国政府过程［M］．天津：天津人民出版社，1997.

［48］胡宁生．中国政府形象战略［M］．北京：中共中央党校出版社，1999．

［49］迈克尔·里杰斯特．危机公关［M］．上海：复旦大学出版社，1995．

［50］诺曼·R·奥古斯丁．危机管理［M］．北京：中国人民大学出版社，2001．

［51］张玉波．危机管理智囊［M］．北京：机械工业出版社，2003．

［52］权石俊，李永民．企业危机管理革命［M］．北京：新华出版社，2005．

［53］孙玉红，王永，周卫民．直面危机［M］．北京：中信出版社，2004．

［54］龚维斌．公共危机管理［M］．北京：新华出版社，2004．

［55］劳伦斯·巴顿．组织危机管理［M］．北京：清华大学出版社，2002．

［56］赫伯特·A·西蒙．管理行为［M］．北京：机械工业出版社，2004．

［57］伊恩·卜米特若夫，格斯·阿纳戈诺斯．危机：防范与对策［M］．北京：电子工业出版社，2004．

［58］郭济主．政府应急管理实务［M］．北京：中共中央党校出版社，2004．

［59］任生德，解冰，王智猛，邹蓝．危机处理手册［M］．北京：新世界出版社，2003．

［60］钱仲威．管理决策［M］．重庆：重庆大学出版社，2002．

［61］许文惠，张福成．危机状态下的政府管理［M］．北京：中国人民大学出版社，1998．

［62］梁庆寅．非典：反思与对策［M］．广州：中山大学出版社，2003．

［63］欧文·休斯．公共管理导论［M］．北京：中国人民大学出版社，2000．

［64］叶海尔·德罗尔．逆境中的政策制定［M］．上海：上海远东出版社，1996．

［65］王玉梁．价值和价值观［M］．西安：陕西师范大学出版，1998.

［66］刘建军．领导学原理——科学与艺术［M］．上海：复旦大学出版社，2001.

［67］豪威尔．有效领导力［M］．北京：机械工业出版社，2006.

［68］沃伦·本尼斯，伯特·纳努斯．领导者［M］．北京：中国人民大学出版社，2008.

［69］史蒂芬·迪夫，领导力［M］．延吉：延边人民出版社，2003.

［70］齋藤孝．规划力——把事情做好的第一步［M］．台北：如何出版社，2006.

［71］萨罗索．领导职能［M］．北京：机械工业出版社，2006.

［72］张文昌，成龙．管理沟通［M］．济南：山东人民出版社，2008.